LOUCOS PELA TEMPESTADE

Norman Ollestad

LOUCOS PELA TEMPESTADE

Tradução de
DINAH AZEVEDO

EDITORA RECORD
RIO DE JANEIRO • SÃO PAULO

2009

CIP-Brasil. Catalogação-na-fonte
Sindicato Nacional dos Editores de Livros, RJ.

O37L

Ollestad, Norman
  Loucos pela tempestade / Norman Ollestad; tradução Dinah Azevedo. – Rio de Janeiro: Record, 2009.

  Tradução de: Crazy for the storm
  ISBN 978-85-01-08772-0

  1. Ollestad, Norman – Infância e juventude. 2. Ollestad, Norman – Família. 3. Ollestad, Norman, 1935-1979. 4. Acidentes aéreos – Califórnia – Biografia. 5. Crianças surfistas – Califórnia – Biografia. 6. Esqui e esquiação – Estados Unidos – Biografia. 7. Pai e filho – Estados Unidos. 8. Pai – Morte. 9. Competição – Aspectos psicológicos. I. Título.

09-5055

CDD: 920.99794053
CDU: 929:94(739.4)

Título original em inglês:
CRAZY FOR THE STORM

Copyright © 2009 by Norman Ollestad

Publicado mediante acordo com HarperCollins Publishers

Todos os direitos reservados. Proibida a reprodução, armazenamento ou transmissão de partes deste livro, através de quaisquer meios, sem prévia autorização por escrito. Proibida a venda desta edição em Portugal e resto da Europa.

Direitos exclusivos de publicação em língua portuguesa para o Brasil adquiridos pela
EDITORA RECORD LTDA.
Rua Argentina 171 – Rio de Janeiro, RJ – 20921-380 – Tel.: 2585-2000
que se reserva a propriedade literária desta tradução

Impresso no Brasil

ISBN 978-85-01-08772-0

PEDIDOS PELO REEMBOLSO POSTAL
Caixa Postal 23.052
Rio de Janeiro, RJ – 20922-970

EDITORA AFILIADA

Meu pai adorava deslizar desafiando a gravidade. Ia atrás de furacões e tempestades de neve para surfar ondas poderosas e esquiar em montanhas com neve fresca nas pistas. Um espírito insaciável, adorava tempestades. Foi o que salvou a minha vida. Este livro é dedicado a meu pai e a meu filho.

Capítulo I

19 de fevereiro de 1979. Às sete horas daquela manhã, meu pai, sua namorada Sandra e eu partimos do aeroporto de Santa Monica rumo às montanhas Big Bear. Eu vencera na véspera o Campeonato de Esqui Slalom da Califórnia do Sul e, de tarde, voltamos a Santa Monica para o meu jogo de hóquei. Para evitar outra viagem de ida e volta de carro, meu pai fretou um avião para retornarmos a Big Bear, pois assim eu poderia receber meu troféu e treinar com a equipe de esqui. Meu pai tinha 43 anos. Sandra, 30. Eu tinha 11.

O avião Cessna 172 decolou e sobrevoou Venice Beach, a praia depois de um aglomerado de prédios em Westwood e rumou para o leste. Eu estava sentado na frente, com fones de ouvido e tudo, ao lado do piloto, Rob Arnold. Rob apertava os botões do painel de instrumentos que se curvavam na direção do teto da cabine. Manipulava ao mesmo tempo um grande dial vertical ao lado de seu joelho e o volante que controla o equilíbrio longitudinal do avião, que balançava como uma gangorra antes de se estabilizar. Do outro lado do para-brisa, perdendo-se na distância, uma redoma de nuvens cinzentas cobria as montanhas San Bernardino, deixando só os picos de fora. Havia um deserto monótono em volta do aglomerado de picos, que se projetavam a uma altura de até 3 mil metros.

Eu estava me sentindo particularmente ousado depois de ganhar o campeonato de esqui slalom e pensava nas grandes rampas escavadas naqueles picos — declives côncavos que começavam no topo das montanhas e marcavam as encostas como rugas profundas. Eu me perguntava se eram *esquiáveis*.

Meu pai estava sentado atrás de Rob. Lia a seção de esportes e assobiava uma música de Willie Nelson que eu o ouvira tocar no violão muitas e muitas vezes. Virei o pescoço para olhar para trás. Sandra estava escovando os sedosos cabelos castanho-escuros. Ela estava bem-vestida, eu achei.

— Quanto tempo, pai? — perguntei.

Ele espiou por cima do jornal.

— Uns 30 minutos, Menino Maravilha — disse ele. — Talvez a gente veja a pista do campeonato quando chegarmos perto do monte Baldy.

Enfiou uma maçã na boca e dobrou o jornal num retângulo. Ele dobrava o formulário da corrida do mesmo jeito, com melancia escorrendo-lhe pelo queixo, num daqueles dias de fim de agosto na trilha Del Mar, *onde o surfe se encontra com o turfe*. Saíramos de Malibu de manhã bem cedo e viajamos mais de 95 quilômetros em direção ao sul para pegar umas ondas ao largo do point do Swami, que recebeu esse nome por causa da comunidade *ashram* estabelecida na península. Quando havia uma longa calmaria, meu pai dobrava as pernas em cima da prancha e sentava-se em posição de lótus, fingindo meditar e me constrangendo na frente dos outros surfistas. Por volta do meio-dia, fomos para Solana Beach, a praia que ficava do outro lado da Coast Highway para quem estava na trilha. Escondemos nossas pranchas embaixo de uma pontezinha de madeira, porque elas não cabiam dentro do Porsche 56 do meu pai, atravessamos a rodovia e fomos ver os cavalos serem selados. Quando eles entraram na pista, meu pai me pôs nos ombros e me deu um punhado de amendoins como almoço.

— Escolha um cavalo, Menino Maravilha — disse ele.

Apostou no meu cavalo sem hesitar. Certa vez, um azarão chamado Scooby Doo ganhou por pequena diferença, e papai me deu uma nota de 100 dólares para eu gastar como bem entendesse.

Os topos das montanhas pareciam mais altos que o avião. Estiquei o pescoço para olhar por cima do painel, segurando os fones de ouvido, muito grandes para mim. Enquanto nos aproximávamos do sopé das montanhas, ouvi a torre de controle de Burbank passar nosso avião para a torre de controle de Pomona. O piloto Rob disse a Pomona que preferia não voar acima de 2.300 metros por causa do frio. E, então, um avião particular enviou-nos uma mensagem pelo rádio, avisando para não voarmos para a área do Big Bear sem os instrumentos indispensáveis.

— Recebeu essa mensagem? — perguntou a torre de controle.

— Recebi — disse o piloto Rob.

O nariz do avião penetrou na primeira camada da tempestade, cada vez mais próxima. Uma neblina cinza envolveu-nos. A cabine encheu-se de barulhos, balançando e dando guinadas. Rob pôs as duas mãos na direção, que tinha a forma de um W gigante. Não havia como enxergar a pista do campeonato no meio dessas nuvens, pensei. Nem mesmo as encostas de Baldy, as que meu pai e eu passamos alguns dias do ano anterior desbravando, cobertas com uma neve ainda fofa.

E então a seriedade do aviso do outro piloto interrompeu meu devaneio.

Virei para trás e olhei para o meu pai. Ele engoliu o centro da maçã, estalando os lábios de satisfação. Seus faiscantes olhos azuis e seu sorriso caloroso acalmaram minha ansiedade em relação ao aviso. Seu rosto brilhava de orgulho por mim. Ganhar aquele campeonato era prova de que todo nosso trabalho árduo finalmente dera frutos, era prova de que *tudo é possível*, como meu pai sempre dizia.

Por cima do seu ombro, um galho torto apareceu pela janela. Uma árvore? Naquela altura? E então o mundo voltou a ser cinza. Foi apenas uma ilusão de ótica.

Meu pai me observava. Seu olhar parecia nos elevar como se não precisássemos do avião — dois homens alados cruzando o céu azul. Eu estava prestes a perguntar quanto tempo mais demoraria.

Galhos eriçados de pinheiro passaram pela janela atrás dele. Um choque de verde, abrindo a neblina com suas garras. Nevava. Um ramo cheio de espinhos bateu forte na janela. Algo horrendo que meu pai não havia percebido. Sugou toda a vida da cabine, queimando a cena como uma fotografia devorada pelo fogo. De repente, o rosto do meu pai estava deformado e coberto de manchas.

O tempo parecia desacelerar como se fosse sendo apagado por uma borracha gigante. A neblina cercava todas as janelas, e não havia como o avião se levantar ou se abaixar, como se estivesse parado, um brinquedo pendendo de uma corda. O piloto esticou uma das mãos e girou o controle do compensador, que ficava na altura do joelho. Eu queria que ele o girasse mais depressa — vamos subir mais depressa, para longe das árvores. Mas ele largou o controle e agarrou a direção gigante em forma de W com ambas as mãos, fazendo-nos dar solavancos de um lado para o outro. E aquela outra direção? Será que eu conseguiria manobrá-la por ele? Um ramo próximo da janela me chamou a atenção.

— Cuidado! — gritei, contraindo meu corpo de 1,45 metro e 34 quilos.

A asa prendeu-se numa árvore, dando um golpe na minha coluna, e o avião deu meia-volta. Batemos em mais duas árvores — metal se rasgando, o motor aumentando a rotação. Eu estava grudado na direção que mantinha o equilíbrio vertical. Tarde demais para girá-la agora...

Batemos no pico Ontário, a 2.650 metros de altura. O avião desmantelou-se, lançando montes de destroços pela escarpa do lado norte e arremessando nossos corpos numa rampa gelada.

Ficamos estatelados no meio dos restos do avião. Nossos corpos balançavam em um declive de 45°, ameaçando nos lançar em queda livre num lugar desconhecido. Expostos à neve e ao vento congelantes, oscilávamos a cerca de 75 metros do topo — a distância entre a vida e a morte.

Capítulo 2

No verão antes da queda, a máquina de lavar roupas da minha avó quebrou. Vovó e vovô Ollestad tinham se aposentado e mudado para Puerto Vallarta, México, e os preços inflacionados dos eletrodomésticos de Guadalajara e da Cidade do México teriam estourado seu orçamento. Além disso, alugar um caminhão para transportar uma nova máquina seria uma verdadeira provação para eles naquela época. Então meu pai decidiu ir à Sears, comprar uma outra máquina e levá-la para Vallarta. Pediria emprestada a velha caminhonete preta do primo Denis, atravessaria a fronteira em San Diego e percorreria toda a rodovia da península Baja até La Paz. Tomaria a balsa para atravessar o mar de Cortez até Mazatlán, que ficava no México continental, e depois iria mais para o sul através das matas fechadas, visitando e curtindo o maior número possível das mais célebres áreas de surfe antes de chegar a Vallarta.

Ouvir essa notícia me deixou branco de medo. Fiquei em silêncio enquanto minha mãe explicava aquilo tudo para mim quando voltávamos para casa do curso de verão — onde ela dava aulas para a segunda série e onde eu me preparava para entrar na sexta série. Ela não disse nada sobre eu ser obrigado a ir, mas estava no ar — cada vez mais —, o que era mais ameaçador do que uma certeza. A ideia de fritar dentro daquela caminhonete durante três ou quatro dias e sair à caça do surfe — e, pior ainda, encontrá-lo e ter de remar para fugir de ondas enormes e ficar boiando lá longe, só com meu pai, na vastidão do mar — não tinha a menor graça. Ele estaria concentrado no surfe, e eu ficaria por minha conta e risco. Imaginei meu corpo sendo esmagado por uma onda, revirado, lutando para sair, lutando por ar.

O carro da minha mãe entrou na Pacific Coast Highway, e eu ouvi o barulho do oceano. Eu estava olhando para os meus tênis azuis, ouvindo os Beatles no toca-fitas do automóvel; senti enjoo e tive de olhar pela janela.

Chegamos à casa da minha mãe em Topanga Beach, a enseada que fica no extremo sul de Malibu. As casas foram construídas bem perto da areia, amontoadas umas sobre as outras de qualquer jeito e em todos os ângulos possíveis e imagináveis, como se sua função de abrigar estivesse em segundo plano, perdendo para a necessidade essencial de estar na praia. Meu pai também morara ali. Quando eu tinha 3 anos, ele se mudou para uma cabana que ficava do outro lado da rodovia, à beira do Topanga Canyon. Quando eu tinha 10 anos, já reunira vários indícios, que me deram uma ideia do que havia separado os meus pais.

A minha mãe se queixava de que, às vezes, o telefone tocava no meio da noite e meu pai saía sem dizer palavra, e voltava sem dar nenhuma explicação. Ela sabia que era algo relacionado ao vovô Ollestad ou ao tio Joe, o meio-irmão do meu pai, que sempre precisava da ajuda do meu pai para tirá-lo de alguma encrenca, mas meu pai não tocava no assunto. Quando a minha mãe protestava sobre excluí-la de certos segredos de família, ele simplesmente dava de ombros. Ia surfar ou simplesmente saía porta afora quando ela insistia. A gota d'água foi quando meu pai emprestou dinheiro da conta conjunta que tinha com ela ao tio Joe sem lhe dizer nada, e depois se recusou a dizer o porquê. Logo depois desse incidente, um francês chamado Jacques, amigo de um amigo de meu pai, veio nos visitar. Meu pai acabara de sofrer uma grande cirurgia no joelho e mal podia se mexer, de modo que emprestou a Jacques uma prancha de surfe e deu-lhe instruções na varanda, usando a muleta para explicar a Jacques como chegar ao local em que ele poderia ficar em pé na prancha. Meu pai não estava em condições de mostrar Malibu a Jacques, assim minha mãe o levou ao Point Dume — uma série de enseadas transparentes — e ao restaurante Alice's, que ficava no quebra-mar, e depois ao museu Getty. Após Jacques voltar para a França, meu pai deixou de vir para casa à noite. Isso durou algumas semanas. Depois voltou por alguns dias, até finalmente levar suas coisas para a cabana do outro lado da rodovia.

Minha mãe começou a sair com um cara chamado Nick. Nick mostrou que gostava de briga desde o começo, o oposto do meu pai, sempre relutante em brigar com a minha mãe. Nick e a minha mãe tiveram brigas homéricas na praia, na frente de todo mundo. Na verdade, não era uma coisa tão anormal assim — vários casais em Topanga Beach beijavam outras pessoas, brigavam com seus novos namorados ou namoradas e, de repente, um deles mudava-se para outra casa. Era um quadro incompleto do que deu errado entre os meus pais. Era óbvio que alguma coisa se rompera, isso era tudo quanto eu sabia, e fui obrigado a aceitar a situação.

Minha mãe estacionou o carro na garagem na mesma hora em que avistei minha golden retriever Sunshine, de pelo dourado e com apenas três patas. Ela esperava na calçada que rodeia a casa. Sunny e eu corremos para a varanda, subimos aos saltos a escada que leva à praia e saímos andando até o point — uma curva de areia que ia até a extremidade norte da enseada.

Duas meninas da minha idade estavam andando a cavalo em pelo pelas ondas que lavavam a praia. Segurei Sunny para ela não assustar os cavalos. As meninas moravam perto do desfiladeiro de Rodeo Grounds, um pouco abaixo da cabana do meu pai e, como sempre, só acenamos uns para os outros. Os cavalos faziam a água salgada salpicar as pernas das meninas, que cintilavam à luz do fim da tarde.

Quando elas desapareceram na boca do desfiladeiro, joguei o pedaço de pau de Sunny nas ondas. Um turista louro com uma barba comprida e inteiramente vestido como indiano fez uma dança da chuva para o sol poente. Ele me lembrou Charles Manson, que, quando eu era bebê, estava sempre andando pela praia e gostava de fazer serenatas para minha tia enquanto ela me segurava no colo nas escadas que levavam ao mar.

— Que bom que eu nunca fui naquela comunidade sobre a qual ele não parava de falar — disse a minha tia quando me contou a história.

Depois do jantar eu tentei esquecer as ondas esmagadoras. Li o Hardy Boys para ajudar a me distrair de minha viagem ao México. Acordei mais tarde e fiz uma tenda com as cobertas e brinquei com um jogo de espião, passando informações secretas por rádio para o quartel-general através dos postes enferrujados da minha velha cama de metal. Sunshine estava enroscada aos pés da cama e montava guarda em nosso esconderijo. Fiz-lhe um carinho e disse a ela o quanto eu detestava ter de surfar, o quanto eu detestava não poder brincar o fim de semana inteiro como as crianças de Pacific Palisades.

Eu muitas vezes reclamava com meu pai por não morar num bairro de verdade. Ele me disse que um dia eu ia entender a minha sorte de morar bem pertinho da praia, e que, por Eleanor (minha madrinha informal) morar em Palisades e eu às vezes passar uns dias com ela, eu era duplamente sortudo.

Mas ela não tem piscina, eu dizia, e meu pai retrucava que eu tinha a maior piscina do mundo no meu jardim.

Antes de eu nascer, minha mãe trabalhava na escolinha maternal de Eleanor, Hill'n Dale, e meus pais tornaram-se grandes amigos de Eleanor e de Lee, seu marido. Comecei a ir a Hill'n Dale quando tinha 3 anos, e Eleanor passou imediatamente a me mimar de tudo quanto era jeito. Nascemos no mesmo dia, 30 de maio, como ela gostava de dizer a todo mundo. Desde a primeira série eu percorria os dois quarteirões entre a escola de ensino fundamental e Hill'n Dale, permanecendo ali até minha mãe ou meu pai me buscar depois do trabalho. Todos aqueles anos em que convivi praticamente todos os dias com Eleanor me fizeram pensar nela como *minha outra mãe*, e eu dizia isso às pessoas.

A manhã trouxe uma boa notícia: meu pai teria de preparar um processo de negligência profissional com Al, seu sócio no escritório de advocacia, antes de partir para o México, de modo que eu não teria de surfar naquele fim de semana, e Sandra viajaria com ele ao México. Agora as possibilidades de não ser obrigado a ir pesavam bastante a meu favor. Eu estava tão aliviado que não me dei conta do que Nick reservara para mim, até ser tarde demais. A essa época, Nick já morava com minha mãe há vários anos e começou a falar de *protetores bucais* e *socos*, e disse que Charley, o único menino da minha idade que ainda morava na praia, viria a nossa casa. Eu estava preocupado, aquecendo-me ao sol de um paraíso onde não havia México e repleto de noites em casas de amigos, festas de aniversários e bolos com recheio e cobertura.

A areia estava quente e branca. Era agosto, e a neblina havia desaparecido há muito tempo, o sol queimava. Nick e seu amigo, Mickey, tomavam cerveja e traçavam um círculo na areia.

— É o ringue de boxe — disse Nick. — Não saia fora do círculo, senão será desclassificado automaticamente.

Todo mundo dizia que Nick se parecia com o Paul Newman. Era mais alto que o meu pai e não tinha ombros largos — cheguei à conclusão de que era por ele não surfar. Também era diferente do meu pai em várias outras coisas. Nunca dançava nas festas como o meu pai sempre fazia. E Nick não tocava nenhum instrumento — o meu pai tocava —, nem cantava — coisa que o papai aprendeu a fazer quando era ator infantil. Papai trabalhou no clássico *Papai batuta*, atuando em vários filmes e programas de TV até seus 20 e poucos anos. Num programa chamado *Sky King*, meu pai era um mecânico, o que era engraçado porque ele não sabia consertar nada, nem mesmo a minha bicicleta. E eu não conseguia imaginar Nick trabalhando como monitor de acampamentos de verão como meu pai fazia, encarregado de organizar aulas de coreografia e música para animadoras de torcida. Foi assim que ele conheceu a minha mãe — ele estava recrutando moças para darem aulas a participantes dessas torcidas no seu acampamento, e a minha mãe estava no apartamento de uma delas em Westwood, ao lado da UCLA. Era 1962. Meu pai tinha acabado de se demitir do FBI e estava trabalhando como assistente de um advogado americano sob as ordens de Robert Kennedy. Ele e seu amigo, Bob Barrow, que foi criado perto do meu pai em South Los Angeles, tiveram a ideia de organizar um acampamento de verão como forma de ganhar um dinheiro extra e conhecer universitárias. Meu pai ensinaria as coreografias para as moças de manhã, antes de pôr o terno e ir para o Ministério da Justiça.

Em seu primeiro encontro, meu pai levou minha mãe à praia, em Topanga Beach. Tocou violão para ela e convenceu-a a surfar com ele. Casaram-se um ano depois, mudando-se para uma casa da praia.

Mickey ajudou Charley e eu a colocarmos as luvas de boxe. As minhas foram adquiridas numa barganha com um menino que estava se mudando da praia, em troca da minha boneca de pano Raggedy Ann, que viera junto com minha série de livros de Johnny Gruelle. Isso aconteceu numa noite particularmente tirânica com Nick, depois que eu anunciara meu desejo de aprender a lutar boxe. E então, alguns dias depois, para mostrar que não se constrangeu com meu desejo repentino de saber lutar — um gesto óbvio de protesto contra as fúrias alcoólicas de Nick —, ele preparou essa sessãozinha entre Charley e eu.

— Vai ser bom pra você, Norman — disse ele.

Enquanto Mickey se encarregava de desenhar o ringue, Charley e eu esticávamos o pescoço a fim de olhar para um aterro de topo achatado que havia no local.

— Parem de olhar para as damas nuas e ponham seus protetores bucais — disse Nick.

A praia de nudismo ficava bem ao lado do aterro, e tanto Charley quanto eu negamos imediatamente qualquer interesse pelas moças.

— Bom — disse Nick. — Vocês sabem o que existe por trás daqueles peitos e bundas?

Charley e eu erguemos os olhos para Nick, com todos os nossos sentidos em estado de alerta.

— Mães, avós, irmãos, irmãs, primos e primas com quem vocês vão ter de se entender — disse ele. — Casamentos e festas de aniversário. Dores de cabeça intermináveis.

Charley e eu esperávamos mais, mas aquilo foi tudo.

— Um dia vocês vão entender — disse Nick. — Protetores bucais no lugar?

— Sim — respondi.

— Ótimo. Sua mãe teria um ataque de nervos se você perdesse os dentes.

Mickey estava tomando sua cerveja. Olhou para trás, para a enseada onde ficava a minha casa, onde minha mãe regava as plantas no deque.

— Muito bem — disse Nick. — Levantem as mãos e mantenham os pés em movimento.

— Como Muhammad Ali — comentei.

Nick sorriu, e eu senti seu bafo de cerveja.

— É, exatamente como Ali.

Charley não parecia nem um pouco nervoso. Era 5 centímetros mais alto e pesava cerca de 5 quilos mais do que eu. Girávamos em torno um do outro, e eu dancei como Ali. Vi uns pontos desprotegidos entre a luva e o ombro de Charley, espaço bastante para socá-lo no queixo, só que meu braço se desviava, em vez de se lançar para a frente e esmurrá-lo. Tentei de novo um movimento de vaivém, mas os meus músculos se contraíram, e eu tive de vencer sua resistência para dar um golpe que acabou sendo um tapa na testa de Charley. E então, de repente, ele partiu pra cima de mim. Levantei minhas mãos, e ele me socou no estômago; perdi o fôlego e virei de lado, e ele me atingiu o nariz. Uma ferroada desceu pelo corpo até os pés. Não era uma simples dor. Era algo líquido e estava frio como o álcool que meu pai usava para limpar os ouvidos depois de surfar. Meus olhos se encheram de água e, na mesma hora, fiquei morrendo de medo. Olhei em volta em busca de ajuda, e Nick olhava para mim com os olhos semicerrados, os lábios franzidos.

— Quer desistir? — perguntou ele.

Fiz que sim com a cabeça. Charley ergueu os braços num gesto de vitória.

Estendi as mãos para Nick desamarrar minhas luvas, e ele esfregou a testa, suspirou e pôs o copo de cerveja na mesa. Charley movia-se com um andar arrogante, e Mickey cumprimentou-o pela sua macheza, o que me fez lembrar de eu ter chorado por causa da minha boneca de pano depois que fiz a barganha. Eu a queria de volta. Era o único brinquedo que restava da época em que meus pais viviam na mesma casa. Mas era tarde demais — o menino e a minha boneca já estavam em outra cidade.

Charley tirou as luvas e disse que ia andar de skate com Trafton e Shane e algumas das outras lendas da praia. Subiriam a Coastline, onde o asfalto era novo, as ruas eram largas e íngremes e as descidas nunca acabavam.

— Sua mãe proíbe isso expressamente, Norman — interrompeu Nick antes de eu ter chance de pedir para ir com Charley.

Olhei para ele e senti meu rosto ficar vermelho e meu queixo tremer.

— Perigoso demais — acrescentou ele.

Toquei meu nariz, e doeu, e Nick parecia satisfeito por aquilo não fazer sentido — ele me deixava lutar boxe, mas não me deixava andar de skate.

— A vida é um longo ajuste de contas — disse ele, dando-me um tapinha nas costas para amenizar a injustiça. — Melhor se acostumar com isso desde agora, Norman — acrescentou ele.

Nick e Mickey saíram na nossa frente, carregando as luvas e os protetores bucais para não os perdermos. Segui Charley até sua casa, que ficava perto do local.

— Pode vir com a gente, se quiser — disse ele.

Eu não precisava da sua aprovação, eu também conhecia aqueles caras, mas fiz de conta que estava agradecido.

Capítulo 3

Perto do topo do Ontario Peak, acordei. Plumas tinham caído do céu e coberto o meu rosto. Eu sonhara, mas não conseguia me lembrar do sonho. Será que meu pai e eu estávamos apenas deslizando um ao lado do outro numa pista de neve fresca?

O vento sussurrava entre os galhos dos pinheiros, tão puro e tão limpo que me perguntei se eu ainda estava dormindo. Eu estava encolhido, e uma parte do painel de instrumentos estava logo à minha frente. Um canto do painel mergulhava na neblina como um navio naufragado. Perto do painel havia um grosso tronco de árvore. Ele estava perpendicular ao painel, desenhando um X com ele. Era impossível saber onde estava a linha do horizonte, e meus olhos esforçaram-se para me orientar. Então a neblina começou a se desfazer como uma revoada de pássaros, e uma das asas do avião estava presa no tronco da árvore. Essa mistura de estranhas imagens nada acrescentou à minha compreensão. Redemoinhos caóticos de neve subiam e desciam por todos os lados e depois desapareciam em meio à neblina que estava voltando.

Tentei respirar, mas não consegui ar suficiente para encher os pulmões. Meu estômago estava comprimido pelo cinto de segurança, que me mantinha preso ao banco. Chamei meu pai.

— Não estou conseguindo respirar — berrei. — Pai, não estou conseguindo respirar!

Imprensado de um lado pelo banco, eu não conseguia me virar para ver meu pai e Sandra no banco de trás. Eu perdia e recuperava a consciência — era como mergulhar em água turva e então, de repente, voltar à tona só para despencar de novo nas trevas. Era apenas um pesadelo, concluí. Um sonho sem sentido. Só que eu não acordava.

Notei uma coisa além da cabine despedaçada — o piloto estava jogado para trás, e parecia haver uma cavidade sangrenta na região do nariz. Uma neblina espessa engoliu-o antes que eu pudesse ter certeza.

Tentei respirar de novo. Só um nadinha de oxigênio. Minha mão tateou desajeitada em busca do botão do cinto de segurança, e meus tênis azuis de cano alto chiaram no atrito com a neve. O cinto de segurança soltou-se, e meus pulmões queimaram com o ar frio. O meu pai vai dar um jeito nisso, disse com meus botões. Ele vai consertar tudo.

Senti o corpo girar, ouvi um motor estalando. Minha cabeça estava leve, os olhos, anuviados. Não tinha a menor ideia de onde estava. Os olhos começaram a fechar, e eu me entreguei.

Capítulo 4

Quando Charley e eu entramos na Kombi, ela estava cheia de fumaça dos baseados que passavam de mão em mão. Fumei um pouco, com cuidado para não tragar muito, e Big Fowler precisou sair para que o ônibus conseguisse subir até a via de acesso para a Coast Highway. A pouco mais de um quilômetro e meio, pegamos a rodovia depois do museu Getty. Shane desviara a Kombi do seu percurso normal para podermos chegar ao topo do morro; depois uma das meninas dirigiria o ônibus morro abaixo até onde a Coastline cruzava uma outra rua e subia — o fim da linha.

Descalça e sem camisa, os cabelos em rabo de cavalo, a gangue saiu pela porta corrediça da Kombi. As rodas de poliuretano dos skates eram uma novidade, substituindo as rodas de massa, e fiquei pasmo com as íngremes curvas em S e com a alta velocidade com que eles as faziam no meio da rua. Charley e eu olhávamos enquanto a sucessão de braços bamboleantes desaparecia na primeira esquina.

Via apenas o morro em sombras. Charley não parecia intimidado: subiu no seu skate e partiu. Eu nunca andara de skate num lugar íngreme daquele jeito e não queria ficar completamente sozinho ali em cima. Também subi no meu skate e fui em frente, mantendo minhas curvas bem abertas e fazendo o possível para me inclinar na direção do morro antes da curva seguinte. Charley encolheu-se para fazer a curva, e fiquei preocupado com a possibilidade de todos terminarem antes de mim e me ver chegar por último.

Controlei o medo e apontei minha prancha para o meio da rua. Num instante eu estava voando. Quando cheguei à curva, deu para sentir a prancha começar a vibrar. Passei pela curva e inclinei para cima, tentando diminuir um pouco a velocidade. As rodas fizeram os eixos de metal debaixo da prancha tremerem violentamente — e o tremor subiu pela prancha e pelas minhas pernas, que tremiam como varetas de bambu. Aguenta firme, disse a mim mesmo. A calçada estava terminando, e eu tinha de começar minha próxima curva. Lutei contra o tranco e passei meu peso para os dedos dos pés; de repente, as rodas pararam, e a prancha me jogou no ar. Bati duas vezes com a parte esquerda do meu quadril antes da minha pele se agarrar ao asfalto e recusar a se soltar. Desci a mão, e meu cotovelo veio com ela, me fazendo virar. Quando finalmente parei, minhas costas e minha bunda também estavam raladas.

O ar fez arder todo o lado esquerdo do meu corpo, e o chão machucava minhas costas. Minha mão queimava e meu quadril latejava, mas só queria que ninguém tivesse visto o meu tombo. Ergui os olhos — Charley já estava perto da próxima curva.

Minha prancha foi parar numa roseira, e eu a tirei de lá, arranhando a outra mão. Joguei a prancha no chão e parti, fazendo grandes curvas arredondadas durante os 400 metros restantes. Quando cheguei ao fim do percurso, Charley estava encostado no ônibus com todos os caras e todas as meninas com flores nos cabelos.

— O que aconteceu? — perguntou Charley.

— Parece que o Norman levou um tombo daqueles — disse Trafton.

Concordei com um gesto de cabeça e abaixei o short do quadril para lhes mostrar meu ferimento de guerra. Estava vermelho como uma framboesa e sangrando, e a pele em volta estava com uma mancha preta.

— Olha só essa tatuagem da estrada — disse Shane.

Todo mundo riu, e minha fanfarronice murchou.

— Você deve ter esfolado a bunda — disse Trafton.

Dei de ombros.

— Direto pro curativo — disse Trafton.

— Obrigado — respondi.

Eu não tinha de olhar para Charley, nem para mais ninguém — eu sabia que agora havia conquistado o respeito deles. Puxei meu short de volta e peguei minha prancha. Charley me ofereceu um gole de cerveja, e eu recusei.

Minha mãe estava do lado de fora da garagem, por isso Shane levou a Kombi até o alto da via de acesso, e eu saí no meio de um grupo de meninos e entrei direto no portão de outra casa. O pessoal voltou para a Kombi, e eu a ouvi partir com uns roncos intermitentes. Esperava que aquela casa estivesse vazia, pois não conhecia seus moradores muito bem, só sabia que um menino que vinha um fim de semana por mês ficava ali com o pai. Resolvi descer as escadas que ficavam do lado da casa que eu invadira para voltar para a minha pela via de acesso à praia.

As escadas passavam por uma janela, e eu vi o pai do menino numa cama. Estava entre as pernas de uma mulher, transando com ela. Olhei bem para eles, e a mulher virava a cabeça de um lado para o outro, as bochechas dela estavam rosadas, e uma onda de excitação escorreu pelo centro do meu corpo quando ela gemeu. Eu nunca poderia contar isso para o meu pai. Ele ia zombar de mim se soubesse que eu gostava de meninas. E todos os seus amigos também fariam a mesma coisa.

    O pai do menino penetrava com força a mulher, e ela gritava, e eu não conseguia tirar os olhos dela. E aí ele descansou em cima dela. Meu nariz estava a centímetros do vidro, e o vidro estava embaçado com a minha respiração. Dei um passo para trás, afastando-me da janela, e havia uma mancha úmida do tamanho do meu rosto.

    Sonhei com suas bochechas rosadas enquanto perambulava pelas rochas cheias de musgo expostas pela maré baixa. Ao sul, perto do fim da enseada, Bob Barrow, Larry Lata de Cerveja e Vincent, o irmão de Nick, estavam debruçados sobre a mesa de pôquer da varanda de Barrow. Ouvi uns sons desafinados perto de mim e me virei. A música ecoou, vinda da casa amarela onde moravam todos os melhores surfistas. Eles chamavam aquela casa de submarino amarelo. Nick morava ali antes de morar com minha mãe. Fiquei chocado quando descobri que ele não surfava. Trafton e Clyde apareceram no deque superior com suas guitarras. Ficaram lá com as pernas esticadas e ensaiaram alguns *riffs* de blues.

    Uma mulher de cabelos muito pretos andava pela praia como que carregada pelo vento. Flutuou até a entrada da casa amarela e deitou-se no banco de areia formado pelas ondas durante a maré alta. Ergueu os olhos para Clyde e Trafton tocando suas guitarras. Pulei das rochas na areia molhada, atraído por ela. Ela rolou, ficando de bruços, e olhou para o oceano, balançando a cabeça ao ritmo da música. Ajoelhei-me e cavei um buraco na areia enquanto lançava olhares furtivos para sua minissaia. Seu corpo era magnético, o que parecia muito natural, mas eu não sabia o que fazer com a excitação que estava tomando conta de mim.

No começo, não percebi que ela estava olhando para mim. Afastar meus olhos antes de notar que ela também olhava para mim pareceu um longo processo. Ela me analisava como se eu não tivesse olhado para sua saia, mas para a saia de uma outra mulher, um olhar distante, como quem visse uma fotografia daquela cena. Ela não parecia se importar por eu estar olhando para suas partes íntimas. Da mesma forma que as banhistas nuas da praia de nudismo nunca se importavam quando Charley e eu rondávamos por lá.

Peguei meu skate e voltei para casa.

Disparei por cima da vegetação rasteira que crescia na areia em frente à nossa varanda. Ouvi uma porta deslizar e abrir e vi minha mãe na calçada lateral. Estava muito escuro ali. Sua silhueta movia-se no meio da escuridão e depois entrou na casa. Corri até a calçada. Quando cheguei, escondi meu skate na prateleira inferior, atrás da ração do cachorro e do gato. Fui até a porta corrediça de vidro e entrei.

O tronco de minha mãe estava fazendo uma curva para fora da porta da lavanderia. Virou-se para trás e olhou para mim.

— Onde você estava, Norman?

— Na praia.

— Sem Sunshine? — perguntou ela.

Sunny saiu debaixo da mesa da cozinha abanando o rabo como se não me visse há anos. Ajoelhei-me, acariciei-a e beijei seu focinho.

— Você está mentindo — disse minha mãe.

— Do que você está falando?

— Você estava andando de skate. Sua prancha não estava aqui.

— Não guardo mais ela ali porque o meu pai continua pondo as pranchas de surfe em cima dela.

Fui para o meu quarto, que ficava bem ao lado da cozinha. Fechei a porta, e Sunny a ficou arranhando enquanto eu tirava minha camiseta e punha uma camisa de manga comprida.

Depois de sair do meu quarto, fui imediatamente para a geladeira e bebi direto na garrafa de leite. Minha mãe apareceu do outro lado da porta da geladeira.

— Você está falando a verdade?

— Estou.

— Não minta na minha cara. Isso só piora as coisas, Norman.

— Não estou mentindo. Pergunte aos caras. Eu não fui.

Ela olhou bem para mim e eu dei de ombros.

— Por que está usando uma camisa de manga comprida? — perguntou ela.

— Vou até o Topanga Canyon — disse eu.

Ela parecia confusa e meio preocupada. Chamei Sunny, e atravessamos a cozinha, entramos na sala, passamos pela cadeira de balanço de Nick, na qual ele assistia ao noticiário toda noite. Pensei em ser obrigado a assistir às audiências do Watergate e em Nick gritando para a TV sentado naquela cadeira de balanço com uma garrafa de vodca na mão.

Sunny ia na frente; pulou o degrau para entrar no quarto rebaixado da minha mãe e depois saltou para a varanda pela porta corrediça de vidro. Sunny não tinha a pata dianteira esquerda, mas isso não a impedia de pular da varanda para a areia.

Ela sabia para onde íamos. Topanga Canyon esvaziava em certo ponto, a água formava um canal que desaguava em um pequeno lago que escorria aos poucos para o mar, mas que jorrava quando chegavam as chuvas de inverno. Percorremos uma trilha de terra em volta do lago, toda tomada por pés de alcaçuz. O cheiro perfumava o ar. Cortei um ramo e mastiguei, cortei outro e dei a Sunny. Uma Kombi ainda estava no meio do lago, tendo caído no rio depois de uma chuvarada anos atrás. Num clima de aventura, certa vez nadei até lá e subi no seu teto.

 Embaixo da ponte estava mais fresco, e os carros passavam com estrondo por cima da minha cabeça. Chegamos ao outro lado, e o caminho serpenteava entre as margens arenosas do canal. Levei Sunny para as moitas de bambu, e sentamo-nos em cima do lençol esfarrapado que ficava dentro dos confins de nosso forte. Continuei contando a Sunny uma história que eu estava escrevendo sobre Murcher Kurcher, um famoso detetive que procurava o ladrão do *Mona Lisa* a bordo de um navio rumo à Europa. Enquanto eu falava, anotava tudo num bloco de papel que eu guardava enrolado dentro de uma garrafa térmica que havia encontrado por ali. No fim da minha história, eu disse a Sunny que, quando ficasse maior, teria uns músculos bem grandes e encheria Nick de porrada quando ele gritasse comigo, ou ficasse dando ordens para mim ou para minha mãe. Sunny olhou-me nos olhos. Ela sempre me ouvia como se eu fosse a pessoa mais importante da face da terra.

Capítulo 5

Meu corpo tremeu como um trem e me acordou. Eu estava congelando, e o frio desafiava a neblina delicada que me envolvia. Estava igualzinho a quando eu acordei pela primeira vez — uma paisagem destituída de formas, uma nuvem sem fim na qual eu parecia rolar. Então eu vi o painel de controle retorcido.

Tentei me mexer e eu estava de lado no meu banco tombado. A rampa, uma cortina de gelo, abaixo do meu quadril, tão íngreme que me perguntei por que não estava deslizando por ela abaixo. Com o maior cuidado, virei só a cabeça. Meus cabelos louros estavam presos num pedaço de metal que também estava retorcido e todo recortado, como se fosse um gigantesco pedaço de lata. Meus cabelos congelados estalaram quando me virei.

Tateei embaixo do painel de instrumentos, procurando o lugar onde a árvore estivera antes. Nuvens que pareciam espuma cobriam o lugar. A bola de espuma passou por mim e perdi a noção do que era acima e do que era abaixo novamente.

Comecei a me reanimar lentamente, como um feto se adaptando a sua câmara leitosa. A experiência de esquiar numa neblina intensa, quase sem visibilidade, me passou rapidamente pela cabeça. Ignorando o painel de instrumentos, supus que talvez eu tivesse batido numa árvore e que meu pai não conseguia me encontrar no meio da tempestade.

A neblina ondulava, como se respirasse, e ergueu-se um instante, mostrando a neve. A quatro metros e meio, do outro lado da rampa, os sapatos do piloto apontavam para direções diferentes. As pernas dançavam na neve. A bainha de sua camisa virara, e a barriga estava pálida.

Ainda estou dormindo?

Contorci-me para sair do banco, batendo o pé no painel de instrumentos. Soltei-me devagar, como se passasse pela abertura de uma armadilha, caindo na cortina de gelo, desaparecendo na neblina. Tentei me segurar naquela face escarpada e caí sobre o quadril e o ombro do outro lado da rampa. Perguntei-me se o piloto estava realmente tão estraçalhado quanto parecia. Ouvi outro pedaço do avião mover-se, o metal raspar o gelo, mas consegui enxergar apenas a neblina rastejando para cima. Eu também estava escorregando, mas consegui parar. Rolei e fiquei de bruços. O frio atravessou meu suéter de esquiar e meus tênis. O tempo estava quente em Big Bear ontem, pensei. Que vontade de ter minhas luvas, meu casaco e meu esqui agora. Agarrei-me ao gelo com tudo o que tinha: dedos nus, queixo, peito, pélvis e joelhos. A cortina de gelo passava bem perto do meu nariz, penetrando na neblina, tão íngreme que parecia prestes a cair para trás. E então a neblina se fechou à minha volta, envolvendo-me num minúsculo casulo cinza.

Avancei centímetro a centímetro pela cortina, da esquerda para a direita, rumo ao lugar onde vira o piloto. Alguns minutos depois o gelo tornou-se uma crosta dura mais fácil de agarrar. Notei essa mudança na textura da neve, essa parte mais fácil de agarrar. Quando cheguei perto, vi o nariz do piloto na neve, perto do seu rosto. A cavidade vazia estava congelada com sangue, e seus olhos, arregalados como se estivesse olhando para a própria testa. Seus miolos escorriam pela parte de trás do crânio.

Chamei meu pai.

Vasculhei os redemoinhos de neblina vindos de todas as direções, não consegui encontrá-lo.

— Pai! Pai! — chamei de novo.

Uma voz de mulher ecoou e depois desapareceu no vento.

Segui a voz e descobri Sandra logo acima, um vulto difuso velado pela neblina. Ainda estava no seu banco, arrancado do corpo do avião. Uma rajada de neve escondeu-a por um momento, e, quando clareou de novo, consegui enxergar. Eu estava num barranco que se afunilava para o alto, em direção às nuvens e à neblina. Meu pai e eu diríamos que era um escorregador. Vinha do pico dessa montanha, e eu achei que desembocava numa rampa mais larga, ou num desfiladeiro abaixo. Olhei para baixo, e o declive côncavo de gelo me lembrou a rampa de Hangman's Hollow, em Mammoth. "Não é pra qualquer um!", meu pai dissera. Imaginei rochas pontiagudas, agora escondidas pela neblina, às margens dessa rampa, como em Hangman's Hollow.

Espero que seja uma rampa curta que acaba logo depois daquela linha de neblina, disse a mim mesmo. Nada muito extenso.

Ergui os olhos de novo para ver Sandra. Estava empoleirada bem à direita de um sulco ainda mais íngreme e escorregadio da rampa que descia verticalmente deste lado. Os esquiadores chamam-no de funil. Quando descem avalanches do alto do pico, desembocavam nesse funil, carregando tudo, deixando uma superfície de gelo bem polida. Era ali que eu estava antes de me arrastar para fora do banco — no funil. O funil sugava tudo, como um buraco negro. Era preciso ficar longe dele.

Sandra estava chorando e tremendo.

— Seu pai morreu — disse ela.

Olhei em volta e não consegui vê-lo em parte alguma. Ela estava apenas delirando, concluí. Mas eu tinha de encontrá-lo. No meio de uma nova onda de neblina e vento, procurei o meu pai. Quando a neblina clareou, olhei para trás, para o funil. A figura do meu pai apareceu bem acima do banco onde eu estava minutos antes. O lugar era tão íngreme, e a neblina, tão espessa, que eu não o tinha visto lá, encolhido atrás do meu banco. Ele estava debruçado. O topo da cabeça pressionava as costas do meu banco. O rosto estava no meio dos joelhos.

Papai tinha sido lançado para a frente e estava do meu lado. Será que se jogara para a frente para me proteger ou fora jogado?

— O que você vai fazer, Norman? — gritou Sandra.

Outra onda de neblina me envolveu, passando rapidamente, e então vi que os ombros de Sandra estavam retorcidos como uma marionete caída. Seus cabelos estavam emaranhados em volta de uma ferida na testa e grudados ao sangue viscoso que se juntara ali. Continuava falando, e virei-me para analisar de novo o corpo do meu pai, tentando compreender como ele acabara contra o meu banco. Seus braços estavam frouxos, descansando nas coxas, e as mãos pendiam dos joelhos.

— Ai, meu Deus, Norman — disse Sandra.

— Ele pode só ter desmaiado — respondi.

— Não, não. Está morto.

Recusei-me a aceitar aquilo. Era impossível. Meu pai e eu éramos uma dupla, e ele era o Super-Homem. Sandra chorava, e seu ombro direito estava pendurado muito abaixo da clavícula, e percebi que estava deslocado, como ela mesma, e isso me fez crer que ela estava errada em relação a meu pai. Ela pôs a outra mão no rosto, soluçando como uma louca.

Capítulo 6

Nick chegou em casa depois de escurecer, e minha mãe serviu frango frito com mel, o meu prato predileto. Ela comeu no sofá, Sunny e eu, no chão, e Nick, em sua cadeira de balanço com uma jarra de vinho. Eu estava me sentindo espertíssimo, tendo dito à minha mãe que o arranhão do meu braço foi por cair a caminho do canal. Ela engoliu fácil a história, que parecia incontestável, o que me encheu de coragem por algum motivo. E, depois do jantar, quando Nick insistiu em ver um noticiário especial sobre Watergate, tive peito para protestar.

— Quero ver que fatos sórdidos eles juntaram com o passar dos anos — disse Nick.

— Ai, Jesus — disse minha mãe. — Vamos ter de assistir?

— É lógico que temos.

Dei um pulo, mudei de canal e olhei para Nick.

— Volta pra onde estava, Norman, senão vou tocar o Chicow-ski.

— É Tchaikovsky — disse a minha mãe.

A expressão impassível de Nick deixou claro que ele não achou a menor graça na correção dela. Seus cabelos anelados estavam caindo na testa e combinavam com seus olhos cansados e inexpressivos, que faziam com que parecesse levemente desmazelado.

— Volta pra onde estava — repetiu ele.

— Não volto — respondi.

Ele balançou a cadeira para a frente e levantou-se com um único movimento. Tomou um gole de vinho.

— Chi-cow-ski!

Corri para Sunny e me escondi atrás dela. Nick passou por cima de Sunny e pulou em cima de mim, agarrando-me pelos ombros, e Sunny virou-se de costas e lambeu o braço dele e o meu rosto. Nick abriu os dedos em forquilha como um pianista louco e os cravou no meu peito.

— Dum dum dum dummm — cantou ele, com o bafo de vinho me dando náusea, e virei a cabeça.

Seus joelhos apertavam com força a pele do meu braço, e os dedos enterravam-se no meu tórax e nas costelas.

— Dum dum dum dummm! Chicowski toca até você prometer que vai mudar de canal — disse ele.

— Mãe, não estou conseguindo respirar. Fala pra ele parar!

— Nick, ele não está conseguindo respirar. Para.

— Repete o que vou dizer — disse Nick, ainda tocando.

— Tá bom, tá bom.

— Nunca mais vou desafiar o Nick de novo.

— Nunca mais vou desafiar o Nick de novo — disse eu.

Ele levantou o tronco, seus punhos ficaram frouxos, e ele olhou para longe.

— Levanta para eu poder mudar de canal — disse eu.

Nick olhou para baixo, por cima do nariz, o olhar muito longe, como se uma aparição pudesse ser vista no meio do tapete. Eu não ia ficar esperando o cara levantar e me contorci para sair. Meu short escorregou da minha cintura, e meu quadril vermelho feito framboesa chamou-lhe a atenção. Seus olhos fuzilaram de novo.

Levantei o short depressa, evitando olhá-lo nos olhos, e mudei de canal para o programa sobre Watergate.

— Pronto — disse eu. — Eu é que tenho de lavar os pratos?

— Bom, seria bem legal da sua parte, Norman — disse a minha mãe.

— Então vocês ficam aí assistindo ao Watergate — respondi.

Nick ainda estava ajoelhado, os braços pendentes, a cabeça inclinada para a frente. Não se virou, não se mexeu, não falou. Eu via apenas o movimento de suas costas inalando e exalando. Fui para a cozinha e comecei a lavar os pratos. Dava para ouvir Nixon e os outros bandidos negando suas relações com a invasão. De repente, a voz de Nick se fez ouvir acima do barulho da TV — "skate" foi a única coisa que consegui distinguir. Depois ouvi os investigadores falando sobre o que estava realmente acontecendo na Casa Branca naquela época — o acobertamento. Nick não me chamou para a sala, e sua voz não se fez ouvir de novo no meio do som da TV, e eu achei que estava tudo bem. Quando terminei de arrumar a cozinha, Nixon estava fazendo seu famoso Discurso Checkers e algumas fitas secretas estavam tocando.

Nick acendeu um baseado e ficou olhando para a tela da TV com ódio. Tirou a camisa. Fui para a frente da tela.

— Watergate, Watergate, blá, blá, blá — disse eu.

Nick piscou, tentando focar os olhos em mim.

— Você não tem a menor ideia — disse ele.

— Do quê? — perguntei.

Ele balançou a cadeira e levantou-se, irado de repente.

— Sabe por que *você*, entre todas as pessoas do mundo, precisa assistir a isso aí?

Meu rosto estava bem na frente do seu estômago nu. O ar da sala tinha mudado. Estava todo à minha volta.

— Vou dormir — disse eu.

Quando me virei, ele agarrou meu braço, e os dedos se enterraram até o osso.

— Ai! Você está me machucando!

— Foda-se. Agora responda a pergunta.

— Que pergunta?

— Por que *você*, entre todas as pessoas do mundo, precisa assistir à queda do presidente dos Estados Unidos?

— Já assisti há alguns anos — respondi.

— Bom, você precisa assistir de novo. Sabe por quê?

— Não — disse eu.

— Ouviu isso, Jan? Sou capaz de jurar que você também não sabe.

Minha mãe estava tirando o frango da sala. Foi até a arcada entre a cozinha e a sala e parou.

— Não sei o quê? — perguntou ela.

— Presta atenção, porra! É esse o problema. Você nunca presta atenção.

Minha mãe pôs uma das mãos no quadril e olhou para Nick. Ergueu as sobrancelhas e suspirou. Os dedos dele afundaram ainda mais no osso, e a dor me fez gritar.

— Larga ele — disse a minha mãe.

— Você bem que gostaria, não gostaria? Mas você sabe por que não posso? — disse ele, aparentemente para nós dois.

— Por quê? — perguntou ela revirando os olhos.

— Porque, se eu largar ele agora, ele vai acabar feito o Nixon.

— Que isso — disse a minha mãe. — Do que você está falando?

— Ele é um mentiroso!

— Eu não o vi andando de skate — disse ela. — Você viu?

— Então você acredita nele?

Ela olhou para mim, e eu tentei avisá-la com o olhar, mas ainda estava encolhido com a dor no meu braço.

— Acredito — respondeu ela.

Nick puxou o meu short, e o elástico da cintura arrancou a casca e o sangue fresco espirrou da superfície do meu machucado.

— E o que é isso? — perguntou Nick, apontando para a minha ferida.

— Ai, meu Deus! — disse minha mãe. — Onde você arranjou isso?

Eu queria ficar do lado dela, queria que ela vencesse.

— Foi quando eu escorreguei no canal — disse eu.

— Mentira — disse Nick. — Olha para o preto em volta.

— É sujeira — disse eu.

Nick esfregou os dedos nas manchas pretas.

— Ai! — gritei.

— Para com isso, Nick — disse a minha mãe.

Ele tirou os dedos.

— Não é terra.

— É, sim — disse eu.

Nick apontou para a TV.

— Você fala igualzinho ao Nixon — disse ele. — É tão natural...

Lembrei da voz de Nixon, esganiçada e alta durante o Discurso Checkers. Nixon tinha um sorriso falso. A cara torta. Ninguém da praia gostava dele. Meu pai grunhia e mudava de assunto com um aceno de mão — não valia a pena falar daquele sujeito.

Aí Nick largou o meu braço, e eu corri para a cozinha.

— Volte aqui — berrou ele.

— Deixa ele em paz — disse a minha mãe.

— Volte aqui — disse Nick.

Entrei no banheiro e fiz xixi. Ouvi Nick brigando com a minha mãe por eu ter me esquecido de novo de levar o lixo para fora, pela segunda vez seguida naquela semana. Era a prova, disse ele, de que "Norman acredita que o mundo gira em torno dele".

Saí do banheiro, e minha mãe estava enfrentando Nick.

— Você está exagerando — disse ela na cara dele, que estava suada.

— Merda — disse ele, passando por ela e entrando no banheiro, e eu sabia que estava ferrado antes mesmo de ele abrir a boca.

— Ele esqueceu de puxar a porra da descarga outra vez — berrou Nick. — Esta é pelo menos a décima vez, Jan.

Nick saiu do banheiro e me chamou.

— Você tem de limpar a privada. Essa é a única maneira de você aprender.

Minha mãe se pôs entre mim e ele.

— Saia da minha frente, porra — disse Nick, os olhos fuzilando para a minha mãe. Ela sacudiu a cabeça, negando, segurando as pontas.

Nick era capaz de qualquer coisa, pensei. Ele quebrara as costelas do nosso vizinho Wheeler uma noite, na nossa cozinha, depois de um acalorado debate político.

Escondi-me no banheiro.

— Sempre começa quando você é criança — disse Nick. — Você mente um pouquinho, engana um pouquinho. E aí, de repente, essa é a sua mentalidade. É quem você é.

— Nick — disse a minha mãe. — Você mentia para caramba quando era criança. É por isso que foi expulso das escolas de ensino fundamental, médio e das escolas militares. Portanto, não aja como se Norman tivesse herdado o problema, Nick.

Nick deixou-se escorregar contra o batente da porta como um animal encurralado. Faltava pouco para ele explodir. Não fale nem faça nada, mãe, pensei comigo mesmo.

Ela passou o peso do corpo para o outro quadril.

— Você acha que está certo porque está bêbado e chapado — disse ela. — Mas está errado.

A palavra *errado* parece ter ferido Nick a fundo, e, seja o que for que tenha despertado, subiu pelo seu pescoço, e as veias saltaram, e a coisa continuava, chegou ao rosto, que ficava arroxeado, e arregalou seus olhos como uma personagem de desenho animado. Não tinha a menor graça, e eu parei de respirar.

O maxilar ficou tenso e os dentes rangeram.

— Estou falando a porra da verdade — disse ele, com a voz rouca. — E vocês são dois mentirosos de merda.

Ele olhou para mim, o rosto muito vermelho, com as veias salientes e suando.

— Não posso deixar você virar um mentiroso. Um fracassado. Preciso dar um jeito nisso. Tem de haver consequências.

Ele passou por mim e pegou um vidro de Ajax e uma esponja debaixo da pia e os entregou a mim.

— Lave a privada — disse ele.

Olhei para minha mãe que estava na cozinha, ainda com a mão no quadril. Ela sacudiu a cabeça dizendo que não, mas eu tive medo de desafiá-lo. Derramei o Ajax no vaso.

— Você não é obrigado a fazer isso — disse a minha mãe.

— Sua mãe não liga pra você, Norman — disse ele. — Ela quer que você seja um mentiroso e um fracassado. Está entendendo? É preguiçosa demais para dar um jeito em você.

— Cale a boca, Nick — disse ela. — Norman não é mentiroso. Você que é, Nick. Você que é!

O corpo dele ficou tenso como se tivesse levado um choque.

— Você sabe que tenho razão — disse ele.

Nick olhou para mim.

— Você sabe que tenho razão — repetiu.

Ele pode estar bêbado e chapado, pensei. Ele pode não bater bem. Mas tinha razão — eu havia mentido.

Segurei a esponja e o Ajax, e minha mãe olhou para mim, meio escondida pela barriga de Nick. Sacudiu a cabeça num gesto de desaprovação. Não estava claro se ela estava querendo me dizer para não lavar o vaso ou se só estava enojada com aquela situação, ou ambos.

Os pelos da barriga dele estavam a centímetros do meu rosto, e ele cheirava a leite azedo.

— Um dia você vai acordar e entender que o mundo não gira à sua volta, e aí vai ser tarde demais — disse ele. — Você vai estar velho demais para mudar. Vai acabar amargo e frustrado para o resto da vida. Toma jeito, Norman. Porque a sua mãe não tem condições de dar jeito em você.

Minha mãe riu dele. Ou ela não sabia, ou não se importava se eu tinha mentido, e essa ambiguidade criava um vazio dentro de mim, um espaço para os demônios de Nick se enraizarem.

Comecei a esfregar.

— Você não é obrigado a fazer isso — disse a minha mãe.

— Ele sabe que tenho razão — disse Nick.

— Você é uma piada — disse a minha mãe.

Continuei esfregando e depois ouvi a cadeira de balanço de Nick ranger. Ouvi minha mãe ir para o quarto de dormir, e eles começarem a gritar um com o outro. Eu gostaria de poder gritar também — melhor do que simplesmente me encolher feito um verme.

Ele a xingou de puta. Ela respondeu que ele não saberia o que fazer com uma puta no colo. Então ouvi o som de carne e osso se chocando. Um segundo depois, um baque surdo no chão. Larguei a esponja e corri para a sala.

Minha mãe estava caída no chão. Havia posto as duas mãos em cima de um olho. Choramingava como uma criança, enroscada em si mesma em posição fetal. Nick estava em cima dela. Mexia os pés como um cavalo nervoso. Pus-me entre os dois.

— Você é um covarde — disse eu.

Ele engoliu em seco, e seu pomo de Adão subia e descia. Levantou-se e foi até o freezer. Ajoelhei-me e perguntei à minha mãe se ela estava bem.

— Estou ótima, Norman. Você deve ir pra cama agora. Vai ficar tudo bem. Não se preocupe — disse ela. — Juro.

Eu não via como as coisas poderiam ficar bem. Não via como seria possível. Ou ela estava mentindo, ou não entendia o que estava acontecendo realmente.

— Vou fugir para a casa do meu pai — disse eu.

— Não! — respondeu ela. — Não faça isso, Norman.

— E por que não? Ele vai nos proteger.

— Se tentar fugir, eu vou atrás de você — disse Nick. — Você nunca vai conseguir.

Ele parecia um ator num filme. Passou pela arcada com o gelo enrolado numa toalha. Naquele momento, ele me pareceu melodramático e ridículo. Nick passou o gelo enrolado na toalha para a minha mãe. Seus olhos cheios de sangue olharam de viés para mim. Virei-me e vi a porta corrediça de vidro e imaginei-me fugindo por ela. Iria correndo até Topanga Canyon, até a casa do meu pai — ele ia dar um jeito em tudo. Mas Nick estava atrás de mim na ponte sobre o canal, e estava escuro, e seus dedos agarravam meus cabelos. Sentir-me bater no chão fez minha coragem desaparecer, expondo uma outra coisa por baixo dela, e eu fiquei atônito na sala de visitas, olhando minha rota de fuga, derrotado.

No meio da noite, ouvi o grito de um animal morrendo. Abri a porta do quarto e ouvi minha mãe gemer como se estivesse em agonia. Dei um passo na direção do seu quarto e estava prestes a gritar "Você está bem?" quando ela gemeu de novo. Parecia um som diferente, como se uma nota de felicidade soasse no meio de um frenesi de sons sinistros, e me dei conta de que eles estavam transando. Comecei a perceber que aquela briga tinha parecido um espetáculo, como se fossem atores ensaiando seus papéis numa história que acabava em reconciliação.

Voltei para a cama e pensei no quanto eu havia mentido e no quanto Nick tinha razão e no quanto a minha mãe estava errada e que Nick batera nela e que agora eles estavam transando, como se soubessem o tempo todo como a noite acabaria.

Capítulo 7

Sandra parou de chorar. A mão continuava no rosto. Ela está errada, pensei. Meu pai com certeza ainda está vivo. Preciso verificar.

Eu estava de frente para o lado errado do aclive. Tive de me virar. Uma rajada cegante de neve veio em cima de mim, e fechei os olhos, planejando a maneira de dar a meia-volta. Lembrei do que meu pai me ensinara sobre o gelo — você sempre precisa estar um passo à frente —, e me veio à memória a vez em que caí de cara em Waterman, e meu pai se lançou no gelo e levantou-me como se eu fosse um jogador de beisebol situado perto da segunda base. "Depois que você começa a cair, Ollestad, é difícil parar."

Quando a rajada parou, levantei o braço e tentei agarrar a neve que estava perto do meu ombro. Meus dedos se fecharam em volta de uma frágil camada da crosta, as juntas arranhando a massa de gelo embaixo. Enfiei os dedos naquela massa dura até a profundidade das articulações. O suficiente.

Eu me comprimi como um esquiador fazendo uma curva em alta velocidade, equilibrando-me nas extremidades internas dos meus tênis. Depois soltei o peso dos quadris e virei-os 180°, agachando-me firmemente na minha postura de esquiador para conseguir estabilidade.

Andei pelo aclive, inclinando as pontas das minhas solas de borracha na crosta, como faria com esquis. Nenhuma lateral de aço para enfiar na neve dura e, por isso, compensei com um equilíbrio preciso. Enquanto atravessava o funil, uma depressão sutil — a fronteira entre a crosta e a intratável cortina de gelo —, fui obrigado a ficar de bruços outra vez. Enfiei os dedos com tudo, avançando centímetro a centímetro pelo funil.

Devo estar me aproximando do meu pai, pensei, e olhei de relance para a cortina. Um bloco de neblina prendia-se a ele e seus cabelos castanhos encaracolados apareceram. Havia algo de prateado neles. Cabelos louros de surfista, dizia ele.

Enfiei as mãos bem fundo no gelo. Pontadas de dor enfraqueceram meus dedos, subindo pelos braços. Não olhe para baixo, disse a mim mesmo. Depois empurrei o corpo com toda a força para atravessar os últimos metros até meu pai. Um estalo, e perdi o apoio, deslizando pela cortina instantaneamente.

Por hábito, gritei chamando meu pai. Tentei vê-lo enquanto descia. Tive um vislumbre de sua mão flácida, uma forma pálida na neblina. Não estava se estendendo para mim.

Contorci-me feito uma cobra caindo numa cachoeira, sacudindo os braços para um lado, lutando por alguma coisa. Bati em algo. Fechei meus dedos em torno dele. Uma árvore. Ela se curvou, e eu parei com um solavanco. Agarrei-me a ela. Uma das mãos cavou o gelo para diminuir a pressão sobre a arvorezinha ainda nova, e me apoiei com as pontas dos pés, sem deixar a outra mão se soltar nem por um segundo daquela árvore.

Os olhos se encheram de lágrimas, e abri a boca para chamá-lo. Mas, em vez disso, fechei os olhos e senti as gotas congelarem nas bochechas.

Xinguei a montanha e a tempestade e chorei entre as explosões de raiva. Nada disso me ajudou — eu ainda estava lá pendurado —, e minha pele ardia com o frio úmido que entrava pelo meu suéter e pelos tênis. Minha única opção era tentar subir de novo sozinho.

Capítulo 8

Ouvi os pés do meu pai batendo nas tábuas soltas do passadiço. Uma parte de mim acordou. Uma parte de mim agarrou-se ao casulo cheio de paz do sono. Ele não devia estar aqui. Devia estar trabalhando em seu caso de negligência profissional com Al, seu sócio no escritório de advocacia há alguns anos. Eles deviam estar ajudando algum pobre coitado que perdeu a perna porque alguém construiu uma ponte capenga que caiu, ou algo assim.

A porta corrediça abriu. Meu pai nunca batia quando vinha me buscar de manhã cedo. Acho que não queria acordar ninguém. Enterrei-me mais fundo ainda na promessa da manhã de domingo — nada de basquete, de futebol americano ou de esqui, e certamente nada de surfe. Nick prepararia as panquecas que sempre fazia nas manhãs de domingo, cobertas de xarope de bordo. Seria como se nada tivesse acontecido. Ensaiei o apelo que faria a meu pai: o acampamento de hóquei ia ser no fim de agosto. Vamos lá, pai. Só um dia de folga.

A porta do meu quarto rangeu. Sunny levantou a cabeça do canto da cama. A mão quente do meu pai tocou minhas costas. Lábios quentes no rosto. Apertei os olhos fechados, esperando que ele tivesse pena de mim — coitado do menininho cansado.

— Bom-dia, Menino Maravilha — disse ele.

Gemi, simulando exaustão.

— Está um belo dia lá fora, pode crer — disse ele.

Choraminguei como uma criança perdida num sonho.

— Hora de levantar — disse ele.

— Estou muito cansado — disse eu num murmúrio fatigado.

— O vento vai começar cedo, está na hora, Ollestad.

— Machuquei o corpo todo... num tombo. Ralei o corpo inteiro.

— Deixa eu ver.

Empurrei as cobertas e mostrei-lhe o quadril, o cotovelo e a mão.

— Água salgada é o melhor remédio.

— Ai, meu Deus. Vai arder pra caramba.

— Só por um segundo. O iodo é bom pra isso. Levanta.

— Meu corpo inteiro dói, pai.

— Só uma boa onda, Ollestad. Já vai ter acabado antes mesmo de você se dar conta. Vou estar fora uma semana, então você vai ter umas férias — disse ele sorrindo.

— Não — choraminguei.

Até mesmo em minhas lembranças mais remotas eu estava com uma prancha. Mas foi apenas no último verão, no México, que meu pai começou a levar a sério minha prática de surfe, pois até então eu ficava apenas coçando o saco, como ele dizia.

— Olha, eu só aprendi depois dos 20 anos — disse ele. — Eu tinha apenas o beisebol. Você tem a sorte de poder esquiar e surfar enquanto é criança. Vai sair na frente.

— Preciso de um dia de folga — disse eu, puxando as cobertas.

Ele desviou os olhos, o que me fez lembrar que os caubóis faziam isso nos filmes quando perdiam a paciência e tentavam se controlar. Sua sunga vermelha desbotada estava embaixo de dois músculos que esculpiam seu abdômen inferior, e o ombro levantou-se quando ele deu tapinhas carinhosos em Sunny e lhe disse que era uma boa cadela por me ajudar a me levantar para ir surfar. Pensei que ele repetiria a história do financiamento de suas primeiras viagens para esquiar no fim dos anos 1950: passava filmes de surfe de Bruce Brown em auditórios de Aspen e Sun Valley. Em vez disso, ele deixou cair minha roupa de borracha em cima da cama.

— Vista isso — disse ele. — Vou encerar as pranchas.

Carregamos as pranchas de surfe para o ponto onde o canal desaguava no oceano. Passamos pelo ringue de boxe da véspera, e eu me lembrei de ter levado um soco no nariz e depois da minha mãe ter levado um soco no olho. Se eu contasse ao meu pai e lhe dissesse o que Nick falara sobre eu correr em busca de socorro, será que eles brigariam? Imaginei Nick pegando uma garrafa de vinho e jogando-a no meu pai, rasgando-lhe a testa. Sempre supus que meu pai não queria saber dos detalhes sórdidos da vida particular da minha mãe, não queria se envolver. A garrafa de vinho rasgando a testa do meu pai e seu pedido silencioso de não saber juntaram suas forças, persuadindo-me a manter a boca fechada.

Nadamos lado a lado até às ondas maiores, uma série delas, erguendo-se no horizonte. Ele empurrou minha prancha pela parte de trás e disse para remar mais forte com os braços. Mal conseguimos passar pelas duas primeiras. A terceira era a maior delas, e a crista virou sobre minha cabeça; mergulhei no seu bojo, e a crista bateu nas minhas pernas. O sal fez as minhas feridas arderem. Depois que passamos pelo fundo de pedra, eu me levantei. O quadril estava doendo, e a roupa de borracha esfregava a água salgada na minha pele esfolada.

Meu pai já falara antes sobre "batalhar para conseguir as coisas boas", ou algum outro conceito do gênero e, enquanto sacudia a água salgada dos cabelos castanhos encaracolados, falava mais sobre as pessoas "desistirem e perderem momentos fantásticos".

Portanto, tentei pegar minha primeira onda, mergulhando de cabeça e engolindo água, e ele me disse para continuar tentando, porque ficaria muito feliz quando pegasse uma das boas. Retruquei que odiava surfar.

Vi o Chris Rolloff remando para sair. Fazia meses que não o via. Ele era dois anos mais velho que eu, mas éramos amigos. O pai dele morava em Rodeo Grounds (ou Snake Pitt), abaixo de onde meu pai morava na borda do cânion. Começamos a andar juntos depois que assisti, no submarino amarelo, a um dos filmes de surfe do pai dele.

Rolloff tentou pegar umas ondas, mas não tinha força pra isso. Então meu pai remou por dentro e empurrou Rolloff numa onda.

Ele foi surfando a onda quase até a praia. Rolloff soltou um grito de vitória e jogou os braços para cima, e me senti mal por não querer aprender com a mesma garra que ele.

Quando Rolloff voltou remando, estava radiante.

— Ei, Norman Jr. — disse ele. — Seu pai me deu uma força.

— Aquela foi uma das boas — disse eu.

— Estou nessa até o pescoço.

— Eu também — respondi.

— Aí vem uma para Ollestad — disse o meu pai.

Ele me colocou à frente da crista de mais de meio metro e me deu um empurrãozinho. Eu sabia que seria a última ajuda que receberia se eu não fosse varrido da prancha. Concentrei-me em todos os passos do processo. Fiquei de pé, dobrei ligeiramente os joelhos, inclinei-me para trás e depois corrigi o equilíbrio quando a prancha chegou no fundo. Sendo canhoto, fiquei de pé com as costas para a linha de arrebentação à direita, inclinando-me em direção à onda. A prancha fez uma curva na parte que a crista se quebra. Deslizei rápido como um raio por uns 30 metros, dobrando os joelhos e jogando o peso para a frente e para trás a fim de controlar o movimento da prancha pela parede móvel.

Cheguei à praia em frente à casa da minha mãe. Ela estava regando as plantas de novo e dava pra ver seu olho roxo. Levei a prancha para casa. Quando cheguei na hera, descansei.

— Como foi? — perguntou ela.
— Você viu a última que eu peguei?
Fixou o olho bom em mim e piscou algumas vezes.
— Vi — disse ela. — Uma das boas.
Eu sabia que ela estava mentindo.
É claro que era uma mentirinha inocente, carinhosa, mas senti vergonha e, de repente, a prancha ficou pesada ao passar pelas escadas da varanda. Sua mentira parecia dar a Nick uma vantagem na batalha de quem estaria certo a meu respeito, e fiquei com raiva dela por isso.
— Olha — disse a minha mãe. — O Norman pegou uma das boas.

Os braços do meu pai pendiam ao lado do corpo como os de um macaco. O tronco continuava imóvel enquanto os pés se mexiam e ele andava até o bico da prancha. As pontas dos pés agarraram-se à borda e roçaram a água. Ele se inclinou para trás, arqueando-se. E veio assim até a areia e saiu de cima da prancha com um passo despreocupado, deixando-a na areia para escorrer a água antes de tomá-la nos braços.

Minha mãe regava as plantas com o olho bom voltado para ele.
— Bom-dia, Janíssima — disse meu pai.
— Bela onda, Norm — disse ela.
— O Norman Jr. também pegou uma das boas — disse ele.
— Você viu?

Ela concordou com um aceno de cabeça, e eu me agachei. Ele subiu as escadas trotando, e minha mãe manteve o rosto virado na direção oposta àquela em que ele estava, e ele olhou duas vezes para ela. Fiquei observando, e aparentemente ele não percebeu o machucado. Levou a prancha para a calçada lateral e colocou-a na prateleira. Entreguei-lhe a minha, e ele a guardou.

Inclinou-se e beijou meu rosto, e a água salgada molhou seu bigode e pingou no meu nariz. Ele olhou para mim. Azuis diferentes riscavam suas íris, e as maçãs do rosto pareciam mesmo maçãs rosadas. Ele disse que me amava.

— Volto daqui a uma semana — disse ele.
— Tchau, pai.
— Adiós, Ollestad Jr.

Caminhou de volta à praia. Minha mãe ouviu-o retornar e tentou parecer ocupada com as ervas daninhas de um dos vasos. Meu pai deu a volta e chegou pelo seu lado machucado.

— Que merda — disse ele.

Minha mãe sussurrou de costas para mim. As sobrancelhas do meu pai franziram-se e depois ele desviou o olhar como se estivesse puto da vida, como se jogar a sua raiva em território livre pudesse dispersá-la.

Ele parecia estar cada vez com mais raiva, e eu gostei, pensando que esse seria o primeiro passo para ele se tornar uma força contra o Nick. Uma possibilidade de redenção nasceu dentro de mim. E aí, como uma reverberação, imaginei os olhos vermelhos de Nick espreitando o meu pai, e havia algo na mão dele, uma arma.

No fim do passadiço sombreado, vi meu pai me analisando. Algo bruto transparecia no fundo dos seus olhos — um olhar que ele tinha quando surfava ou esquiava em pistas de neve fresca. Estava olhando sobre o ombro de minha mãe. Ela ainda estava falando. Ele concordou com um gesto de cabeça e lhe disse alguma coisa antes de vir na minha direção. Minha mãe virou-se com ele, e seus olhos seguiram meu pai pela calçada. Até com o rosto machucado parecia jovem e inocente olhando para o meu pai com olhos úmidos, ternos. Seus lábios se separaram, e seu corpo inclinou-se na direção dele. Meu pai não parou, nem olhou para trás. Eu me perguntei se foi assim que ele foi embora quando finalmente se mudou para sempre. Será que a minha mãe tivera esperanças de que ele não fosse realmente embora — que seria apenas temporário? Jacques voltara para a França, e meu pai não dormiu em casa durante algumas semanas. Surpreendeu-me uma noite passando pela porta corrediça de vidro da cozinha depois do trabalho com um terno cinza, uma gravata borboleta e óculos de aros de metal. Mancava, mas não estava de muleta. Leu uma história para mim antes de eu dormir, e foi falar com a minha mãe assim que eu caí no sono. Ela estava planejando ir para Paris encontrar-se com Jacques.

— É o Jacques ou eu — disse o meu pai.

Ela não optou por um nem por outro.

— Recuso-me a escolher — disse ela.

Alguns dias depois, o meu pai se mudou.

Durante algumas semanas, meus pais mantiveram as aparências no bridge noturno, jogando como dupla contra outros casais como faziam há anos. Todos os amigos esperavam que eles conseguissem voltar às boas. Jan e Norm eram considerados um par perfeito.

Os olhos da minha mãe piscaram algumas vezes, como se estivessem focando alguma coisa, e ela se virou de novo para as ervas daninhas do vaso. Puxei a cordinha amarrada a meu zíper e comecei a tirar minha roupa de borracha. Eu não estava com esperanças de que eles voltassem a morar juntos — convivi com eles como duas entidades separadas durante muito mais tempo do que como casal, de modo que me parecia normal.

— E aí — disse ele quando chegou perto de mim.

Ergui os olhos para ele, tirando os cabelos da testa. Seus ombros desenhavam uma silhueta e pareciam largos e sólidos — uma imagem poderosa.

— Nick tem merda na cabeça, Ollestad. Não lhe dê ouvidos.

— Eu sei — respondi, pensando que meu pai nunca dissera aquilo na cara do Nick. Eles eram sempre muito cordiais um com o outro, e nunca houve qualquer sinal de tensão. Nem mesmo de ciúme. Ao menos, nenhum que eu tivesse percebido.

— Fique de olho aberto, tá bom? — disse o meu pai. — É o que eu faço.

Pensei em como fazer isso, manobrando em volta do seu corpo na sala de visita, jantando no quarto, brincando com Sunny no meu forte.

— E se ele me agarrar?

Meu pai desviou o olhar para longe de novo, dessa vez para a luz difusa. Escutei um ronco leve no seu peito que nunca ouvira antes.

— Não diga nada ao Nick — sussurrou ele. — Faça que sim com a cabeça e fique longe dele.

Eu estava perplexo, tentando imaginar como fazer isso, e ele acrescentou:

— Fique na casa da Eleonor e do Lee o máximo possível enquanto eu estiver fora.

Meu pai sabia que Eleonor tinha por mim um amor incondicional, que era a minha fada madrinha. Todo mundo sempre disse que Eleonor e eu estabelecemos uma relação imediata e inexplicável desde o momento em que nasci. E eu nunca perdia uma chance de ficar com ela, e era tratado como um príncipe, então eu confirmei.

— Vou ligar para Eleonor quando voltar — disse ele.

Concordei com um gesto de cabeça, e ele pareceu preocupado. Pôs a mão no meu ombro.

— Volto mais tarde — disse ele. — Vamos ver como você se sente daqui a umas horas. Tudo bem?

Concordei de novo acenando com a cabeça, sem compreender o que algumas horas poderiam mudar.

Ele parou bem na minha frente, seduzindo-me com seu sorriso contagiante.

— Até daqui a algumas horas — disse ele.

— Certo — respondi.

Dessa vez, ele pegou o passadiço rumo à via de acesso, subiu em direção ao sol e desapareceu.

Passei o resto da manhã no meu forte com Sunny. Fui em casa pegar um pouco de leite, pois estava calor lá fora. Minha mãe estava ao telefone, e eu tomei metade da garrafa.

— Norman, espera!

Desligou o telefone.

— Era o seu pai.

— E?

— Ele quer que você vá com ele para a casa da vovó e do vovô.

Contraí meu rosto.

— Vai ser legal — disse ela. — Vocês, rapazes, vão surfar no meio do caminho, e a balsa está em perfeitas condições. E você sabe que a vovó e o vovô vão adorar te ver. Além de você tirar férias de uma semana do curso de verão.

Não havia como explicar o fato de que meu medo de surfar no México era maior que o meu medo de enfrentar Nick de novo, mesmo depois de ele ter acabado de deixar a minha mãe com um olho roxo.

— Não quero ir — disse eu.

— Bom, você vai precisar conversar sobre isso com o seu pai. Ele quer você lá agora mesmo. Vamos fazer a mala.

Ela foi na direção do meu quarto. Fiquei ali e descansei a mão na cabeça de Sunny.

— Norman.

Sacudi a cabeça dizendo que não.

— Por que preciso ir?

— Porque... Porque vai ser bom para todo mundo. Você não vê seus avós desde o último verão. Não tem saudades deles?

— Não.

— Bom, segundo o seu pai, você vai, então vai ter de convencê-lo do contrário.

— Por quê? Pensei que a Sandra ia.

— Parece que não vai mais.

— Merda... — disse eu.

Capítulo 9

Subi a partir da arvorezinha, tentando desviar do funil de gelo. Estendi o braço direito o máximo possível, apoiei os dedos no gelo e puxei o corpo lateralmente. Repeti a manobra várias vezes antes dos meus dedos escavarem a crosta em vez do gelo, e eu percebi que saíra do funil. Levou um tempão, talvez uns 30 minutos, para subir os 6 metros que me separavam do meu pai. Eu não escorregaria de novo. Sabia que tivera sorte de me agarrar àquela árvore.

Passei com dificuldade pelo piloto Rob. Seu nariz separado do corpo estava coberto de gelo, e a neve acumulava-se num lado do seu corpo, formando uma massa. Logo ele seria apenas um volume embaixo da neve. Um fato, como o vento e o frio, que eu arquivei, sem acreditar realmente nele.

Meu pai estava só a uns 60 ou 90 centímetros acima de mim quando o encontrei. Mesma posição: sentado, o tronco dobrado para a frente, os punhos virados em cima dos joelhos.

Pus meus lábios na sua orelha.

— Pai. Acorda. Acorda.

Sacudi-o, e o movimento me fez perder o equilíbrio. Meus pés procuraram um ponto de apoio, e eu precisei largar meu pai por medo de tirá-lo do lugar e fazer nós dois cairmos na rampa de gelo. A neve estava mais mole nesse ponto, e felizmente meus dedos conseguiram segurá-la bem. Resolvi escavar um apoio para o pé a fim de me dedicar a ele.

Enquanto eu chutava a crosta com a ponta do pé, Sandra começou a falar coisas incompreensíveis — um monte de palavras e frases misturadas. Meus tênis só batiam na neve, martelando meus dedos até a dor me obrigar a parar. Olhei para cima à direita, uma distância pequena. Sandra ainda estava empoleirada na extremidade do funil. Olhei para ela durante um momento. Seus olhos piscavam, abrindo e fechando, conforme a altura do som que fazia. Conscientemente diminuí a altura de seus ruídos, e ela foi desaparecendo gradualmente.

Chutei a neve outra vez. Meus pés estavam entorpecidos e duros agora, e isso me ajudou a cavar um degrau. E então, com o outro pé, cavei outro degrau. Tinha dois pontos de apoio seguros. Pus as mãos em volta do braço do meu pai e sacudi-o.

— Acorda, pai. Pai. Pai!

O vento lançava-se rampa abaixo, e pedaços do avião balançavam. Ouvi meu banco ranger, o que me fez virar a cabeça. Puf, meu banco caiu na rampa. Desapareceu num instante. Larguei meu pai, preocupado de novo com a possibilidade de fazer nós dois rolarmos pela rampa de gelo.

Descansei a palma da mão nas costas do meu pai. Ele não parecia estar respirando. E se Sandra tivesse razão? E se ele estivesse morto?

Observei a neve trazida pelo vento chegar de todas as direções, onda após onda. Senti câimbras nos dedos dos pés por ter de ficar agarrado às saliências minúsculas na neve — a única coisa que me impedia de me precipitar como o meu banco. Outra rajada de vento quase me jogou para trás, e eu tive de me agarrar com força à cortina de gelo. Até as árvores que eu vira antes pareciam frias e apavoradas, pedindo proteção, pensei.

O vento assobiou, e me inclinei de novo na direção do meu pai.

— Pai — disse eu, apertando a palma da mão nas suas costas.

Mas ele estava dobrado em dois como uma mesa quebrada.

Ele tinha me ensinado a surfar grandes ondas, tinha me puxado do oco de árvores e me arrancado de sob a neve fresca sufocante. Agora era minha vez de salvá-lo.

Afundei mais a ponta dos tênis nas saliências. Consegui me apoiar. Com os punhos embaixo dos seus ombros, puxei. Ele não se mexeu, e eu fiquei preso embaixo dele como uma vareta esquelética tentando levantar um rochedo. Pesado demais. Se ao menos eu fosse maior e mais forte.

— Por que sou tão pequeno? Sou um fracote.

Olhei para ele. Meus dedos tremiam, e a dor começou a chegar ao meu coração. Seus cabelos encaracolados fizeram cócegas no meu nariz quando me inclinei para beijá-lo, abraçando-o apertado contra o meu corpo.

— Vou te salvar. Não se preocupe, pai.

Ele ainda estava quente, disse a mim mesmo, e apertei-o mais ainda contra o meu corpo.

Capítulo 10

O Volkswagen 1500 da minha mãe subiu a via de acesso à praia de Topanga Beach. A mala cinza de material duro fazia barulho no porta-malas. Atravessamos a Pacific Coast Highway num instante, subimos o cânion e pegamos a entrada de terra da casa do meu pai. De repente, um cara numa moto estava bem ao nosso lado, uma nuvem de poeira à sua volta. Minha mãe meteu o pé no freio; a moto girou em torno de nós, e avistei os cabelos sedosos de Sandra. Seus braços estavam em volta da barriga do motoqueiro.

Sandra e eu nos olhamos nos olhos por um instante. Ela parecia estar com raiva, e a boca estava apertada.

— Ei, eu nem queria ir — disse a minha voz interior. — Vai você. Vai você!

E então Sandra desapareceu na nuvem de poeira.

— Meu Deus — disse a minha mãe. — Eles quase bateram em nós.

— Onde ela vai? — perguntei.

— Não tenho a menor ideia — respondeu ela.

Era sempre assim com a Sandra, um mistério. Ela simplesmente apareceu um dia com o meu pai na casa do Barrow, e ficou subentendido que era a nova namorada dele. Larry Lata de Cerveja a chamava de docinho intragável e de *escocesa mulata*. Bronzeada, sua pele era um caramelo escuro — exceto os lábios cor-de-rosa, grossos em comparação com os outros traços delicados do rosto —, e seus olhos cor de chocolate bem separados se misturavam com a pele quando ela se bronzeava pra valer. Barrow dizia ter certeza de que ela vinha de um lugar pobre da Escócia, talvez mais pobre que o local onde ele e meu pai nasceram. Depois de brigar com meu pai, ela sempre voltava humilde. Certa vez, quando eles romperam, ela foi ao escritório do meu pai e pediu dinheiro, desesperada, e ele deu um pouco. Chegou até a assinar um papel qualquer para ela poder aumentar a linha de crédito do seu cartão de crédito. Ele parecia ter pena dela, querendo protegê-la o tempo todo. Apesar disso, Sandra detestava o fato de eu sempre vir em primeiro lugar, os olhos fuzilavam na minha direção quando meu pai tinha de me levar para praticar hóquei ou para esquiar.

Quando entramos na caminhonete, os bancos já estavam quentes e desconfortáveis. Meu pai enfiou a capa do violão atrás do banco e ligou o rádio numa estação country, que estava tocando o seu favorito, Willie Nelson. Estava anoitecendo quando chegamos à fronteira de Tijuana. Um gordo de uniforme e chapéu aproximou-se de nós. Deu a volta na carroceria da caminhonete, olhando bem para a máquina de lavar protegida por uma lona à prova d'água e as duas pranchas de surfe multicoloridas em cima da capota. Foi bamboleando até a janela do meu pai.

— *Buenas noches* — disse meu pai.

O homem fez um gesto de assentimento com a cabeça e perguntou alguma coisa em espanhol. Meu pai abriu o porta-luvas e entregou ao homem o recibo da Sears. O homem estudou-o durante longo tempo. Depois disse um número — sei disso porque aprendera um pouco de espanhol quando visitei meus avós no verão anterior.

Meu pai grunhiu e disse um outro número.

O homem sorriu, mostrando seus dentes de ouro. Antes de o homem falar de novo, meu pai lhe deu alguns pesos. O homem contou-os. Enquanto ele fazia isso, meu pai ligou a caminhonete e seguiu em frente. O homem olhou em volta antes de enfiar o dinheiro no bolso, e meu pai chegou à bomba de gasolina.

— Por que você deu dinheiro a ele?

— Eles chamam isso de pedágio. Mas é suborno.

— Não é ilegal?

— Claro que é. Mas ele é a lei.

— Ele é policial?

— A rigor, é.

— E se a polícia age contra a lei, quem prende ela?

— Não sei. Boa pergunta, Ollestad.

Ele me deixou estudar o paradoxo durante um tempo. Depois falou.

— Num país pobre como o México, as pessoas tentam ganhar dinheiro do jeito que dá. Fazem isso até num país rico como os Estados Unidos. Não é certo. Mas, às vezes, como com aquele cara, você coopera porque entende as circunstâncias.

Olhou para mim algumas vezes enquanto saíamos de Tijuana e voltávamos para o litoral. Estava escuro lá fora. Algumas luzes dispersas na distância.

— Então ele é um mentiroso, certo? — perguntei.

— O guarda da fronteira?

— É.

— É isso aí.

Eu queria confessar que também mentira sobre andar de skate, sobre a maneira como me machucara. Apertei a testa contra a janela. Dava para sentir os olhos do meu pai nas minhas costas. Nixon me passou rapidamente pela cabeça, a papada caída, os ombros corcundas, e também os dentes de ouro do policial, e ele sentado dentro daquela caixa a noite toda, tirando dinheiro das pessoas e enfiando no bolso.

— Cuidado com essa janela, Ollestad — disse meu pai.
— Desculpe.
— Quer pôr a cabeça no meu colo?
— Quero.

Eu me enrosquei, pus a cabeça na sua coxa e meus joelhos dobrados no banco para que os pés se apoiassem na porta.

O sol entrava pela janela da caminhonete e batia na minha cabeça. Sentei-me e limpei a testa com a camiseta.

— *Buenos días* — disse meu pai.

Notei as rugas embaixo dos olhos dele — estavam alinhadas num amarelo-oliva, fazendo contraste com a pele macia, bronzeada e dourada. Parecia mais velho e mais cansado do que eu jamais o vira. Tomou café num copo descartável.

— Onde estamos? — perguntei.
— Acabamos de passar pela Ensenada.

Um olho ainda estava embaçado, e olhei pelo para-brisa. O sol atravessava as moitas de sálvia que subiam pelos morros, manchando-os com verdes opacos. Me fez lembrar de Malibu. Eu olhava para oeste pela janela do passageiro para além dos penhascos de topo nu, e o oceano Pacífico estendia-se e perdia-se na distância, a água dourada à luz da manhã.

Meu pai bocejou.

— Você dormiu? — perguntei.
— Dormi. Entrei no acostamento em Rosarito e tirei uma soneca.

— Por que a Sandra não veio?

Seu sorriso desapareceu como a água na areia. Olhou para a rodovia, e seus olhos se apertaram.

— Ela me encheu o saco por causa de um negócio, Ollestad.

— Do quê?

— É complicado.

— Vocês brigaram?

— Brigamos. Mas não foi por isso que ela ficou com raiva.

— Por que ela ficou com raiva?

— O irmão do Nick. Você conhece o Vincent, certo?

Fiz que sim com a cabeça.

— Bom, ele achou engraçado pegar o passarinho da Sandra.

— Ele pegou o papagaio dela?

— Pegou.

— Por quê?

— Para fazer uma brincadeira — disse ele sacudindo a cabeça.

— Que tipo de brincadeira?

— Acho que fez de conta que era um sequestrador de aves. Chegamos até a deixar dinheiro na cabine de telefone do George's Market. Não sabíamos quem tinha sido até ele aparecer com o papagaio.

Meu pai franziu a boca de um lado para o outro, exatamente como o meu avô fazia de vez em quando.

— A Sandra queria que eu chamasse a polícia — disse ele.

— Você chamou?

— Não.

— E aí ela foi embora?

— É. Ela me deu um ultimato.

— Como "ou você chama a polícia ou vai ver"?

— Exatamente.

— Quem era o cara da motocicleta?

— Não sei. Algum amigo dela.

Seus olhos estavam ternos, e o osso em forma de gancho acima dos olhos parecia ter suavizado. Não havia sinal algum do animal bruto que havia lá dentro.

— Por que você não chamou a polícia? — perguntei.

— O Vincent é meu amigo.

Eu já tinha visto meu pai e Vincent jogarem pôquer juntos na casa de praia do Barrow e sempre achei esquisito meu pai ser amigo do irmão do namorado da minha mãe. Mas não falei nada sobre isso.

— O que ele fez é ilegal?

Meu pai confirmou com um aceno da cabeça.

— Então por que você não chamou a polícia?

— Foi só uma brincadeira estúpida.

— Se ainda estivesse no FBI, você prenderia ele?

Ele riu.

— Não. A gente ia atrás de bandidos de verdade, não de gente que faz brincadeiras estúpidas.

Olhei pela janela e fixei o olhar na estrada. Eu tinha ouvido falar do ano que meu pai trabalhou no FBI, em Miami, de 1960 a 1961. Ouvira falar do livro que escreveu denunciando as hipocrisias de J. Edgar Hoover, um dos primeiros desse tipo.

Meu pai entrou no FBI aos 25 anos. Era um trabalho cobiçado que exigia diploma universitário, de preferência de Direito. Antes de entrar, leu todos os livros que encontrou sobre J. Edgar Hoover, o diretor do FBI, querendo se familiarizar com o homem considerado o maior inimigo do crime da história norte-americana.

Nas primeiras semanas na escola de treinamento do FBI meu pai se surpreendeu ao descobrir tantas rachaduras na fachada. Os instrutores vangloriavam-se diante da classe de que nenhum presidente jamais demitiria Hoover e que o Congresso jamais ousaria questionar as afirmações do grande diretor, fosse sobre o que fosse. Meu pai ficou surpreso quando, ao fazer a primeira prova, os instrutores deram as respostas a todos da classe — garantindo o êxito da política de Hoover de que todos os agentes do FBI tiravam A em todas as provas. A única prova de verdade foi a última, quando ele conheceu o diretor pessoalmente. Hoover dava sua bênção ou mandava você embora por ser considerado inadequado. Se você ganhasse suas boas graças, estava com a vida feita. Se ele não gostasse da sua aparência física, se achasse que você tinha cara de bobo, por exemplo, você estava fora.

No primeiro dia do meu pai como agente, ele não conseguiu entender por que todos os veteranos escolhiam os carros mais desgastados da garagem, sem rádios funcionando e pouco confiáveis numa perseguição. Descobriu que Hoover impunha uma política de ressarcimento de danos caso um agente danificasse um carro do FBI, mesmo numa perseguição. A política de Hoover mantinha os custos dos seguros lá embaixo e permitia ao diretor vangloriar-se diante do Comitê de Formas e Recursos do Congresso de que economizava dezenas de milhares de dólares dos contribuintes. Algumas semanas depois, meu pai se deu conta de que Hoover estava designando uma quantidade desproporcional de agentes para encontrar carros roubados. Descobriu que ele fazia isso para inflacionar as estatísticas do FBI com o número de carros roubados e recuperados — sem prender realmente nenhum suspeito —, considerando-os *outro crime resolvido pelo FBI*.

A hipocrisia e a ineficiência deixaram meu pai louco. "Que tal pegar criminosos?", perguntava ele como forma de protesto. Depois de dez meses, ele estava completamente desiludido com o FBI. Dois incidentes anteciparam sua frustração. Descobriu que havia agentes em cada um dos 52 escritórios locais de todo o território dos Estados Unidos cuja única tarefa era ficarem sentados assistindo à TV, ouvindo rádio e lendo os jornais em busca de qualquer menção a Hoover, que era então imediatamente comunicada aos subordinados leais ao diretor, os quais investigavam os autores dessas menções. Essa descoberta coincidiu com a exoneração do agente Carter. Carter foi surpreendido a sós com uma moça, o que era contra a política do FBI — independentemente do fato de a moça em questão ser a noiva de Carter. Depois dois colegas de Carter foram demitidos por não terem denunciado as relações impróprias de Carter com a noiva. Meu pai concluiu que combater o crime não era tão importante para Hoover quanto impor suas opiniões pessoais aos agentes que trabalhavam para ele, de modo que pediu demissão.

Minha mãe dizia que ele ficou tão decepcionado com a forma pela qual Hoover administrava o FBI que não se importava com o que lhe aconteceria se escrevesse o livro.

— Foi antes de Watergate — disse-me ela. — A maioria não acreditava que Hoover fosse mau. Depois que *Inside the FBI* [Por dentro do FBI] foi publicado, grampearam nossos telefones, imprimiram artigos falsos em jornais sobre seu pai, tentando basicamente manchar o seu nome. O livro foi publicado no ano em que você nasceu. Foi um pavor, eu me perguntava se Norman seria preso com base em alguma acusação forjada, ou posto na cadeia por ser comunista ou algo do gênero.

Ele não foi perseguido só pelo próprio Hoover, mas também por uma famosa personalidade da TV, um cara chamado Joe Pine, que convidou meu pai para participar do seu programa de televisão aclamado por todo o país. Durante o programa, Joe Pine acusou meu pai de ser um agente do KGB e levou ao palco um suposto agente duplo do mesmo KGB. O agente, grande e corpulento, enfrentou meu pai, o que quase acabou em briga corporal entre eles fora do estúdio. Minha mãe disse que Hoover ficou completamente pasmo com a audácia do meu pai — como esse zé-ninguém tinha o topete de questionar a integridade de Hoover quando até o Congresso e o presidente dos Estados Unidos não ousavam fazer uma coisa dessas? Por isso Hoover pegou pesado.

Estudei meu pai enquanto ele guiava a caminhonete. Pensei em seu notório informante do FBI, Murph, o Surfista, que se encontrava com meu pai no surfe de Miami para trocar informações e, anos mais tarde, foi acusado de roubar a safira Estrela da Índia. Murph apresentou meu pai a uma moça belíssima pela qual ele se apaixonou loucamente. Mas ela era filha de um mafioso de alto escalão e, quando o FBI descobriu que meu pai estava dormindo com ela, e não "apenas mantendo a moça sob vigilância", ele foi obrigado a abrir mão dela.

Os dedos do meu pai batiam de leve no volante. Imaginei-o andando com criminosos implacáveis, dormindo com a filha de um mafioso e, depois, desafiando Hoover e resistindo ao ataque que se seguiu — uma coisa perigosa. Parecia estranho que ninguém de Topanga Beach tivesse o menor interesse naquilo. E eu me dei conta de que não importa quem você é, nem que façanhas extraordinárias você realizou: Topanga Beach sempre era maior que você. A única coisa importante ali era o surfe. Era o grande nivelador. Creio que meu pai adorava a pureza e a simplicidade disso.

Mais à frente havia edifícios de tons pastéis, e meu pai anunciou que estávamos entrando na cidade de San Vicente.

Almoçamos num restaurante de beira de estrada. Ele parecia triste, e eu me perguntei se era por causa de Sandra. A varanda dava para a estrada de terra onde ele havia estacionado a caminhonete. Comemos embaixo de um caramanchão, e, durante o almoço, todo o rosto do meu pai ficou dividido em dois pela sombra de uma das madeiras da treliça sobre as nossas cabeças. Um dos olhos estava iluminado, o outro, na sombra. Foi a primeira vez na vida que ele me pareceu reservado, com segredos para mim. Não havia como saber o que estava pensando ou sentindo. Eu me perguntei se foi isso que aborreceu tanto a minha mãe.

— Vamos embora — disse eu, querendo vê-lo de novo à plena luz do dia.

O teto negro tremia no calor, e o mundo estava morto e seco em toda a nossa volta. Tomamos água mineral e comemos amendoim, jogando as cascas pela janela. Nossos únicos momentos alegres foram quando fizemos um concurso de peidos. Meu pai ganhou. Depois nos agachamos e cagamos na moita de sálvia, e meu pai me disse para ter cuidado com as cascavéis, então não consegui fazer cocô e acabei me dobrando todo por causa da dor de barriga, até pararmos numa cidade qualquer para comprar água, e eu usar o banheiro do restaurante.

Depois de esvaziar os intestinos, encontrei meu pai na praia tocando violão e cantando "Heart of Gold" para três moças mexicanas. Elas estavam vestidas com roupas de inverno, pensei, e uma delas foi direto até o oceano com todas as suas roupas, entrou na água e nadou. Faziam isso em Vallarta também, e me perguntei por que não usavam maiôs ou biquínis.

Uns sujeitos mal-encarados saíram do bar e ficaram olhando para o meu pai e as moças. Meu pai continuava tocando como se eles não estivessem olhando. Um dos caras, queimado de sol, chamou meu pai em espanhol, e eu reconheci a palavra *gringo*. Meu pai olhou para ele, o osso em forma de gancho da arcada acima dos olhos sobressaiu, deixando os olhos ainda mais no fundo das órbitas.

O cara debochou do meu pai. Meus dedos formigaram, e eu fiquei ansioso. O cara bronzeado aproximou-se do meu pai, e a minha garganta apertou. Meu pai disse-lhe alguma coisa em espanhol que pegou o sujeito de surpresa. Ele ficou em silêncio por um momento e depois retrucou alguma coisa. Meu pai sorriu, começou a tocar uma música mexicana e cantou em espanhol, e mais umas pessoas saíram do bar, e o cara bronzeado fazia gestos na direção do meu pai como se tivesse combinado esse pequeno concerto com seu velho amigo gringo.

Eu me aproximei e me sentei perto do meu pai. Entre as músicas, eu lhe disse que queria ir embora. Depois do meu segundo pedido, ele olhou para o mar.

— Tá. Nenhuma onda por aqui. Vamos rever o mapa — disse ele.

Nós nos registramos num hotel de blocos cinzentos, e meu pai pagou o funcionário idoso para vigiar a caminhonete, que estacionamos na frente do nosso quarto, e mantivemos a cortina amarela aberta. Meu pai examinou o mapa. Os círculos vermelhos indicavam um bom ponto de surfe sobre o qual ele ouvira falar.

— Parece que vamos passar por alguns amanhã — disse ele.

Sombras de tom cinza cortavam a estrada, e a terra ficou mais dourada quando o dia nasceu. Os cactos pareciam caubóis estoicos com o sol ainda por trás das cordilheiras escarpadas. Nada além de cactos e alguns arbustos conseguia sobreviver aqui. Ficaria quente e empoeirado dali a algumas horas, e nós passaríamos o dia assando na caminhonete, grudando no banco, esperando que o ar que entrava pela janela fosse fresco, mas comendo poeira e afundando nela como zumbis. Sonhei acordado com a neve, fria e fresca no meu rosto, virando água na minha língua. Eu teria feito qualquer coisa para fazer o relógio voltar para o inverno.

Há apenas oito meses, meu pai e eu tínhamos subido numa das cadeiras individuais presas a um cabo para levar passageiros e esquiadores até o alto de Waterman. Levou uma hora e meia para o seu pequeno Porsche branco chegar lá, vindo de Topanga Beach. Nevava, e meu pai não parou para pôr as correntes porque queria que pegássemos a primeira cadeira e encontrássemos uma pista de neve fresca sem pegadas.

O funcionário colocou uma coberta em cima de mim quando me acomodei no assento molhado, e eu deslizei morro acima, em direção à neve que caía. Eu estava aquecido dentro da minha parca, mas o meu rosto estava congelando. Pensei na festa de aniversário do meu amigo Bobby Citron e no bolo de chocolate, e esperava não perder a festa.

No topo, andamos bastante até um aglomerado de pinheiros que nos protegeu do vento. Meu pai flexionava as pernas como um cavalo de corrida ao passar por mim na subida. Chegamos a um pedregulho quase quadrado, do tamanho de um banheiro externo, e meu pai subiu e analisou a crista da cordilheira.

— Parece fantástico, Ollestad Junior.

— É íngreme?

— Perfeito para essa neve toda — disse ele, e fiquei sabendo que era íngreme.

— Odeio quando é íngreme demais.

— Vou até o outro lado da cordilheira para ver se há avalanches.

— Não vá cair.

— Não vou.

Ele atravessou a cordilheira e um banco de neve deslizou e caiu no barranco que se projetava da encosta da montanha. A uns 30 metros abaixo, o barranco desaparecia entre as nuvens, que subiam.

— Parece bom. Venha ver, Ollestad — disse ele em cima do paredão formado pelo barranco.

Chutei e dei solavancos nos meus esquis para colocá-los na direção certa. Olhei para baixo: era muito íngreme.

— A camada grossa de neve vai manter você na superfície. Não tenha medo de pegar um pouco de velocidade ao andar — disse ele.

Enterrei meus bastões na neve, e eles afundaram até o punho. Arranquei-os com um safanão e balancei o corpo para um lado e para outro até as pontas dos meus esquis saírem, então comecei a descer a trilha.

— Pra cima e pra baixo, força nas pernas — gritou meu pai.

Tentei me mexer para cima e para baixo. A neve estava espessa e profunda, batendo contra o meu peito. Torci o corpo tentando me virar. Através da neve que cobria meus óculos de esquiar, vi a face do barranco elevando-se à minha frente. Tentei fazer força com as pernas de novo, para cima e para baixo. De repente, caí para a frente, as tiras que me prendiam ao esqui se soltaram e bati de cabeça na parede do barranco. A neve encheu minha boca, e eu não conseguia respirar. Fiz força para mexer os braços. Estavam presos. Tossi para me livrar da neve, mas toda expiração produzia uma inspiração involuntária. Quanto mais eu lutava para respirar, mais a neve se acumulava na minha garganta. Minha boca não fechava.

Meu pai me pôs de pé. Vomitei neve. Chorei. Gritei todos os palavrões que havia aprendido em Topanga Beach. Ele limpou meus óculos e me disse que estava ali o tempo todo. Não havia como eu sufocar porque ele estava ali do meu lado.

Quando o meu chilique na montanha acabou, ele pôs de novo os óculos em volta do meu capacete e amarrou os barbantes das botas nos meus esquis.

— A gente devia voltar, pai — disse eu.

— É íngreme demais.

— É por isso que eu não queria vir aqui. É íngreme demais.
— Nunca é íngreme *demais*, Ollestad.
— É sim. É íngreme demais até para olhar ou se mexer.
— Você precisa fazer bastante força com as pernas antes dos esquis afundarem.
— É impossível — disse eu. — Por que me obriga a fazer isso?
— Porque é uma maravilha quando tudo dá certo.
— Não acho que seja sempre uma maravilha.
— Um dia vai achar.
— Nunca.
— Veremos — disse meu pai. — *Vámonos*.
— Eu vou levar outro tombo. E a culpa vai ser sua.
— Continue fazendo força com as pernas.
— Não consigo.

Comecei a me mexer e a erguer os braços, abrindo-os como um pássaro estendendo as asas. Eu queria dizer que estava preso, mas meus esquis deslizaram até a superfície.

— É isso, Ollestad. Levante bem os joelhos.

Acima da neve viscosa era mais fácil firmar os esquis. Enquanto afundava de novo, levantei bem os joelhos, até a altura da barriga. O contrapeso ergueu as pontas como um navio numa tempestade, fui em frente cambaleando e passei pelo monte de neve seguinte. Continuei andando naquele ritmo para cima e para baixo, lutando para me livrar da neve pesada antes das pontas dos esquis afundarem. Ouvi meu pai gritar, mas então uma onda de neve bateu nos meus óculos e fiquei cego. Limpei os óculos do lado esquerdo, o suficiente para ver outra onda chegando até mim, e limpei-os de novo, e lembrei que precisava levantar bem os joelhos. Tarde demais. Fui lançado para fora dos esquis, dei um salto mortal e caí de costas.

Tirei a neve do rosto e consegui respirar. Fiquei ali deitado até ouvir meu pai gritar, e então me sentei. Mais um deslizamento de neve vinha em minha direção, partindo do centro do barranco, como se uma orca abrisse um túnel por baixo, formando uma grande onda branca.

A cabeça do meu pai apareceu um instante, projetando-se para fora da crista da onda branca. Depois ele parou bem em cima de mim. Seu bigode era uma salsicha branca congelada. De seu casaco de pele de carneiro bege e das calças pretas brotavam bolas de neve brancas como algodão. Enxerguei um de seus olhos, um azul elétrico através dos óculos de lentes cor-de-rosa, meio enlouquecido como um animal selvagem que tivesse acabado de matar e devorar a presa.

— Meu belo Ollestad — disse ele em meio a baforadas de vapor.

Por dentro eu estava pulando de alegria, mas tive o cuidado de não deixá-lo perceber, porque isso só o estimularia a querer mais.

— A gente pode ir pra casa agora? — perguntei.

Ele gemeu.

— Você é mesmo um *pulver hund* — disse ele, e eu sabia que era *powder hound* em alemão, pois eu sempre estava procurando neve fresca. — Espera só até você esquiar em Alta, Utah — disse ele. — Lá a neve fofa dá a impressão de flutuar numa nuvem.

Surpreendi-me sonhando por um segundo com a neve fresca superbranca de Alta e me virei para esconder dele qualquer brilho que pudesse haver nos meus olhos. Às vezes eu detestava o seu carisma, o jeito com que ele passava por cima de tudo e sempre saía ganhando. Mas até nessas horas eu queria ser como ele.

Foi um sufoco chegar à estrada na neve espessa. Pedimos carona a um caminhão da Cal Trans até o estacionamento. Eu seria capaz de apostar que meu pai queria outra corrida de esqui. Eu sabia até a lógica daquilo: "Esses dias são raros e você tem de aproveitar enquanto eles duram." Eu queria participar de sua empolgação nesse momento áureo. Mas queria ainda mais brincar com os meus amigos.

Por um motivo qualquer, ele não forçou a barra naquele dia, e uma hora e meia depois saímos do carro em frente à casa de Bobby. Corri para dentro vestido com minhas roupas de esquiar e descobri que as crianças tinham acabado com o bolo de chocolate. Chorei e não consegui conversar, nem olhar para o meu pai. As mães olharam para nós — estávamos deslocados com aquelas roupas de esquiar molhadas, os cabelos úmidos desgrenhados e cheirando a suor. Os outros estavam de banho tomado e cheiravam a lavanda, e nós tínhamos acabado de chegar do meio do mato. Sem se dar conta de nada disso, meu pai seduzia as damas, e se lançava sobre o prato de picles. Sentindo-me grosseiro e sujo em comparação a todos os outros, fiquei em segundo plano, esperando, mas sem conseguir, um fio de conversa que me entrosasse com a turma. Eu não tinha nada em comum com aquelas crianças e, mais uma vez, ansiava por viver a vida das pessoas da minha idade — andar de bicicleta com outros meninos depois das aulas, jogar bola num beco qualquer.

— Vou perder alguma festa de aniversário? — perguntei a meu pai enquanto ele abria uma garrafa de água e a passava para mim, o calor de Baja chegando cedo pela manhã.

— Nenhuma de que eu tenha conhecimento.

Lancei-lhe um olhar amargo, e ele acrescentou:

— Sempre haverá mais festas de aniversário.

Afastei-me dele, num gesto de mau humor. Ele me deu tapinhas nas costas.

— Fica numa boa, Ollestad — disse ele. — Sua avó me arrastava para fora do campo de beisebol bem no meio dos jogos e me obrigava a ir a aulas de dança. Imagina só. Merda, você só precisa esquiar e surfar, coisas legais.

Chocado, virei-me para olhá-lo de frente.

— Aulas de dança? Tipo sapateado?

— Pior. Balé.

— Minha nossa! — disse eu. — E por quê?

— Ela tinha um sonho — disse ele, demorando-se na palavra *sonho* — de me ver no cinema.

Em *Papai Batuta*, meu pai fez o papel do filho mais velho, de uns 12 ou 13 anos de idade, e me lembro de que, na primeira cena, ele usava um uniforme de beisebol.

— Foi ideia sua usar o uniforme de beisebol em *Papai Batuta*? — perguntei.

Um sorriso iluminou todo o seu rosto.

— Evidentemente — respondeu ele.

— Que bacana, pai — disse eu.

— Bom — disse ele —, ficar naquele ônibus horas e horas para chegar num dos estúdios e depois esperar feito um idiota durante duas ou três horas não tinha nada de bacana. Perdi muito tempo em que podia estar me divertindo por causa do sonho da sua avó.

Meu pai parecia um menininho querendo condescendência, e eu vi que ele ainda estava puto com a minha avó.

— Quando eu ficava esperando naquelas filas, dormia encostado na parede — comentou ele.

— Você não caía?

Ele olhou para a estrada e sacudiu a cabeça, dizendo que não.

— Mas você ganhou dinheiro — disse eu, tentando fazer com que ele se sentisse melhor.

— Verdade. Uma grana que me ajudou a fazer a faculdade — disse ele.

Paramos para encher o tanque e comer, e depois pegamos a estrada de novo. A estrada corria por um terreno mais elevado. O resto do dia foi só um calorão dos diabos, e eu cochilei, tomei água e olhei pela janela para a mesmíssima coisa horas e horas — poeira, chaparral, cactos. Queixei-me de só tomar água. Precisava de uma outra coisa qualquer, algum suco. Ele me deu uma olhada, a sobrancelha acentuando a testa, e tomou um gole de água teatral.

— Hummm — disse ele estalando a língua. — Suco de água. Divino.

Passou-me a garrafa.

— Experimente — disse ele, como se fosse uma ideia brilhante que valia a pena comemorar.

Tomei um gole.

— Hummm, suco de água — disse eu.

Perto do crepúsculo, a estrada era sinuosa e descia para o mar, e passamos a noite num hotel ao alcance do barulho das ondas quebrando na praia. O calor me fez passar a noite feito um bife na chapa e tentei fazer de conta que estava num lugar frio para conseguir dormir. Continuei pensando na viagem que fizemos para Alta, Utah, durante o feriado da Páscoa.

Meu pai estava escovando os dentes na frente do espelho do banheiro do Little America Hotel de Salt Lake City. Vi pelo espelho seu pau pendurado. A bunda era mais clara que as pernas, e os músculos que subiam pela coluna faziam um sulco profundo até os ombros.

O chuveiro desligou, e Sandra saiu no meio de uma onda de vapor. Como um fantasma, eu a vi estender a mão para pegar uma toalha e enrolá-la em volta dos seios. A toalha tampava o sexo, e suas pernas pareciam muito finas — pernas de saracura, como diria meu pai para zoar com ela. Ela saiu do meio do vapor e me viu olhando da cama; a pele em volta dos seus olhos tremeu. Perguntei-me se ela sabia que eu a tinha visto por cima do meu pai a noite passada, na outra cama do outro lado do quarto, o rosto numa careta de dor, mas os gemidos cheios de prazer.

— Norm — disse ela, dirigindo-se a meu pai. — Será que não dá para você pôr uma roupa?

— Você é quem manda — disse ele com um sorriso.

— Isso aqui parece um celeiro — disse ela.

Meu pai riu, e Sandra fechou a porta do banheiro atrás de si. Meu pai foi até a janela e puxou a cortina até abri-la por inteiro.

— Tem pelo menos 30 centímetros de neve em cima do Porsche — disse ele.

Uma rajada de vento bateu no vidro, e ele virou a cabeça, lançando-me um olhar de pura fome.

Sandra saiu do banheiro usando um *collant*. Quando viu a tempestade de neve lá fora, parou.

— Você deve estar brincando — disse ela.

Meu pai atravessou o quarto e seus olhos estavam vidrados, perdidos em algum festival de esqui em neve fofa. Pegou minhas roupas de esquiar e entregou-as a mim.

— Vamos embora, Menino Maravilha.

— Por que essa pressa, Norm? — perguntou Sandra. — Olhe pra isso.

— Exatamente. Olhe pra isso. É um sonho que se tornou realidade.

Enquanto subíamos na primeira cadeira-elevador e a neve picava o meu rosto, perguntei-me como Sandra chegara ao Alta Lodge e como conseguira o conhaque que tomava em pequenos goles.

Depois que chegamos ao topo, meu pai e eu inclinamos o corpo e deslizamos nos esquis para lutar contra o vento cortante.

— Fique bem perto de mim na próxima cadeira — disse ele.

A segunda cadeira também estava vazia, e o funcionário mal tomou conhecimento de nossa existência. Empurrada pelo vento, nossa cadeira bateu na primeira torre. Caiu um raio que cortou as nuvens, e eu cheguei mais perto ainda do meu pai. Ele passou o braço em volta de mim, a axila no meu pescoço.

— Vão fechar isso aqui — disse ele. — Tivemos sorte de conseguir pegar essa cadeira.

— Sorte?

Ouvimos o estrondo de um trovão, e ele não respondeu, e eu não ia sair debaixo de sua asa para ver o seu rosto.

Deslizamos para fora da cadeira no topo da montanha. Esperei com as costas contra o vento enquanto meu pai explorava a área. Subiu pela trilha de esqui até um contraforte.

Ele parecia um pinheiro sem folhas inclinado sobre a ponta do contraforte e eu esperei um sinal seu. Ouvi um assobio. Podia ser o vento. Depois vi um braço acenar.

Subi um bom pedaço até onde ele estava. Quando olhei para baixo do contraforte, uma rajada de vento varreu a neve fofa dos longos montes brancos como se fossem um enxame de diamantes. Uma nuvem prateada caía do céu e desenrolava-se como anéis de cabelos num salão de baile cheio de fantasmas, que dançavam.

— Não vejo merda nenhuma — disse eu.

— Precisamos encontrar as árvores.

— Onde elas estão?

— Em algum lugar lá embaixo.

— Estou com frio.

Ele esfregou a mão enluvada nas minhas costas, para cima e para baixo.

— Vá à luta, Menino Maravilha. Experimente a neve.
— Acho que devíamos descer pela trilha oficial — disse eu.
Ele sacudiu a cabeça numa negativa.

Enquanto eu descia a montanha, uma avalanche crescente de neve chegava a meus joelhos, e minhas pernas sulcavam o mar de cristais brancos. Eles batiam no meu peito e formavam uma bolha cintilante à minha volta. Os cristais e eu nos movíamos como se fôssemos um só. As nuvens e o vento cortavam, e nada parecia existir fora da minha bola de cristal. Eu levantava bem os joelhos e aparecia e desaparecia no ar. Eu descia, e os cristais espalhavam-se embaixo dos meus esquis. Eu deslizava, e não havia resistência, nenhum solavanco, só uma única corrente fluida de neve fresca. É com isso que ele sonhava e o que o deixava tão excitado, esse nada pulverizado.

Eu planava como uma gaivota numa corrente de vento, e não havia nada mais na vida além dessa queda livre e cega.

Ouvi meu pai gritar e o senti deslizar a meu lado — agora estávamos dentro de uma única grande bolha. Via apenas sua jaqueta de pele de carneiro.

Uussh. A bolha diminuiu, e ele desapareceu morro abaixo. Eu estava sozinho de novo na cascata sem peso.

Filas de árvores. Elas refletiam a luz na neve embaixo dos ramos. Nenhuma trilha em parte alguma. No fundo da floresta, os flocos de neve caíam em linha reta porque a floresta mantinha o vento longe. Esperei até ver uma abertura por onde entrar na floresta. Planei e voei por ela. A bolha me acompanhava. Estava mais brilhante, e a neve se amontoava em volta dos troncos das árvores e eu serpenteava entre elas como se fossem balizas de corrida. As bolas de neve em volta dos troncos estouravam e, como travesseiros, os flocos roçavam o meu rosto como plumas. Eu adorava a sensação e fui atrás dos maiores travesseiros que conseguia encontrar; queria mostrá-los a meu pai.

Mas aí puxaram meu tapete. Fui lançado para cima. Estava de cabeça para baixo. Mas não estava mais caindo. A neve entrou pela minha parca até a cintura, escorreu pelo pescoço e grudou nos meus cabelos. Quando parei, vi um tronco de árvore a não mais de 60 centímetros do meu rosto. Olhando para baixo, vi terra congelada e raízes. Olhando para cima, vi meus esquis paralelos aos ramos das árvores acima deles. As pontas dos meus esquis estavam presas ao tronco da árvore numa saliência da casca. A parte de trás descansava na borda externa da área perigosa de neve fresca em volta da árvore, na qual eu afundara de cabeça para baixo.

Estendi a mão para pegar meus esquis. A casca estalou. Frágil demais. Encostei o queixo no peito e gritei.

— Pai! Pai!

Silêncio. E se o meu pai não conseguisse me achar? Ele vai ter de descer e voltar pra cá. Mas ele pode pensar que já desisti e fui para o hotel. A neve vai cobrir minhas pegadas se ele não vier logo. Ele nunca vai me encontrar. Vou morrer de frio.

— Pai! Pai!

Meus pés estavam frios, e o sangue foi para a cabeça, que estava pesada. Abri o zíper da calça e pus meu pau pra fora. Com os dentes, tirei uma luva e pus as mãos em concha em volta do meu pau. Estava quente. Ter algo para segurar, algo inteiramente meu, me acalmou, e eu esqueci aquela história de morrer congelado.

Devo ter posto meu pênis para dentro da calça porque, quando senti um puxão no meu esqui, eu não o estava segurando mais.

— Ollestad Junior! — gritou o meu pai.

Lágrimas e tosse.

— Está tudo bem — disse ele. — Estou aqui.

Ele bateu no poço da árvore, e meus esquis caíram comigo naquele chão gelado, despencando do poleiro em que estávamos pendurados. Meu capacete esmagou o tronco, e um dos meus esquis atingiu o ombro do meu pai.

— Você está bem? — perguntou ele.

— Acho que estou — respondi.

Ele tirou os meus esquis. Quando se levantou, a cabeça estava pouco abaixo do buraco ao redor da árvore.

— Vou tirar você daí — disse ele.

Agarrou-me pela cintura. Colocou-me em cima dos seus ombros. Segurou minhas mãos com as suas e endireitou os ombros enquanto eu endireitava os meus.

— Ponha as botas nos meus ombros — disse ele.

Levantei os joelhos e firmei as botas nos ombros dele. Ele foi para a frente e eu fui arrancado da parte de cima do poço. Caí de cara no chão e depois saí do poço engatinhando.

Meus esquis chegaram voando logo em seguida. Depois apareceu a cabeça do meu pai. Ele apoiou uma bota e uma das mãos no tronco e a ponta da outra bota e a outra mão na parede de neve — que se espalhou como a explosão de uma estrela. Seu braço se levantou, e ele agarrou um ramo; a neve soltou-se dos pinheiros e cobriu-lhe a cabeça. Ele se retorceu, empurrando o tronco com as duas botas para mergulhar. Aterrissou do meu lado.

Sacudiu a cabeça como Sunny saindo do mar. Levantou os óculos de esquiar.

— Essa foi barra, Ollestad.

— Eu sei.

— E aquela neve fresca?

Eu estava olhando para o poço ao redor da árvore e foi difícil curtir a maravilha da neve fresca naquele momento. Aí percebi que ele estava olhando pra mim. Os olhos brilhavam como um sol dourado atravessando a tempestade de neve, e a alegria voltou.

Ele abriu a mão, e eu a peguei; ele me puxou para me pôr de pé.

— Vamos descer até aquele vale — disse ele. — Deve dar uma boa volta de esqui até lá, Menino Maravilha.

Capítulo 11

Levantei-me do corpo frio e frouxo do meu pai. Tudo parecia ter acalmado. Cada floco de neve era distinto e diferente dos outros. Os destroços do avião estalavam com um timbre específico a cada rajada de vento. A neblina subia em tranças descontínuas de vapor.

Fiquei de quatro como um lobo ou algum tipo de animal que vivia nessas montanhas. Esticava o pescoço para cima e para baixo, os olhos acompanhando a geografia do funil. Dava para sentir o cheiro da neve e distinguir entre o vento de outra rampa do vento que rugia nesta. Como se estivesse usando óculos de esquiar, eu conseguia perceber os contornos da neve, não mais uma massa branca informe que eu teria de tocar para discernir as mudanças de textura e a profundidade.

Minha cabeça parou de voar de um pensamento para outro. Não se debatia mais para saber se a cruel tempestade finalmente venceria, se eu perderia ou não o apoio sobre o gelo, ou se Sandra estava certa ou errada a respeito do meu pai. Minha cabeça se fechou hermeticamente para tudo que não fosse a geografia imediata.

Afastei-me de meu pai e olhei para a tempestade de neve. Do outro lado da rampa, bem longe, uma asa branca do avião, antes camuflada pela neblina cinza que se fundia com a neve branca, agora estava fácil de distinguir, como se de repente meus olhos conseguissem atravessar a luz branca uniforme, leitosa. A asa repousava na base de um grande tronco de árvore. A neve estava mais uniforme ali, acumulada atrás do tronco.

Fui na direção dela, uma mão e um pé de cada vez, escalando lateralmente o funil. O vento arrancava lâminas de gelo dos ramos da árvore, que cortavam meu rosto. Alguns metros montanha acima, o vento tinha desgastado um pouco da neve e exposto uma trilha apagada. Subi mais um pouco para vê-la melhor, firme nas minhas quatro patas como uma cabra-montês.

Minhas mãos encontraram a leve saliência da trilha antes dos meus olhos. Abaixei-me para ver a forma e a trajetória da trilha. Ela cortava a rampa, fazendo curvas perto da árvore onde a asa do avião entrava e saía do meu campo de visão. A ponta da asa fundira-se com a neve na base do tronco da árvore, formando um ângulo com o apoio. Abrigo.

Pensei no tapete do avião. Lembrava-me de tê-lo visto todo amontoado entre os metais retorcidos perto de Sandra. Eu precisava dele. Além disso, talvez também houvesse um machado ou pá de neve, ou ao menos umas luvas em algum lugar no meio dos destroços. Segui minhas pegadas de volta à zona de impacto. Escorregar não era uma opção. Eu estava à caça de ferramentas.

Fiz uma busca minuciosa entre as peças retorcidas. Nada que me ajudasse, exceto o tapete. Os destroços de metal só cortariam as minhas mãos e não eram fortes o bastante para serem usados como machado. Enrolei o tapete e coloquei-o embaixo do braço desocupado durante a travessia de volta à asa.

Ouvi Sandra choramingar. Estava um pouco acima — eu a excluíra de meus pensamentos junto a tudo que representasse uma distração. Seus olhos estavam vidrados, os cílios congelados. Eu lhe disse para vir comigo até a asa, movendo-se cuidadosamente, em passos mínimos.

— Não — disse ela. — Não consigo me mexer.

Capítulo 12

Meu pai estava segurando as nossas pranchas de surfe quando acordei, e precisei de um segundo para me lembrar que estávamos no México.

— Vamos nos molhar — disse ele. — Vai nos fazer bem.

Eu estava desconfiado porque ele não mencionara absolutamente nenhuma onda, só a parte a respeito de nos molharmos. Desci atrás dele pelas escadas de metal um pouco enferrujadas, e passamos por um casal mexicano vestido com elegantes roupas de linho. Comprimiram-se contra o corrimão como se fôssemos bandidos ou leprosos, ou algo do gênero. Lá na praia, as vibrações do mar transformavam-se em ondas, ondas grandes.

— Não pareciam tão grandes lá de cima — disse eu.

— Você vai curtir. Tem umas ondas perfeitas, do começo ao fim. Estão vindo por aquele ponto. Está vendo?

— Tenho de surfar por dentro?

— De jeito nenhum — disse ele. — Se você não surfa a crista da onda, tanto faz o lugar em que você surfa a espuma.

Engoli todos os outros protestos porque dava para ver nos seus olhos que íamos surfar, não importava o que acontecesse.

Embora o ar fosse quente demais, a água estava fresca. Gritei porque o sal fez arder o meu quadril esfolado e os arranhões na minha bunda, no braço e na mão.

— É bom pra isso — disse ele.

Cerrei os dentes, abaixei a cabeça e remei com os braços. O ardor desapareceu, e, depois de furar algumas ondas, me senti desperto e lúcido pela primeira vez em dias. Ele me empurrou para as paredes mais altas da espuma, e o sal arrancou as camadas de suor empastado.

Tremi depois de passar pela crista da onda, mais pelo medo reprimido do que pela temperatura da água. Meu pai esfregou minhas costas e falou suavemente comigo sobre as ondas e que surfar poderia não exigir esforço algum, como uma gaivota deslizando a 3 centímetros da superfície da água.

As grandes colunas trazidas pelo vento contornavam a península e erguiam-se sem aviso. Eram mais altas que eu. Ele me disse que eu conseguiria, que não haveria problema algum, e virou minha prancha na direção do mar e me disse para remar a fim de pegar "a pequenininha que estava vindo."

Ele me empurrou para a onda. Não era a "pequenininha", era maior que eu. Arrastei os pés sob o peso do corpo e me inclinei para trás só um pouquinho. O bico da prancha mergulhou por um instante e depois deslizou para longe do fundo. Virei o ombro, e a prancha respondeu com perfeição, levantando-se na face da onda. Pressionei a prancha com a perna de trás para conseguir velocidade.

Meu pai dizia que essas ondas eram perfeitas porque arrebentavam em linha reta, sem quebras. Eu esperava que ele tivesse razão porque, por mais que eu girasse, continuava no ponto crítico da onda, bem ali onde a face da onda se curvava e a crista começava a mergulhar. Continuei pressionando as pernas, e a crista da onda continuava mergulhando acima da minha cabeça. Depois de uma série de vezes em que escapei por um triz, cada uma delas uma vitória, minhas pernas se cansaram, e eu me curvei sobre a crista da onda e desci pelo seu dorso. Remei com os braços até a praia antes do meu pai conseguir me chamar de volta.

A areia era negra e estava tão quente que queimava, por isso, sentei-me na prancha. Fiquei vendo meu pai surfar algumas ondas. Ele fazia a prancha subir pela face da onda, deslizava sobre a crista que continuava se elevando, o que fazia com que ele descesse pela face com velocidade suficiente para quicar no fundo e subir de novo pela face para deslizar de novo pela crista.

Almoçamos num restaurante que ficava no alto das escadas enferrujadas. Ocupamos uma mesinha para duas pessoas com nossos shorts molhados, e o refinado casal mexicano examinou nossos pés cheios de areia e os cabelos desgrenhados pelo sal. Meu pai deslizou o corpo para baixo da mesa e olhava ora para o casal, ora para mim.

— Eles não têm a menor ideia do que estão perdendo — disse ele.

Seus olhos reanimaram-se. Nas bochechas formaram-se dois círculos cor-de-rosa.

— Eles se acham — comentou ele. — Acabamos de surfar ondas perfeitas, perfeitas, sem ninguém por perto, e eles só estavam ali sentados, distraídos, tomando golinhos de café e conversando sabe Deus sobre o quê.

Examinei o casal elegante. Tomavam golinhos de seu café como pássaros, e o homem alisou a camisa de linho; eu pensei em nós em alta velocidade no mar, surfando aquelas ondas.

— Deve ser chato para eles — disse eu.

— Já pensou? — respondeu ele, e rimos como dois macacos.

* * *

De manhã um vento contrário estava moendo as ondas, reduzindo-as a uma massa esfarelada de uns 30 centímetros. Fomos embora e não encontramos mais nenhuma boa onda em Baja. Depois de atravessar aquele deserto monótono a manhã inteira, estacionamos num lugar escarpado de terra e areia, sem nenhum arbusto, nem planta, nem cor, exceto o mar esmeralda lá embaixo. Só de olhar para ele já refrescava.

— Que bom que a gente pegou aquelas ondas ontem — disse ele.

— Bem melhor que ficar sentado o dia todo numa caminhonete quente sem nada para olhar além da poeira — respondi.

Ele riu.

— Você já pegou um tubo?

— Não.

— É como voar por uma camada profunda de neve fresca.

— É mesmo?

— É. Mesmo que seja diferente, você tem aquela *sensação*.

Virei-me, e meu pai olhava pra mim com seus ardentes olhos cor de safira. Ele a via em mim, e eu a via nele — a lembrança daquela sensação: flutuar sem peso no espaço com mel na ponta da língua e puro sangue vermelho invadindo o coração, planando numa corrente de música angelical que cortava o ar cristalino da montanha.

— Talvez a gente consiga achar uns tubos para você, rapaz.

— E se eu não conseguir pegá-los?

— É esmagado.

Pontuou a resposta mantendo o olhar fixo em mim.

Meu pai não era bem ele naquela noite. Comemos numa cidade apinhada de turistas mexicanos, e ele fechou a cara e ficou olhando para as pessoas que passavam na rua pavimentada com pedras hexagonais. Tive a impressão de que ele olhava muito para a bunda das mulheres. Ele disse que não estava se sentindo bem, e seu jantar foi laranjas e alho cru com queijo.

— Está triste por causa da Sandra?
— Não. Só estou meio indisposto.
— Ela vai estar lá quando voltarmos?
— Não sei. Espero que sim.

No quarto, ligamos o ventilador que ele comprara na loja local de aparelhos eletrodomésticos. A maioria das prateleiras estava vazia e a loja era úmida e suja, parte de um mundo arruinado de estruturas semiconstruídas e estradas inacabadas. Sentamos nus em nossas respectivas camas, recebendo rajadas alternadas do ventilador. Ele afinou o violão, que o calor desafinara. Cantou "Blue Eyes Crying in the Rain" e depois apagou as luzes.

Na tarde seguinte atravessamos o mar de Cortez de balsa. A única coisa boa da viagem de 18 horas foi o ar fresco vindo da água. Meu pai jogou pôquer com um médico escandinavo e sua bela mulher. Havia montes de notas de mil e 10 mil pesos na frente da cadeira do meu pai. Eu me perguntei se ele estava querendo impressionar a mulher do médico. Ela tinha os cabelos claríssimos e olhos verde-limão. O oposto de Sandra.

Os golfinhos surfavam as ondas ao largo da proa da balsa enquanto o sol caía. Fiquei hipnotizado. Eles devem ser os melhores surfistas do mundo.

Acordei no meio da noite. Meu pai estava se enroscando na ponta de nosso banco, pondo a cabeça perto da minha. Estava com um cheiro esquisito.

— Que cheiro é esse? — perguntei.
— Estamos suando há vários dias — respondeu ele.

— Você está com cheiro daquela mulher — disse eu.

— Nós dançamos juntos depois que você foi dormir — disse ele. — O perfume dela deve ter ficado em mim.

— E onde estava o marido dela?

— Ele também dançou.

Pode crer, pensei.

Desembarcamos em Mazatlán na manhã seguinte, e os arbustos desapareceram, substituídos pela mata. A floresta subia os morros e era verde-escuro, com cheiro de terra molhada. *Isto é* o México, pensei.

Pegamos a rodovia na direção sul e fomos até o primeiro *point* que encontramos. Um surfista louro, evidentemente um norte-americano, estava encerando a prancha.

— Vigie a caminhonete — disse o meu pai, que correu pela praia para conversar com o cara da prancha.

Quando meu pai voltou, parecia excitado.

— O cara acha que as ondas vão ficar boas hoje por causa de um furacão ao largo da costa. O que você acha de viajarmos umas horas e depois surfarmos?

— Elas vão ficar grandes?

— Talvez. Mas vamos surfar a crista. É só ficar por dentro.

Na última praia, com fundo de pedra, não havia nenhuma parte em que eu pudesse surfar as ondas menores. Chamei a atenção do meu pai para isso.

— Que raridade! — disse ele.

Deu um tapinha na minha perna, fechou a porta e contornou o veículo até o lado do motorista.

A estrada mudava de direção, indo para o interior, e previ que mudaria de novo na direção do litoral. Escorreguei até a ponta do banco, esperando o momento em que veríamos as ondas grandes, sem querer que elas me pegassem de surpresa. Meu pai assobiava uma música que eu o escutara tocar no violão, e me disse que era de Merle Haggard. Sacudiu os ombros e elevou a voz. Ela não estava de acordo com a letra melancólica, e tive a impressão de que talvez ele estivesse tentando disfarçar a tristeza. Ou talvez estivesse bem. Não havia como ler seus pensamentos. Estava trancado em seu mundo interior. Eu detestava não saber o que ele estava sentindo, não ter um barômetro para consultar. Incapaz de expressar minha solidão, eu me senti amarrado, sentado ali cutucando a casca da ferida do meu cotovelo.

Meu pai tentou segurar meu corpo e meteu o pé no freio, sua pele esfolou no vinil quando bati contra a porta do passageiro. Ao lado de um bloqueio de estrada feito de sacos de areia e uma tábua, estava um jovem vestido com um uniforme militar vários números maior que o dele. Agitou uma bandeira branca.

— Merda — disse o meu pai.
— O que foi?
— Nada. Está tudo bem. *Federales*.

Meu pai levou a caminhonete até a tábua que era mais ou menos da altura da capota. Eu queria que ele parasse um pouco mais para trás, um pouco mais longe. Debaixo de um telheiro improvisado de folhas de palmeira saíram outros três jovens de uniforme. Os soldados tinham fuzis no ombro, o cano apontado para cima e balançavam enquanto se aproximavam de nós.

— *Hola* — disse meu pai. — *Qué pasó?*

O adolescente com a bandeira deu um passo para o lado, e um cara usando um boné assumiu a liderança. Também era um adolescente. Os olhos eram pequenos e inchados como os de

Nick numa manhã de sábado. Ele não respondeu ao meu pai. Os outros dois caras com fuzis contornaram a caminhonete e olharam para mim. Como pode adolescentes já usarem armas, perguntei-me.

Espiei de trás do corpo do meu pai. O líder descansava a mão no cano do fuzil, que apontava descuidadamente para a cabeça do meu pai.

— *Pasaporte* — disse ele, em espanhol.

Meu pai estendeu a mão para o porta-luvas, e o adolescente do meu lado ergueu o fuzil. O cano estava a poucos centímetros do meu rosto. Meu pai falou com o líder em espanhol e apontou para o porta-luvas. O cano abaixou, e eu mijei nas calças. Prendi a respiração para não chorar. Não me mexi, e a urina escorreu pela perna.

O líder interrogou meu pai sobre a máquina de lavar. Meu pai mostrou-lhe o recibo da Sears. Meu pai e o líder pareciam discutir.

O líder agarrou a maçaneta da porta, e eu suspirei. Os adolescentes riram de mim. O líder abriu a porta do motorista e olhou atrás do banco. Gritou para o cara do meu lado, que abriu minha porta e fez uma busca minuciosa no porta-luvas, espalhando papéis pelo chão e pela estrada. Um deles pegou o violão do meu pai. O cara que estava segurando a bandeira me mandou beijos. Meu pai pôs a mão em cima da minha, e eu olhei para o tapete preto da caminhonete e para os documentos.

Os soldados pegaram dinheiro dos bolsos do meu pai, e depois um deles jogou o violão na carroceria da caminhonete e se fez ouvir um som vindo das entranhas do meu pai. O líder gritou para o rapaz da bandeira, e ele puxou a tábua. Ela deslizou pelos sacos de areia e, quando havia espaço suficiente, meu pai pisou fundo no acelerador. Os adolescentes assobiaram e gritaram.

Meu pai não disse nada. Os músculos do seu braço estavam retesados com a força com que ele segurava o volante. Falei, e ele levou um susto.

— O quê? — perguntou de forma brusca.

— Nada — respondi.

Uns dez minutos depois, ele parou o carro no acostamento. Disse-me para trocar o short, e eu fiquei pasmo de ele ter reparado. Ele arrumou a lona e examinou o violão. O rosto mostrava raiva. A ruga vertical entre as sobrancelhas aprofundou-se na pele, e parecia que ele tinha uma cicatriz ali.

— Era todo o nosso dinheiro?

— Quase todo — respondeu ele, e depois puxou o que ganhara no pôquer do buraco do violão por onde sai o som.

— Arrá! — disse eu.

— Você aguentou firme — disse ele.

Deu-me um beijo no rosto.

— Te amo — disse ele.

— Eu também te amo — disse eu.

Naquele mesmo dia, topamos com outra barreira. Dessa vez vi só um adolescente. Estava de uniforme como os outros. Era alto, com a pele muito morena e espinhas. Descansava encostado nos sacos de areia que estavam na sombra, e sua longa coluna recurvava-se como o punho de uma bengala. Aproximou-se da caminhonete com um andar desengonçado. Falou num espanhol hesitante. Apontou para a máquina de lavar. Meu pai grunhiu e pegou o recibo no porta-luvas outra vez. No momento exato, o adolescente disse "Pedágio" num inglês perfeito. Meu pai apontou para a direção de onde vínhamos e parecia estar falando do pedágio salgado que já tínhamos pagado. O adolescente pareceu surpreso. Esticou a cabeça e olhou para a estrada que entrava na floresta.

Havia um homem mais velho de uniforme sentado numa cadeira de dobrar com um palito na boca e uma revista nas mãos. O rapaz assobiou; o homem levantou os olhos da revista e deu de ombros, como quem não está nem aí. O adolescente descartou o homem com um gesto da mão.

Os olhos do meu pai corriam velozmente à nossa volta. Estacionaram nos sacos de areia. De repente, meteu o pé no acelerador. Os pneus cantaram, depois bateram em alguma coisa, e a caminhonete deu uma guinada e atingiu a barricada. Eu fui lançado para a frente e ouvi o zunido da bala entrando na madeira.

— Fique abaixado! — berrou ele.

Enfiou a cabeça entre os ombros como um pombo e manteve o pedal encostado no chão. Ouvi um estalo bem alto.

— Fique abaixado!

Eu me agachei no espaço para as pernas embaixo do porta-luvas. Senti o puxão da caminhonete quando fizemos uma curva. A caminhonete endireitou-se, e ele olhou para trás.

— Está limpo — disse ele.

— Puta que o pariu, pai!

— Eu não ia entrar naquele jogo outra vez — disse ele.

— Que barulho foi aquele?

— De tiro.

Agachado embaixo do painel de controle, olhei para o joelho dele pensando numa bala penetrando no seu crânio.

— Eles não têm um veículo — disse eu. — Certo?

— Não. Provavelmente foram levados até ali.

— Será que eles têm um rádio?

— Talvez. Mas provavelmente não.

— E se tiverem?

— Não vi nenhum. Acho que causamos uma boa impressão.

Voltei me arrastando para o banco e arfei feito um cão.

— Ollestad. Calma. Está tudo bem. Eles já ficaram para trás há muito tempo.

Olhei para ele, e ele viu o medo e a decepção nos meus olhos.

— Não pensei que ele fosse conseguir pegar o fuzil tão depressa — disse ele. — O cara parecia devagar.

— Foi uma burrada — disse eu.

Ele concordou com um gesto da cabeça e passou a mão pelos caracóis dos cabelos castanhos. Olhou pela janela, e os olhos se perderam no asfalto gasto. Parecia arrependido, meio confuso.

Eu detestava estar naquela situação — cagando nas calças de medo. Agora uma coisa pior ainda estava acontecendo. O meu pai parecia estar com medo.

— O que vai acontecer? — perguntei.

— Nada.

— E se houver outra barreira?

— Vou ter de pagar um pedágio mais caro — disse ele com um sorriso.

— Não tem graça nenhuma.

— As coisas ficaram tensas ali por um segundo — disse ele. — Mas agora estamos em céu de brigadeiro.

Continuei imaginando uma bala abrindo a sua nuca. Continuei pensando nos guardas da barreira vindo atrás de nós e nos torturando. Quanto mais relaxado o meu pai ficava, mais depressa situações terríveis invadiam a minha cabeça.

— Nunca mais vou a lugar nenhum com você — disse eu.

— O que é isso, Ollestad?

Sacudi a cabeça numa negativa, e ambos ficamos olhando para a estrada pelo para-brisa. E assim ficamos durante longo tempo.

Ouvi estrondos de trovão sobre as montanhas, e logo depois começou a chover. A estrada passou a descer. Tive um vislumbre do oceano metálico sobre os topos da imensidão verde. A vista foi eclipsada por uma cortina de ramos baixos com folhas tão finas que pareciam recortes de papel escondendo o céu atrás de si.

Chegamos à costa poucos minutos depois, e veias cor-de-rosa de eletricidade acendiam e apagavam como neon, criando estrias no oceano. Não consegui enxergar o contorno do litoral mais próximo através da floresta, só uns pedacinhos intermitentes do mar contra o horizonte.

Gotas de chuva prateadas como moedas batiam no para-brisa. Martelavam o teto, e os desfiladeiros inchados dos lados da estrada chamaram minha atenção. De repente, a caminhonete estava patinando na estrada. Meu pai freou, e o veículo girou, depois as rodas bateram, e a caminhonete perdeu o equilíbrio como se fosse capotar. Meu pai endireitou o volante e voltamos cambaleando para o nosso lado da estrada. Ele me lançou um olhar rápido e sorriu como se aquilo não fosse nada.

Cortinas de chuva moviam-se como pernas de uma aranha gigantesca no asfalto oleoso, e pareciam caminhar para a floresta. A lona grudou na máquina de lavar. Meu pai grudou no volante, as juntas dos dedos ficaram brancas. Eu refletia sobre todas as coisas ruins que tinha feito na vida. As mentiras. Eu gostaria de não ter feito nada de errado porque parecia que isso nos ajudaria agora. Prometi não contar mais nenhuma mentira se conseguisse sair dessa.

Os limpadores do para-brisa pararam. Meu pai puxou a alavanca, mas nada aconteceu.

— Filhos da puta — disse ele.

O para-brisa ficou parecendo uma gaze na mesma hora, como se o vidro tivesse congelado. Meu pai olhou pelo retrovisor e baixou o vidro da janela; pôs a cabeça para fora, levou a caminhonete para o acostamento e puxou o freio de mão. Estudou o relógio.

— Temos de sair da estrada.

— E pra onde a gente vai?

— Vamos encontrar um lugar. *Sin problema.*

Tirou a camisa e pôs a cabeça para fora da janela, e deslizamos pelo acostamento. Fios úmidos caíram-lhe na testa, e ele parecia estar se afogando. Depois de cerca de um quilômetro e meio, ele voltou a cabeça para dentro e levantou o vidro da janela. Sem a camisa, dava para ver seus músculos, e isso me fez me sentir um pouquinho melhor.

— A gente vai viajar desse jeito o dia todo?

— Não.

— Por que não?

— É perigoso demais viajar desse jeito — respondeu ele.

Olhou pelo retrovisor e imaginei o homem mais velho e o adolescente largados na beira da estrada na chuva e um caminhão do exército vindo pegá-los.

Meu pai abaixou o vidro da janela e pôs a cabeça para fora de novo. Parecia um cara decidido, com a chuva lhe chicoteando o rosto. Eu sabia que tínhamos de sair da estrada porque talvez os caras do exército conseguissem nos alcançar, mas não toquei no assunto com meu pai.

Usei toda a minha energia para tirar aquela imagem da cabeça e resolvi ajudar o meu pai. Pode ter sido meu primeiro ato realmente maduro, sabendo que ajudá-lo a dirigir no meio da chuva, em vez de ficar paralisado pelo medo, faria eu me sentir melhor a longo prazo.

Limpei com a mão o vapor da janela do passageiro e na mesma hora vi uma estrada de terra cortando a floresta, e gritei para ele. Ele parou a caminhonete. Deu marcha à ré. Sorriu ao ver a estrada.

— Nosso caminho, Ollestad olho-de-água. Entenda. Nunca desista.

Ele fez uma curva bem aberta com a caminhonete. Nós saímos do acostamento, e ele me falou para eu me segurar bem. Meteu o pé no acelerador e entramos raspando pela abertura estreita. A caminhonete deu vários solavancos, o metal rangeu, e a parte de baixo do veículo bateu no chão. Serpenteávamos pelo caminho como uma cobra-d'água pelo lodo do fundo. A trilha fez uma curva de repente, e meu pai girou o volante; a parte de trás da caminhonete atingiu algumas árvores. E assim fomos, e ele não podia diminuir a velocidade, senão a gente caía. Meus olhos estavam arregalados, e eu me agarrava ao painel; os tríceps do meu pai se flexionavam a cada movimento do volante. Ele estava com a cabeça para fora da janela, mexendo-se como um caubói em cima de um touro, abaixando-se sob os ramos da floresta e recuando para dentro da janela sempre que seu lado passava muito perto daquela parede vegetal. Quase lhe perguntei para onde estávamos indo, mas concluí que ia distraí-lo.

Escapamos de novo por um triz com uma parte qualquer da caminhonete arrastando um galho. Meu pai meteu o pé no acelerador, e nós pulamos, depois voamos por um momento e aterrissamos feio, a parte de baixo do veículo vibrando até o banco. Depois o motor morreu. A caminhonete parou, e fomos lançados para a frente. Senti a caminhonete afundar.

Meu pai deu um monte de pancadas no volante e depois se virou para mim.

— Fim da linha, Ollestad Junior.
— O carro quebrou?
— Não sei.

— Vão nos encontrar?

— De jeito nenhum, José. Vão passar batido pela estrada. Nós quase passamos e estávamos indo devagar.

Concordei com um aceno da cabeça. Parecia que ele estava certo. E dividiu comigo aquela louca sensação infinitamente apavorante de que os caras do exército podiam estar à nossa procura — ele admitir isso me reconfortou. É bom ser um dos combatentes para variar, pensei.

— O que vamos fazer agora? — perguntei.

— Caminhar até a praia. Ver se conseguimos achar abrigo.

— Tem casas por aqui?

— Ninguém se mata entrando numa trilha como essa por nada, Ollestad.

Ele carregou uma prancha de surfe embaixo de cada braço com seus apetrechos num dos ombros. Eu levei minha mala. A lama chegava até os meus joelhos em alguns lugares, e nos agarrávamos aos lados da trilha em busca de chão mais firme perto das árvores. Uma plantação de bananeiras nos deu algo para apoiar os pés, e ver os cachos de frutas verdes familiares em volta das grossas trepadeiras me fez lembrar das plantas que cercavam a casa do vovô e da vovó.

A cada passo tínhamos de desgrudar os pés do chão. Me fez lembrar todas aquelas longas caminhadas que fiz com meu pai em busca de neve fresca virgem. Falei disso com ele.

— Lembra seu limpa-neve imbatível?

— Lembro. Eu conseguia esquiar em qualquer coisa com ele.

— Foi com aquele limpa-neve que você esquiou todo o percurso do St. Anton, do topo até lá embaixo, no meio de uma tempestade de neve cegante e com gelo embaixo da neve fresca.

— Quando comecei a esquiar em paralelo?

— Vamos ver. Acho que em 1973, quando pegamos o trem para Taos, para o Natal.

— Ah, é — disse eu, lembrando do índio de plástico que ele comprou pra mim e para o qual às vezes eu olhava e pensava no meu pai morrendo, declarando que eu também queria morrer se ele morresse.

— Você acha que eu posso ganhar uma corrida neste inverno?

— Não se preocupe em ganhar, Ollestad. O negócio é continuar tentando. O resto vem por si.

— Você acha que algum dia vou participar das Olimpíadas?

— Claro. Melhor ainda é você conseguir uma bolsa para Harvard ou Yale.

— Como assim?

— É quando eles convidam você para ir à universidade para praticar algum esporte.

Meu pai planejando a minha vida tanto tempo antes aumentou a tensão, como se a floresta estivesse se fechando sobre nós de todos os lados.

— Será que algum dia vamos chegar lá? — choraminguei.

Meu pai parou. Os salpicos de lama no seu rosto e no bigode, e pelas pernas, faziam com que ele parecesse uma espécie de camaleão humano da selva.

— Fica mais fácil se você...

— For em frente sem parar. Eu sei.

Ele riu.

— Além disso, não há lugar nenhum para sentar — disse ele, e riu de novo.

Não ter um lugar para sentar porque estávamos cercados pela lama, pela floresta e, por cima, por nuvens grossas prestes a desabar sobre nós não parecia ter a menor graça.

— Eu gostaria de não ter vindo — disse eu.

E passei por ele pisando duro.

— Bom, Ollestad, fico feliz por você ter vindo.

— Não quero mais saber de corrida de esqui — respondi sem me virar. — Prefiro caratê.

— A sua mãe é que precisa aprender caratê.

Levei um susto e parei. Meu pai nunca falara tanto sobre minha mãe e Nick antes. Era a minha grande chance de me abrir — de contar ao meu pai que Nick me chamara de mentiroso e insistia em dizer que eu seria um fracassado. Era um bom momento para pedir a meu pai para fazer algo em relação à crueldade de Nick. Mas apenas grunhi e continuei batalhando para andar.

O morro subia até um cume de onde se descia na direção de montanhas mais altas ainda. Lá em cima vi que a trilha acabava de repente. Onde ela aparecia de novo lá embaixo, a floresta crescia em camadas sobre o pântano coberto de plantas rasteiras. Havia umas vacas e coqueiros altos, e depois outro morro, e eu esperava que do outro lado finalmente nos aguardasse a praia, um teto e descanso.

Bebi água. Eu estava suando, e o calor era como um manto grosso, e a minha cabeça queimava de febre.

— Estou muito quente, pai.

— Vamos mergulhar no oceano, e você vai se refrescar.

Por mais que aquilo fizesse sentido, não era o que eu queria ouvir.

Dava para sentir que ele estava cuidando de mim. Eu queria que ele dissesse alguma coisa sobre minha mãe ou Nick. Depois eu poderia lhe dizer que Nick me xingara e dissera que eu não valia nada e que me perseguiria se eu contasse alguma coisa ao meu pai. Depois disso, quando chegássemos em casa, meu pai daria um jeito nas coisas.

Meu pai andava atrás de mim, e eu esperei. E então ele parou de se mexer. Não disse nada.

Joguei minha mala na rampa. Ela apareceu alguns segundos depois, flutuando na lama da trilha. Meus olhos se encheram de lágrimas, e minha voz ficou rouca por causa da raiva, "foda-se isso" e "foda-se aquilo". Sentei-me na lama e joguei bolas de barro no meu pai. Por fim a raiva passou, e eu só chorava. A lama dava uma sensação boa no machucado do meu quadril. Começou a chover de novo.

— Já acabou o seu chilique da montanha? — perguntou ele.

— Não — respondi.

Ele se aproximou, eu peguei a sua mão, e ele me puxou pra fora da lama.

— Escorregue de bunda — disse ele.

Deslizamos morro abaixo até o pântano coberto de vegetação. A lama chegava à cintura, e eu peguei a minha prancha de surfe com o meu pai e flutuei com ela.

— Bela ideia, Ollestad.

— Onde está sua bagagem? — perguntei.

— Deixei lá em cima — disse ele. — Acho que vou precisar usar só calção a partir de agora.

Chegamos ao outro lado do pântano, e percebi que uma parte da lama secou na nossa pele — tinha parado de chover — e parecíamos criaturas do pântano. Dava para ouvir o mar, e meu pai me deu tapinhas nas costas.

— Vamos batalhar para sair daqui — disse ele.

E me levou para fora da floresta. De repente, nossos pés esmagaram um monte de conchas brancas. Olhei em frente, e as conchas proliferavam como cogumelos por todo o caminho que levava ao mar e depois elas se espalhavam, branqueando a praia.

A água estava azul, assim como o céu. Havia manchas turquesa onde os recifes deixavam de marcar sua presença, permitindo que a areia branca se refletisse através da água. Bem mais longe, um recife maior fazia as ondas se levantarem por toda a parte, como um mar de serpentes batendo em dez de uma vez. Nós dois, criaturas do pântano, continuávamos olhando maravilhados.

Pela primeira e única vez na vida, meu pai se absteve de salientar a beleza de um lugar. Não disse palavra. Nem mesmo sobre surfe. Andou sobre as conchas na ponta dos pés e mergulhou no oceano. A lama deixou um rastro. Ele me disse para cair no mar com as minhas roupas para poder limpá-las. Abri os olhos embaixo d'água, e um peixe amarelo escondeu-se embaixo de um aglomerado de pedras.

Ficamos nus e penduramos as roupas num pé de mamão papaia. O perfume doce da fruta misturou-se com o ar úmido e grudou no meu nariz. Os frutos amarelo-esverdeados pareciam seios grandes, e eu prendi a fragrância do mamão papaia nos pulmões. Tudo fulgurava com cores vibrantes e, ao mesmo tempo, era macio como veludo.

Estávamos deslumbrados, nossa caminhada longa e penosa nos afetando agora. O tempo passava, e a doçura do ar e os tons de azul do céu e da água ressoavam sobre a percussão das ondas se quebrando contra o recife.

Quebrando o encanto, meu pai me perguntou como estava o meu quadril.

— Está melhorando — disse eu.

— Parece mesmo que você se machucou andando de skate.

Parei. Aqui no México a minha mentira parecia uma coisa insignificante.

— Eu estava andando de skate.

— Seu segredo está em segurança aqui no México — disse ele.

Meu rosto se contorceu num sorriso. Eu me senti maluco e aliviado. Desafiei o oceano e gritei, atacando um demônio imaginário. As conchas quebravam-se sob meus pés e mergulhei de cabeça no mar.

Voltei à superfície, e meu pai me deu um olhar enviesado e divertido, e depois dançou em cima das conchas com as bolas balançando. Mergulhou e depois flutuou de costas e ficou olhando o céu. Estava à vontade como uma foca se banhando com uma nadadeira pra cima; ele observava as grandes nuvens brancas grávidas e parecia estar curtindo sua névoa quente.

Nadei para a praia e andei por ela, encontrando umas conchas brancas grossas com buracos. Mostrei-as a meu pai, e concluímos que eram as conchas que os havaianos chamavam de puka. Peguei pelo menos umas cem, guardando-as numa grande concha de haliote.

Meu pai abriu um mamão papaia com os polegares. Nós dois retiramos as sementes pretas escorregadias com uma concha que também nos serviu de colher para pormos a polpa do mamão na boca.

— Exatamente como os índios — disse ele.

Contou-me que eles pescavam com arpões feitos à mão, barcos escavados em troncos e que não tinham TV, nem carros, nem restaurantes.

— Eram uns caras fodas, Ollestad — disse ele.

— Foda quanto?

— Mais que merda de tigre.

— O que é mais foda? Merda de tigre ou mijo de tigre?

— Hummm. Mijo de tigre, talvez.

— É mesmo?
— É. Provavelmente.

Lavamos as pranchas na água salgada e também lavamos a minha mala. Depois eu o segui, quando tomou a direção norte.
— O que acontece quando você ferve até morrer? — perguntei.
— Você desidrata e finalmente morre.
— O que acontece quando você gela até morrer?
— Você fica com frio. Depois você sente calor e dormência. E depois você cai no sono e nunca mais acorda.
— Prefiro morrer congelado.
— Eu também.

Seguimos a restinga que se enganchava no mar. Meu pai olhou para trás na direção do recife grande. Parou e estudou as ondas, e eu fiz de conta que não tinha percebido.
— Pode ficar bom quando o vento se acalmar — disse ele.

Não respondi, e ele se virou e caminhou em torno da restinga. Do outro lado havia uma faixa de areia que terminava onde as grandes rochas negras bordejavam a enseada. Quando chegamos mais perto, vi dois barcos de pesca na areia molhada, balançando como berços. Não eram canoas escavadas em troncos, pensei. Barquinhos a remo muito cheios de redes e baldes e arpões — de metal, não de bambu.
— Olhe — disse o meu pai.

Quase invisível acima de uma sebe de mangues havia uma série de tetos em forma de torre de igreja e cobertos com folhas de coqueiro.

Meu pai sacudiu a cabeça como se não estivesse acreditando, e me dei conta de que tivéramos sorte. Contar com a sorte me deixava nervoso.

Ele seguiu uma trilha formada pelas conchas esmigalhadas.

— Será que devemos simplesmente ir chegando? — perguntei.

Ele abriu as mãos.

— Não sei se temos alternativa — disse ele.

— E se as pessoas que moram aqui não gostarem de estranhos?

— Aí a gente vai embora. Não sofra por causa disso — disse ele.

Pegou na minha mão, e caminhamos em direção aos tetos.

Capítulo 13

Sandra recusava-se a se locomover, e o tapete do chão do avião estava embaixo do meu braço. Sandra precisa de um adulto que lhe dê a ordem de ir para baixo da asa, pensei. Não um menino de 11 anos que ela considera um pirralho. Pus o tapete no chão ao lado dela e engatinhei de volta ao local onde estava o meu pai.

Eu precisava cheirá-lo, sentir sua pele. Não conseguiria fazer muito sem ele — sozinho, eu não poderia mover nem ele, nem a Sandra. Por que ele não havia acordado? Eu devo estar fazendo alguma coisa errada. O que será?

Atravessei a rampa, e navegar pela cortina de gelo afastou todos os outros pensamentos. A neblina estava aumentando, e o vento e a neve pareciam apagar o terreno; tive de apelar para minha memória para localizá-lo — descer alguns centímetros e depois atravessar uns 4,5 metros. Minha atenção cirúrgica manteve todo o ruído mental sob controle. Até eu o encontrar.

Esfreguei o nariz na orelha do meu pai. Fria, mas não congelada. Dei-lhe empurrões com o topo da cabeça, como faria um animal. Ele era um peso morto. Eu não consegui aceitar a ideia de que era fraco demais para carregá-lo até o abrigo.

— Você é pesado demais — disse eu, culpando-o por minha fraqueza.

Meu peito doía de frustração. Pus as mãos no meu rosto. Afastei-me dele. Retirei os dedos de meu rosto. Finalmente abri os olhos. Depois escalei a rampa rastejando e fui na direção de Sandra. Xinguei e amaldiçoei a montanha e a tudo que estava se voltando contra mim — até mesmo Nick sublinhando *minha falta de caráter*, meu *fracasso inevitável* — o tempo todo, até chegar onde ela estava. Nick é cheio de merda, declarei silenciosamente enquanto pegava na mão de Sandra. Ela se afastou de mim. Puxei a fivela do seu cinto de segurança e arrastei-a para fora.

— Vamos lá — disse eu, lembrando do meu pai, da maneira como ele sempre cuidava dela. Era tarefa minha agora.

— O que você está fazendo? — perguntou ela.

Durante um momento, lembrei dela sentada no banquinho de um bar, em Utah, talvez, me dando uma bronca por eu ser um pirralho mimado porque estava insistindo para o meu pai sair daquele boteco chato e descer até a sala de jogos.

Então vi que sua pele perdera o tom bronzeado, que ficara pálida por causa do frio extremo. Ela só está apavorada, concluí.

Pus o tapete atrás do seu banco, esperando que ele não caísse. Enfiei o corpo por baixo de Sandra e coloquei as mãos embaixo de suas elegantes botas de couro.

— Venha comigo — disse eu. — Vamos atravessar a rampa até a asa. Podemos ficar abrigados embaixo dela.

Conversei com ela durante toda a travessia, e ela seguiu minhas instruções. Usei todo o corpo — joelhos, quadris e queixo — para nos levantar da beira do funil.

Meu joelho tocou na beira da trilha primeiro. Guiei as botas de Sandra para a saliência e disse a ela que podia pôr peso em cima dela. Aliviado, descansei por um momento.

— Beleza — disse eu. — Agora vire de lado e tente andar enquanto se inclina sobre a montanha.

O quadril e o ombro de Sandra rasparam na montanha enquanto os saltos das botas afundavam na trilha e seu braço bom a ajudava a se arrastar para cruzar a rampa. A trilha nos poupou muito tempo e energia. Uns dez minutos depois, deslizamos sobre um terreno relativamente uniforme atrás do grande tronco.

— Preciso pegar o tapete — disse eu.

— Não. Não vá embora.

— Volto num instante.

— E se você escorregar?

Grunhi e subi para tentar achar a trilha. Milhões de partículas caíram da saliência como moscas brancas, fazendo o chão parecer elevado. Continuei me arrastando penosamente e encontrei o tapete atrás do banco. Parei, perguntando-me sobre o meu pai. Eu queria senti-lo de novo. Tentei localizá-lo entre as confusas formas cinzentas. Lençóis de flocos brancos choviam sobre mim, e uma rajada de vento pareceu sacudir a montanha.

Preciso me aquecer, disse a mim mesmo.

Afastei-me dele engatinhando. Senti os músculos projetando-se para fora dos meus ombros. Meu corpo parecia já ter se adaptado àquilo que a cabeça não estava disposta a aceitar — que eu estava por minha própria conta e risco.

Capítulo 14

Os cabelos anelados do meu pai tinham secado formando um grande tufo. Fiquei bem atrás dele enquanto ele nos guiava até os tetos de folhas de coqueiro. Eu gostaria que ele estivesse usando uma camisa, ou sapatos. Não só a sunga de surfar.

O caminho estreitou-se entre os mangues e alargou-se até virar uma trilha lamacenta que levava a uma aldeia minúscula. Exceto pelos mangues que faziam a fronteira com a areia, a maior parte da floresta fora derrubada e substituída por caládios, hibiscos e pés de babosa. As cabanas pareciam escolas antiquadas, feitas de folhas de coqueiro, sem janelas, exceto a cabana do fim, que tinha forma de cone e era aberta na parte de baixo, de modo que dava para você se abaixar e entrar nela por qualquer lado.

Mulheres, crianças e velhos aglomeravam-se em volta das duas cabanas do centro. Pararam e ficaram olhando quando nos viram.

Meu pai os chamou. Ninguém se mexeu, exceto uma menininha que acenou para nós. Estava vestida com uma saia esfarrapada. A maioria das mães usava roupas esfarrapadas de todos os estilos e cores. Só os homens mais velhos pareciam uniformes — ponchos finos, calças folgadas de algodão e rostos com rugas profundas.

Ninguém usava calçados. As roupas das mulheres eram enfeitadas com listras douradas e bainhas franzidas, como das dançarinas de Vegas, o tecido particularmente puído e desbotado.

— *Dónde están los hermanos? Los padres?* — perguntou meu pai.

Uma mulher apontou e falou rapidamente em espanhol.

— *Gracias* — disse meu pai.

Atravessamos a trilha lamacenta por cima de um ramo de árvore posto no chão, equilibrando um pé na frente do outro como surfistas caminhando para a ponta da prancha. As crianças olhavam para mim como se eu fosse um marciano com tentáculos verdes.

Meu pai me levou até a cabana mais distante, onde as galinhas em volta de uma pilha de sementes espalharam-se e se esconderam atrás de um cercado para animais. Lá dentro havia porcos. Grandes e gordos e pretos. Atrás da cabana havia uma plantação bem espaçada de tamarineiros. A floresta adensava perto da campina, e havia um estábulo embaixo de um telheiro. Quatro homens cuidavam de quatro cavalos, limpando, pondo ferradura e alimentando os animais. Todos os homens usavam chapéu e botas de caubói. Eu nunca tinha visto cavalos grandes como aqueles no México — só burros. Meu pai acenou para eles, e eles se viraram e ficaram olhando a gente se aproximar, embora nenhum deles tenha interrompido o trabalho.

O mais baixo e o mais moreno do grupo largou seu cavalo e foi se encontrar com meu pai no portão. Usava um bigode como o meu pai, mas era preto. Ele parecia ser mais ou menos da idade do meu pai, mas sua pele morena e oleosa tornava difícil ter certeza.

Meu pai pediu desculpas por não estar usando camisa e apontou para a floresta, e eu reconheci a palavra *auto*. O homem chamou um dos caubóis que estava limpando um cavalo, e ele concordou com um gesto da cabeça, sem parar o serviço nem olhar para nós. O homem voltou-se para o meu pai e fez um gesto na direção das cabanas. Meu pai agradeceu-lhe e fomos embora.

— O que foi que ele disse?
— Estamos com sorte. Eles têm um lugar para a gente dormir.
— Não quero passar a noite aqui.
— Não temos escolha, Ollestad.
— Prefiro dormir na praia.
— Na chuva?
— Talvez não chova.
— Talvez — disse ele. — Do que você está com medo?
— Não sei — disse eu. — Será que não dá para achar um hotel ou algo parecido?

Ele riu. Passamos pelo galinheiro e chegamos à trilha principal. As crianças ficaram olhando para mim de novo.

— É o seu cabelo — disse o meu pai. — Provavelmente eles nunca viram cabelos louros.
— Nunca jamais?
— Provavelmente não.

Havia coisas que eu nunca tinha visto, como Marte ou adolescentes com armas, e nunca imaginei que eu poderia ser uma dessas coisas para alguém.

Pisamos no ramo de árvore e encontramos o caminho que levava à praia. Olhei para trás, e todos ainda estavam ali olhando para nós, sem fazer nada além disso.

Quando chegamos à areia, ele me disse para pegar conchas pukas, e eu peguei. Ele também pegou mais conchas pukas. Depois voltamos para a aldeia. Ele me disse para dar uma das conchas de haliote cheias de pukas para a primeira menina que eu visse. Seria uma forma de agradecer a bondade deles.

Quando atravessamos a barreira de mangues, vimos uma moça montada num cavalo sem sela, do outro lado da trilha, colhendo mamão de um mamoeiro enorme.

— *Buenas tardes* — disse o meu pai.

Ela oscilou por um segundo e depois se reequilibrou. Lançou-lhe um olhar de desprezo, respondeu o cumprimento com um aceno da cabeça e desviou os olhos. Suas mãos continuavam apalpando os mamões. Era uma verdadeira beldade. Cabelos negros, grossos e brilhantes caíam-lhe até o meio das costas. Braços longos, sem pelos e morenos. Sonolentos olhos escuros. Um nariz ligeiramente adunco. Lábios mal-humorados. Uma cicatriz embaixo do olho. Era diferente de todas as moças que eu já vira antes.

— Dê as conchas para ela — ouvi meu pai dizer.

Olhei para ele. Sacudi a cabeça em uma negativa.

— Vamos lá — disse ele. — É só colocá-las no chão.

Eu estava confuso. Depois fiz o que ele estava mandando. Afastamo-nos e eu olhei para trás; ela desaparecera.

Meu pai deu o resto de nossas conchas pukas para a primeira mulher adulta que vimos. Ela era de meia-idade e estava sentada do lado de fora da cabana do centro, supervisionando as coisas. Ela disse *gracias* e não desviou o olhar dos olhos do meu pai como aquela moça. Alguém puxou meu cabelo e me arrancou do meu estupor. Virei-me, e uma menininha estava fugindo aos gritos. Meu pai me disse para deixá-los tocar nele. Fiquei ali imóvel, rígido, e as crianças se aproximaram de mim centímetro a centímetro, como se eu fosse um cão raivoso. Uma das mães espantou-as e falou com meu pai enquanto toda a aldeia nos cercava, olhando para nós. Meu pai parecia impenetrável. Olhei para o chão.

Alguém deu dois lençóis a meu pai, e eu o segui até a cabana de teto cônico lá do fim. A aldeia toda andou conosco e ficou do lado de fora mesmo depois de entrarmos na cabana por uma porta que mais parecia um simples buraco. Meu pai colocou os lençóis no chão e riu. Eu também ri. Era estranho ver todos aqueles olhos espiando pelo buraco.

— A vida glamourosa de um astro do rock — disse ele.

Ficamos atocaiados ali durante muito tempo. Então os *vaqueros* chegaram e dispersaram a multidão. O baixinho de bigode enfiou a cabeça pelo buraco. Meu pai riu do que ele dizia e, de repente, pareciam amigos. Quando o *vaquero* foi embora, uma velha sem pescoço nos trouxe feijão, tortilhas e uma coxa assada.

— É daquelas galinhas lá de fora?

— É.

— Eles comem os porcos também?

— Sim. *Carnitas*.

Pus a coxa de galinha no chão, mas o meu pai me obrigou a dar três mordidas. Quando ele terminou de comer, já estava escuro. Pusemos os pratos perto da porta e tateamos para chegar aos lençóis.

— O que fazemos agora?

— Vamos dormir.

Insisti em ficar perto o suficiente para poder tocá-lo. Havia ruído de insetos e alguns sons que pareciam humanos. Estava tão escuro que não dava para ver a trilha que dava na cabana. Estávamos perdidos na mais completa escuridão, enterrados na orla de uma floresta, e Topanga Beach não parecia mais tão isolada, nem mesmo muito primitiva.

Sonhei com a colhedora de mamão matando um porco antes dos galos me acordarem. Meu pai tinha desaparecido. Levantei-me de um salto, sem saber onde estava. Nuvens esparsas pendiam do lado de fora do buraco de entrada da cabana. A trilha já estava fritando embaixo do violento sol tropical. O suor deixou meu corpo todo pegajoso. Chamei o meu pai. Fui até o buraco de entrada e espiei lá fora. A aldeia estava vazia. Devem ser oito ou nove horas da manhã, pensei. Um fragmento de luz do sol queimava minha bochecha, e eu me perguntei como seria ao meio-dia.

Atravessei os pedaços quebradiços de barro ressecado e procurei o caminho que levava à praia. As nuvens sobre o oceano estavam fragmentadas, formavam o mesmo desenho que o barro seco. Não havia ninguém por ali, e um surto de pânico me fez andar depressa demais sobre as conchas, e elas cortaram os meus pés.

Meu pai estava ajudando a tirar uma rede cheia de peixes de um barquinho de pesca. Dois velhos puxavam de um lado, e meu pai puxava do outro com uma das mãos agarrada ao meio da rede. Os velhos suavam embaixo dos ponchos e chapéus de folha de coqueiro ao lado do meu pai e seu guarda-roupa minimalista que consistia na sua bermuda de surfe.

— Pegue do outro lado — disse ele.

Fechei bem a mão em volta da rede escorregadia. Um peixe agonizante, os olhos abertos parados, olhava bem na minha direção. Pusemos a rede no lado de fora de uma das cabanas do centro. Contei cinco esteiras no chão da cabana, encostadas umas nas outras. Quantas pessoas dormiriam ali?

— Vamos nos molhar — disse o meu pai.

Meu pai estava um pouco à minha frente quando saímos da cabana. Apareceu um grupo de crianças que mais parecia um estouro de boiada. Dei-lhes as costas e segurei bem a minha prancha, e caminhei depressa até a praia. As crianças esmagavam as conchas e olhavam para mim de ambos os lados do caminho. Alguns meninos correram os dedos pela prancha de surfe e dispararam a me fazer perguntas.

— Para surfar — disse eu, fazendo de conta que minha mão era uma prancha surfando uma onda imaginária no ar.

Vi meu pai lá na restinga estudando as ondas, que eram eclipsadas pela ligeira elevação do banco de areia. Seus braços pendiam alegremente dos lados do corpo, a prancha balançando. Ele estava imóvel. Muito bom para surfar, pensei. Merda.

Algumas das crianças perderam o interesse por mim e deixaram-se ficar para trás, e as outras começaram a jogar pedras e conchas no mar. Diminuí minha velocidade e esperava que meu pai desaparecesse lá na restinga. Eu mal estava me mexendo e pensei em simplesmente me sentar no chão. Mas, se ele se virasse e me visse ali fazendo hora, podia ficar puto.

As crianças acharam uma tartaruga, cercaram-na e jogaram pedras nela. Cutucavam-na com uma vara enquanto ela ia trepidando para a segurança do mar. Eu queria gritar com elas, mas a praia era deles, e toda praia era diferente, com suas próprias regras. Então continuei andando.

Havia um cavalo amarrado perto do mamoeiro onde a floresta se encontrava com a praia. Perguntei-me que *vaquero* estaria ali. Quando cheguei perto do meu pai na restinga, vindo pelas suas costas, dei-lhe um susto, e ele ficou aturdido por um momento. A boca abriu como se ele fosse dizer alguma coisa, mas fechou-se um segundo depois. Ele saiu da restinga e foi para a praia.

Pus os meus pés nas suas pegadas e ergui os olhos. Bem na direção do mar, eu a vi — tão distintos aqueles lábios mal-humorados e a cicatriz embaixo do olho. Ela estava deitada de costas, e os seios projetavam-se como frutas maduras, morenos e firmes. O cheiro de mamão estava por toda a parte e, naquele instante, dei a ela o nome de Papaia. Fiquei olhando para ela; meus braços penderam, e eu estava completamente imóvel, uma versão em miniatura do homem que estivera nesse lugar poucos momentos antes. Será que meu pai ficara olhando para ela? Será que ela sabia? Então seus olhos se abriram. Percorreram toda a distância até os cantos, e só então ela me viu.

Ela se levantou de um salto e mergulhou. Nadou perto do fundo branco do oceano, sua cor morena bela como uma trilha de açúcar mascavo. Subiu à tona longe o bastante, de modo que não pude ver seu corpo através da água transparente. Ela pareceu recuperar o fôlego enquanto olhava na direção do recife grande e depois nadou para o mar aberto.

Meu pai estava mais abaixo na praia, e eu vi suas pegadas atrás da camiseta amarela e da saia branca dela. Eu sabia que meu pai ficara olhando para ela, mas não sabia se ela deixou e só depois foi surpreendida por mim, ou se ficara surpresa por haver alguém ali.

Procurei por ela e a vi nadando a meio caminho do recife. Fiquei preocupado com a possibilidade de ela se cansar e se afogar. Imaginei-me remando sobre a prancha e resgatando-a do mar profundo. Ela me agradecia. "Você está em segurança agora, Papaia", diria eu.

Minha adrenalina estava a mil. Então um bando de crianças cercou a restinga, parecia que o negócio da tartaruga tinha terminado, e elas estavam prontas para ir atrás de uma nova curiosidade. Cheio de energia errática, desci trotando para a praia.

Meu pai estava encerando a prancha e misturando areia à cera quando finalmente o alcancei. Ele me observou, e parecia que ambos estávamos hipnotizados, mudos, flutuando em algum espaço estranho.

— Acalmou bem — disse meu pai lançando um olhar para o recife.

— Completamente — disse eu.

As crianças mexicanas devem ter pensado que éramos mesmo dois ETs pela forma como chegamos ali — o calor e o aroma e a moça coagulando-se numa orgia de sensações, e meu pai e eu rindo como dois idiotas bêbados.

Eu estava perto do recife, e meu pai estava atrás de mim por algum motivo. Saindo do transe, percebi que as ondas eram duas vezes o meu tamanho. Sentei-me na prancha. O recife atrapalhava o movimento impetuoso das ondas para a frente, e elas se lançavam para o alto e depois se espalhavam, escavando sua superfície. A crista principal era pontuda como uma flecha e caía cortando como faca, empalando a superfície do oceano. Meu pai veio até mim remando sobre a prancha.

— Tubos perfeitos à esquerda. Vou pirar — disse ele. — Vou pirar mesmo.

Uma veia saltou palpitante do seu bíceps até o ombro, e as sobrancelhas franziram-se sobre o cavalete do nariz como se ele fosse um selvagem preparado para atacar.

Eu me senti ridículo. Aquelas ondas eram grandes e fortes demais para mim.

— Um tubo como aquele vai mudar a sua vida — disse ele.

— Não quero mudar a minha vida — respondi.

Outra onda levantou sua garra maligna.

— Quer ficar olhando um pouco? — perguntou ele.

Pensei no assunto. Um sim significava que depois eu teria de parar de olhar e tentar realmente surfar. Um não significaria que eu estava a fim de surfar agora.

Dei de ombros.

— Vou testar primeiro — disse ele.

Era uma onda de recife, uma rápida combustão de energia que durava uns seis segundos, quase o oposto da longa praia oscilante com fundo de pedra de Baja. A onda do recife dissolvia-se onde quer que a água ficasse profunda de novo, e havia uma abertura no recife — um canal. Meu pai passou por aquela abertura remando em cima da prancha e saiu do recife antes de chegar a seu ponto de partida. No caso improvável de eu me decidir a seguir o exemplo, achei que o canal me protegeria e, uma vez lá, se uma série gigante viesse, eu poderia me refugiar nesse porto seguro.

Meu pai remava à espera da próxima onda. Entrou bem embaixo do pico, e um tumulto de água veio do fundo da onda e chegou à superfície, inchando a crista. A crista pesada dobrou-se sobre o corpo da onda, afastando a prancha do meu pai do arco cobiçado em que o surfista exerce a sua arte, e meu pai ficou grudado na crista. Ele se agarrou às bordas da prancha, levantou-se e inclinou-se para trás. Assim que a crista desmoronou sobre o recife, a ponta de sua prancha ficou livre e meu pai girou na direção do alto-mar. Mal conseguiu evitar ser lançado contra o recife.

Ouvi vozes a distância. Virei-me, e a praia estava fervilhando de crianças torcendo por nós. Atrás delas, a mata escura florescia como se estivesse prestes a devorá-las. Contornando a restinga vinham os *vaqueros* a cavalo. Um dos meninos do vilarejo estava na liderança.

Olhei para a camiseta amarela de Papaia em cima das conchas, mas parece que ela desaparecera. Os *vaqueros* passaram pela areia molhada, e os cavalos afastaram-se das ondas que lambiam a praia.

Os cavalos pararam numa fila perfeita, e suas sombras projetaram-se na areia molhada. Os *vaqueros* olharam para nós e ficaram esperando. Ocorreu-me que eles deviam ter deixado o trabalho que estavam fazendo, qualquer que fosse, por esperarem ver algo extraordinário.

Remei imediatamente para o canal. O canal era seguro. Enganoso, porque parecia estar na linha de fogo, mas só estava fora do alcance da investida raivosa das ondas.

Quando cheguei mais perto, ouvi um gemido vindo do recife. Sem saber de onde o ruído estava vindo, levantei-me. Quando a onda seguinte veio, observei atentamente. Quando ela bateu no recife e recuou, o gemido se fez ouvir. Ao mesmo tempo, a crista ergueu-se, transformando a onda num tubo. Olhei para o grande olho oval aproximando-se rapidamente de mim. Havia alguma coisa cheia de paz dentro do tubo. E então o olho piscou, e a onda explodiu contra o recife.

Lancei um rápido olhar para a praia. Vi os *vaqueros* montados nos cavalos olhando para mim e tive certeza de que sabiam que eu estava me escondendo no canal e que eu era um covarde. Então Papaia apareceu, contornando a restinga a cavalo, e a vergonha foi insuportável.

Para piorar as coisas, meu pai acenou para mim, querendo que fosse para a linha de formação das ondas, onde ele já estava. Esfreguei os olhos, fazendo de conta que estavam com areia. Resolvi simplesmente não levantar os olhos e ficar boiando ali por um tempo. Apesar disso, cada segundo parecia dobrar o peso sobre mim. Senti os *vaqueros* e Papaia olhando, e a pressão só aumentava. Finalmente me venceu, e eu comecei a remar.

A dúvida chegou imediatamente. Senti como se houvesse veneno embaixo da pele, e minha cabeça retiniu. Imaginei até Nick rindo de mim. Ele estava ali ajudando a intensificar a força do veneno.

Ergui os olhos para me situar, para ter certeza de que estava seguindo o canal na direção do alto-mar, o suficiente para passar do local onde as ondas batiam no recife. Justo naquele momento, uma onda grande lançou-se violentamente contra o recife. O medo que ela desencadeou era como um vento de proa. Tentei remar, mas o vento de proa não deixava. Um calor escaldante resultou desse atrito. Vibrei e tossi, e uma brasa soltou-se de repente e me atingiu como um ferro quente. Parei de remar.

Procurei a água clara transparente, tentando reunir coragem. O grande medo estava se espalhando. Cerrei os dentes e imaginei uma bola tóxica batendo como um coração dentro de mim. A bola espalhava seu suco tóxico pelo meu corpo, erodindo minha vontade. Eu odiava o medo mais que tudo, de modo que concentrei todo o meu ódio nessa fonte, esperando levar a melhor sobre ele.

Alimentados com o combustível desse ódio, meus braços remaram de novo. A corrente que contornava o recife e entrava no canal lançou-me para trás. Remei com mais força. Quando consegui passar por uma onda, vi meu pai entrando num tubo. Estava de costas para a onda, e sua prancha serpenteava na base dela, quase corcoveando, e ele se inclinou tanto na curva da base que a mão esquerda roçou a água. Ele não conseguiu endireitar o corpo, então aquelas forças poderosas lançaram sua prancha para o alto na face da onda. Levaram-no até a crista. Por uma fração de segundo, seu corpo ficou no ar e parecia que ele poderia simplesmente pôr o pé na crista e descer caminhando pelo dorso da onda. Em vez disso, a onda lançou-o ao recife. Ele ficou paralelo ao oceano, a prancha atrás dele, e ele caiu do céu de barriga. Ele deslizou, a crista da onda bateu no seu tronco, e a explosão de espuma o escondeu.

Remei sobre a onda logo antes de ela me pegar e fiz um esforço violento para me safar da seguinte. Do outro lado de sua crista, o oceano era uma planície. Prendi a respiração.

Eu estava entorpecido. Em estado de choque. Convencido de que meu pai estava bem, mas que eu nunca conseguiria aguentar aquele tipo de violência. No entanto, naquele momento, eu preferiria morrer a sucumbir à minha covardia.

Percebi que as ondas menores não chegavam às extremidades cobertas de corais e avolumavam-se lá dentro. Com a redução do tamanho, vinha uma redução no peso de tudo em volta. Remei para a zona interna, imperturbável diante do fato de que, se viesse uma série, eu seria massacrado.

Eu tremia com a adrenalina.

— Foda-se o medo — murmurei.

Eu estudava o mar como um felino esperando para saltar sobre a presa. Não demorou para uma onda arrebentar contra a extremidade do recife levantando quase um metro e meio de espuma. Remei para baixo dela, e a traseira da minha prancha inclinou-se muito para trás e, de súbito, eu estava bem na frente das formações brancas e púrpura de coral. Dei um salto e continuei centrado, lutando contra o movimento do meu corpo para a frente.

— Faça força para baixo com o pé de trás — disse a mim mesmo.

A base da onda cavou uma trincheira. Desci como um raio até a base e pressionei o pé de trás, e o bico da prancha levantou uma boa quantidade de água ao sair da trincheira rasgando o mar. As veias retorcidas da água saindo da base deram um choque na prancha e quase me desequilibraram. Inclinei-me bem na direção da onda. Ela se levantava como uma torre sobre mim. A crista escondeu o sol, e a face da onda ficou azul-escura.

Meu cérebro protestou. Uma parede de água está ameaçando desmoronar sobre você. Caia fora.

Uma voz, uma espécie de força sábia, disse-me: "Ela se abre. Ela se enrola. Você vai caber lá dentro."

Impossível. Uma montanha está se agigantando na sua frente, e você está embaixo dela e precisa mergulhar para sair do caminho do mal.

Não. Ela se curva, e você cabe lá dentro.

Automaticamente meus joelhos se aproximaram do peito, e a prancha subiu nos bolsões. Meus olhos se fecharam quando eu entrei no tubo.

O gemido se fez ouvir com um som surdo e prolongado. Abri os olhos. Uma janela oval emoldurava a restinga. As pontas rochosas. Os coqueiros. O gemido sumiu, e a caverna giratória ficou silenciosa. A parede sinistra tinha se curvado e me embrulhado em seu ventre cheio de paz. Eu estava enterrado em uma coisa que poderia me aleijar ou me matar, mas que estava me acariciando agora — eu estava entre o pânico e o êxtase. Tudo essencial, tudo antes invisível explodia e pulsava através de mim. Eu estava ali, naquele espaço fugidio — um mundo onírico de pura felicidade.

A janela mudou de forma e — uau — emergi, e o mundo desabou, ruidoso, brilhante, caótico.

Vi meu pai na linha de formação das ondas. Um sorriso estonteante. Seus olhos fulguravam de amor, e eu me senti como um cavaleiro chegando em casa com o cálice de ouro. Saí pelo dorso da onda.

— Menino Maravilha! — disse ele. — Putzgrila! Que viagem fantástica pelo tubo!

Concordei com um aceno da cabeça, e meus lábios queimaram com o sal. E notei que havia sangue escorrendo pelo tórax dele. Um talho grande nas costas.

— Você está bem? — perguntei.
— Estou ótimo, Ollestad.
— Está sangrando muito.
— Parece pior do que é na verdade.

Lembrei de minha mãe me dizendo a mesma coisa a respeito do seu olho roxo.

— E aí, como foi? — disse ele.
— Bom... — eu procurava palavras, imagens. Consegui captar apenas a sensação: eu nunca me sentira tão bem em toda a minha vida.
— Não sei. Radical — disse eu.

Ele segurou meu olhar como se estivesse em perfeita sintonia com o êxtase que me inundava e reverberava em todas as partes do meu ser.

— Você esteve num lugar que pouca gente deste mundo já entrou algum dia — disse ele. — Um lugar além de todo o absurdo.

Nós nos deixamos levar pela corrente e pensamos no lugar perfeito em que eu estivera, e o oceano ficou muito calmo. Meu pai sangrava na água, e a ameaça de tubarões era negada de alguma forma pela minha viagem no tubo, como se fôssemos invencíveis, porque éramos uma parte de tudo. Olhei em volta e, de repente, esse mundo estranho fez todo o sentido.

Capítulo 15

Sandra se enrolara como uma bola perto da asa, e eu levei um susto quando ela agarrou o meu braço, apertando-o violentamente.

— Ele não pode estar morto — disse ela. — Seu pai não pode estar morto.

Uivei como o lobo que imaginei ser, e sua frase foi rejeitada, cuspida antes que o meu cérebro a absorvesse completamente. Uma camada de couro grosso parecia crescer sobre a minha pele, protegendo-me da neve e do vento e dos maus pensamentos, e eu me agachei e apertei-a mais contra o corpo. Depois deslizei para baixo da asa. Pus o tapete sobre a neve e o prendi na parte dos fundos de nosso abrigo.

— Venha para debaixo da asa — disse eu.

Ela veio engatinhando, e eu engatinhei atrás dela. Ela passou os braços em volta de mim. Dois bichos abraçados em sua caverna.

— Espero que venham nos resgatar — disse ela.

— Durma — disse eu. — Descanse.

— Nós vamos morrer? — perguntou ela.

— Não — respondi, e depois me perguntei se congelaríamos até a morte esperando que alguém viesse nos salvar.

Ficou quente embaixo da asa com Sandra enroscada em mim, e eu caí no sono.

Enquanto sonhava, eu sabia que era o mesmo sonho que tive antes de acordar pela primeira vez depois do acidente. Perguntei-me há quantas horas ele teria acontecido. Ou teria sido há menos de uma hora? No sonho eu flutuava de cabeça para baixo. Meus tênis azuis acima da cabeça. Uma luz branca oval me envolvendo, escuro além de sua extremidade. Por cima do oval, uma luz granulada. Boiei na direção da luz, com os pés indo primeiro, e me perguntando o que estava acontecendo. Calma e lúcida vem a resposta:

— Você está morrendo.

— Ah, estou morrendo — respondo a mim mesmo, assombrado. Algo me puxa para baixo. Não consigo chegar à luz granulada, à porta entreaberta. Duas mãos, duas correntes. Não, uma força em forma de onda lança-se sobre mim, me impede de subir flutuando até a luz granulada.

— Ele pulou em cima de mim — disse eu, e minha voz me acordou do sonho.

Sandra estava abraçada bem forte a mim. Suas mãos estavam muito frias. Virei-me e aconcheguei-me entre seus seios quentes. Imaginei meu pai pulando em cima de mim quando o avião se arrebentou. Ele salvou minha vida e eu encontraria uma forma de salvar a dele. Alimentei essa esperança na minha cabeça, embora uma parte de mim soubesse que era tarde demais. Afundando-me no colo de Sandra, cochilei de novo.

Uma pancada forte e abafada no ar me acordou. Repetiu-se, e eu não consegui descobrir o que era, e ela vinha e ia como as ondas da neblina.

Percebi o relógio de Sandra. Ainda estava funcionando. Pensei na frase de efeito do comercial: "Leva uma pancada e continua funcionando." Olhei bem, e era um Timex. Era quase meio-dia, o ponteiro grande e o pequeno ambos perto do 12, e eu ri.

— O que está acontecendo? — perguntou ela.

— Ainda está funcionando.

— O que vai acontecer conosco, Norman? — disse ela.

Eu não sabia o que responder. Calculei há quanto tempo estávamos ali. Partimos por volta das sete horas. Lembro bem. Passaram-se cinco horas. Que diabos estávamos fazendo? O ruído abafado aproximou-se, e eu o identifiquei. Deslizei de baixo da asa e fiquei de quatro.

— Onde você vai? — perguntou Sandra.

— Ouvi um helicóptero.

A neblina estava se desfazendo, o céu estava salpicado de nuvens escuras nas bordas e as faixas de azul pareciam muito distantes. Tive de sair de baixo do espaço amplo formado pelos ramos do pinheiro. A luz estava mais brilhante agora, e a trilha estava demarcada por causa de minhas duas viagens para lá e para cá, o que me permitiu atravessar a rampa em alta velocidade. O ruído das lâminas tinha se desvanecido de novo, e eu me perguntei se o tinha imaginado.

Pela primeira vez consegui perceber os traços mais amplos da rampa. Como eu havia suposto, sua forma era como a metade de um cano escavado verticalmente na encosta da montanha, precipitando-se por no mínimo uns 20 metros, talvez mais, abaixo das nuvens que recuavam. A rampa congelada era cercada por grandes rochas. As rochas encurralavam-nos, e as árvores projetavam-se das rochas com a neve enchendo os cantos e frestas como argamassa. Um sulco raso e gelado descia reto por um dos lados da rampa — o funil. Compreendi instintivamente que o funil era a linha de queda predominante, em torno da qual nossos esquis gravitariam, o caminho mais direto e arrepiante lá para baixo. Eu não queria saber daquilo hoje.

Subitamente, as hélices ressoaram lá em cima de novo, enchendo a montanha de barulho. Gritei para o céu coberto por cores variadas. O trem de pouso do helicóptero apareceu através da neblina em movimento. Acenei com ambas as mãos e gritei para aquela barriga metálica bem acima de mim. Eu acenava e gritava.

— Ei! Aqui! Ei!

Eu sacudia os braços; gritei tão alto que arranhei minha garganta.

— Bem aqui! Estão me vendo?

O helicóptero pairava sobre o topo das árvores. Seus esquis eram como o corrimão de um trenó que eu podia segurar.

— Bem a tempo — pensei. Meu pai não aguentaria muito mais.

Eu berrava para o helicóptero e continuava agitando os braços.

— Pai, estamos salvos!

O helicóptero inclinou-se para um lado, e eu vi um cara com um capacete, e esperava que ele se comunicasse através do alto-falante. Vou guiá-los até o meu pai, e eles vão descer e levá-lo para um hospital.

Minha adrenalina me fez atravessar a rampa ao encontro do meu pai, e acenei para o helicóptero me seguir. O helicóptero subiu. Eu gemi.

Eu arrastava os pés, com cuidado para não escorregar, e continuava acenando para os caras do helicóptero para lhes mostrar a zona de impacto. Quanto mais eu me aproximava do meu pai, do funil, mais devagar eu tinha de ir. A qualquer momento eu teria de baixar o corpo e abraçar a montanha. Não vou conseguir orientá-los. Assim, parei onde estava. Braços erguidos como um juiz esportivo indicando que a bola tocou o chão por trás do gol do adversário, levei o helicóptero até meu pai.

— Vocês são os melhores, caras. Obrigado. Obrigado.

Então o helicóptero inclinou-se de um lado e afastou-se lentamente de mim.

— Ei! Aqui! Direção errada!

Uma nuvem engoliu as hélices, depois a barriga e os esquis. O ruído abafado foi diminuindo. Depois sumiu.

Que será que aconteceu?

Virei-me para o meu pai, que estava a uns 4,5 metros de distância, do outro lado da rampa.

— Dá para acreditar numa coisa dessas?

Ele estava coberto de neve — uma escultura de gelo.

Minha adrenalina parou de correr e se esvaiu do meu corpo, deixando-me vazio.

Fechei os olhos. Afastei tudo. Engula isso. Foco na próxima etapa. Não se preocupe com o que já aconteceu.

— Eles viram você? — perguntou Sandra.

— Não — respondi.

Ela fez mais perguntas, mas minha atenção estava voltada para algo bem lá embaixo. Estava quase invisível sobre as nuvens amontoadas na rampa. Meus olhos se concentraram numa campina horizontal. A área achatada era pouco natural e improvável nessa paisagem recortada. O fundo redondo de neve brilhava sem árvores, e eu pensei que, se eu conseguisse, seria ótimo. Meus olhos piscaram, devorando o terreno que levava à campina. Como chegar lá?

Sob meus pés, a rampa desaparecia embaixo de um longo lençol de neblina. Várias centenas de metros abaixo, a neblina inclinava-se com a rampa e aparecia um declive com árvores esparsas. Enquanto os meus olhos acompanhavam o declive, as árvores deram lugar a uma borda íngreme e sem vegetação, coberta de neve. Ela se perdia na distância, de modo que não consegui avaliar a sua altura. A neblina tornava difícil acompanhar seus contornos, mas preenchi os espaços. Como se eu fosse água, escorri pelas várias ravinas e barrancos por milhares de metros, até as dobras e saliências da montanha parecerem convergir em uma garganta apertada, encaixada entre dois paredões de pedra corroídos pelo glaciar. Um contraforte maciço projetava-se da garganta. Levaria horas para escalá-lo, e ele parecia íngreme demais, escorregadio demais. Mas talvez a garganta, em vez de terminar naquele contraforte maciço, o envolvesse. Se meu pai e eu fôssemos descer esquiando por aqui, deslizaríamos direto para aquela garganta e encontraríamos um jeito de sair dali.

Foi então que vi um teto. Não estava longe da campina. Vendo-o lá de cima, de alguns quilômetros de distância, quase não acreditei. Meus olhos esforçaram-se para separar a forma despojada e suave feita pelo homem da floresta recortada como os dentes de uma serra. Era realmente um teto.

A floresta em volta do teto era densa, exceto por um sulco que cortava a campina. Era uma espécie de estrada, uma passagem através da floresta densa entre o teto e a campina.

Refiz minha rota para descer até a campina. A rampa, a parte cheia de árvores, a longa borda coberta de neve que serpenteava até chegar à garganta, o contraforte maciço e, depois, a campina horizontal onde poderíamos descansar antes de andar aos tropeções pela floresta até encontrar o abrigo gravaram um mapa na minha cabeça, fixando a campina como o meu norte verdadeiro.

Olhei mais uma vez para o teto para ter certeza. Parece a construção de uma cidade-fantasma, pensei. Podemos nos aquecer lá.

A tempestade engrossava como duas ondas se fechando dos meus dois lados. O descanso terminara. Fardos de neblina arrastavam-se em ambos os lados da rampa e amontoavam-se no meio. Olhei para o teto. A Mãe Natureza batia sua varinha de condão, e o teto transformava-se num vapor e, de repente, era difícil acreditar que ele estava lá.

— Eles vão voltar? — perguntou Sandra.

O barulho do helicóptero desaparecera há muito tempo.

— Não sei — disse eu.

Ouvi suas lamúrias lá embaixo da asa. A asa e o tronco recuavam atrás da neblina. Sua voz se perdeu no vento. Fiquei de quatro e olhei para minhas mãos, o ar úmido grudava nelas, e dava para senti-lo no rosto. Tive um calafrio por baixo de meu suéter que desceu até as meias, e a umidade pareceu morder minha pele. A tempestade, cada vez pior, era escura e raivosa. Eu estava a um metro e meio da asa quando finalmente a vi de novo.

— Vi uma cabana — disse eu.

— Eles vão vir nos buscar — disse ela.

Apertei-me contra ela. A neve amontoava-se rápido além da ponta da asa, e eu imaginei a trilha batida na direção do meu pai evaporando-se, apagada pelo vento e pela neve. Enfiei as mãos na concha das axilas. Olhei para baixo para ter certeza de que estavam lá, porque não conseguia senti-las. A ponta do meu nariz ardeu, e minha testa doía como quando eu mergulhava por baixo de uma onda gelada no inverno de Topanga.

Virei as costas para o frio e enterrei o rosto no pescoço de Sandra. Devíamos esperar ali para a eventualidade de eles voltarem? Ou devíamos ir embora?

Capítulo 16

Na aldeia, tomamos água e leite de coco e comemos bananas e mais galinha. Dessa vez, mordi a carne até o osso. Uma senhora passou babosa na ferida do meu pai, e ele lhe agradeceu. Devoramos tudo o que eles nos deram e agradecemos aos moradores do vilarejo; depois, fomos para a nossa cabana nos esconder do sol.

— Eu bem que faria uma *siesta* — disse o meu pai.

— Eu também — disse eu.

Deitamos em cima dos nossos lençóis, e eu senti o sal nas costas e a crosta de sal nas pestanas.

— De onde exatamente vêm as ondas? — perguntei.

Ele olhou para o cone escuro bem em cima de nós.

— Das tempestades. Do vento.

— Mas como eles formam uma onda?

— A tempestade gera pressão no oceano. Meio que mergulha nele — disse meu pai. — O vento é muito forte. Violento. E se lança sobre o mar. Empurrando as ondas para fora.

— E elas viajam pelo oceano?

— Viajam.

— As ondas são uma parte da tempestade?
— Isso mesmo, Ollestad.
Ele se virou, e a luz que se filtrava pela abertura da porta banhou o seu rosto. Olhamos um para o outro, detendo-nos na beleza da tempestade.

Fomos convidados para uma reunião da aldeia naquela noite. Agora as crianças olhavam para mim de outro jeito. E se sentaram perto de mim sem me agarrar, nem me bombardear com perguntas. Sentamos em esteiras num grande círculo em volta do fogo com caldeirões sobre ele, e mexiam nos caldeirões com pedaços de pau. Todos os *vaqueros* conversavam com meu pai agora, não só o de bigode. Eu sabia que meu pai estava descrevendo a forma de pegar uma onda arrebentando e o interior do tubo. Eles continuavam a fazer perguntas sem parar, e ele parecia não entender. Então ele disse "Ah!", e olhou para o fogo e pensou na maneira de dizer o que queria dizer. Sacudiu a cabeça negativamente. Virou-se para os *vaqueros*, e todo mundo parou de se mexer ou de falar. Papaia apareceu com sua camiseta amarela e saia branca, limpa e brilhante. Sentou-se entre dois velhos, e seus olhos negros estavam cravados em meu pai.

E então ela falou com ele, dando-me um susto.
Ele respondeu:
— *Posible.*
Um dos *vaqueros* mudou desconfortavelmente de posição, e meu pai e Papaia viraram-se e começaram a falar com a pessoa mais próxima deles.
Mais tarde, quando estávamos comendo, sussurrei para o meu pai:
— O que eles estavam te perguntando?

— Queriam saber como é dentro da onda.

— O que você disse?

— Só descrevi o que vejo. Mas não é o que eles queriam saber.

— E o que eles queriam saber?

— Queriam saber se eu tinha visto um outro mundo. Espíritos e coisas assim.

Pensei comigo mesmo que, do lado de fora, devíamos parecer um cometa caindo na dobra da onda.

— A moça foi quem se expressou melhor — sussurrou o meu pai.

— O que ela disse?

— Ela disse que era uma porta para o céu.

— Ah, é! — disse eu. — Você não acha?

— Eu estava no céu, então acredito que sim — disse meu pai.

O recife afiado como lâmina me passou pela mente como um raio.

— Mas você poderia ser esmagado e virar picadinho — disse eu. — Talvez até mesmo morrer.

— É a vida, Ollestad.

Virei-me e olhei para as chamas. Coisas belas às vezes se misturam com coisas traiçoeiras, podiam até acontecer ao mesmo tempo, ou uma podia levar à outra, pensei.

Comemos peixe, e Papaia continuava olhando para mim. Seus olhos negros eram impossíveis de interpretar. Eu não saberia dizer se ela estava sentindo prazer ou raiva. Ela disse algo a um dos velhos, e eles se viraram e também olharam para mim. Eu continuava jogando o feijão no estômago, e tinha esperanças de que ela conversasse comigo. Se não hoje à noite, então amanhã, e talvez, como era mais velha, ela me beijasse, e eu não precisaria beijá-la.

E então o *vaquero* mais jovem disse-lhe alguma coisa, e ela começou a conversar com ele.

— Vamos pra cama, Ollestad — disse o meu pai.

Agradecemos a todos e fomos para nossa cabana.

— Estou me perguntando como ela se chama — disse eu meio dormindo.

— Quem?

— A moça bonita.

Estava escuro, mas eu sabia que o olhar dele insinuava alguma coisa. Merda, por que eu disse bonita?

— Esperanza — disse ele.

— Como você sabe?

— Uma das velhas senhoras me disse.

— Onde está a família dela?

— A mãe e o pai morreram, os dois.

— Como?

— Acho que de doença.

Surfamos sob nuvens gordas ao amanhecer. As ondas estavam menores, e eu peguei um monte de tubos rápidos. A cada um, a sensação de purificação aumentava.

Meu pai foi examinar a caminhonete com o *vaquero* mais velho e o mais jovem. Eu pus chinelos e me mandei com um bando de crianças. Elas capturaram um iguana enorme, e nós o rebocamos com um cipó em volta do pescoço; ele às vezes tentava fugir, debatendo-se para se ver livre do cipó. Elas me mostraram uma caverna, e vimos os morcegos pendurados de cabeça para baixo, dormindo. Imitaram a forma como os morcegos atacavam as vacas e lhes sugavam o sangue.

Quando todas as crianças foram fazer a *siesta*, fui descansar em meu lençol e também caí no sono.

* * *

Depois que meu pai me acordou e me obrigou a tomar água, notei que havia um entalhe na capa do violão. Meu pai me viu olhando e abriu-o. Tirou o violão e ouvimos um tinido no cabeçote. Pensei no tiro.

Ele dedilhou o violão, disse que ainda tocava, largou o instrumento e disse que ia remar. Eu estava cansado, e o sol estava alto, então fiquei na cabana.

Eu continuava pensando em Esperanza, de mãos dadas com ela, beijando-a. Mas meu prazer foi cortado pela raiz pelo desejo de ir embora. Eu queria chegar na casa dos meus avós, ou voltar para a minha. Os desejos contraditórios me ataram a um mau humor doentio.

Meu pai voltou com um sorriso de orelha a orelha.

— O velho caubói Ernesto foi à cidade procurar um mecânico — disse ele. — Logo vai estar de volta. E talvez amanhã a caminhonete seja consertada.

— Por que você não sabe consertar automóveis? — perguntei.

— Nunca me interessei por esse tipo de coisa — respondeu ele.

— Bom, ainda pode aprender.

Ele riu.

— Devia — disse eu.

— Pense em todas as coisas boas, Ollestad. Elas vão fazer você se sentir melhor.

Quando chegamos para jantar, Ernesto estava sentado ao pé do fogo, ao lado de sua mulher e de três crianças. Parecia preocupado ou chateado. Meu pai falou com ele, e ele respondeu com frases breves e lacônicas. Meu pai foi até a nossa cabana e voltou com algumas cédulas, pesos. Ernesto recusou-os, e meu pai os deixou cair numa tigela de barro vazia. Ernesto falou com sua mulher, e ela tirou o dinheiro da tigela e saiu da cabana, e depois voltou de mãos vazias. Meu pai abriu as mãos.

— *Lo siento* — disse ele.

Ninguém falou em volta do fogo. Os velhos passavam as tigelas. Meu pai me passou uma delas, e ela cheirava a carne de porco. Pensei nos porcos que andavam por ali. Mas estava com tanta fome que comi assim mesmo.

Esperanza apareceu, vinda da cabana do centro, e sentou-se entre os velhos e comeu. Seus cabelos estavam trançados e, sem a vasta juba em volta do seu rosto, os olhos pareciam grandes como nozes. Sua beleza realçava-se na noite. Como se não combinasse com os habitantes humildes do vilarejo, as dificuldades e o silêncio deles. Ela parecia destinada a uma outra coisa. À luz do fogo, sua beleza parecia perigosa. Inalei seu aroma doce. "Você sempre vai ser Papaia para mim."

Ernesto e os outros *vaqueros* terminaram primeiro e saíram para a cabana principal com uma lanterna. Meu pai olhou repetidamente para a cabana iluminada pela lanterna. E então Ernesto saiu e olhou para o meu pai. Meu pai se levantou e foi até ele. Conversaram em voz baixa. Meu pai concordou com um aceno de cabeça. Ernesto também. Depois ele voltou para a cabana,

Meu pai sentou-se a meu lado com uma expressão preocupada.

— O que foi, pai?

— Estão preocupados com a possibilidade dos *federales* descobrirem que eles nos ajudaram.

— Como ficaram sabendo dos *federales*?

— Na cidade, acho.

— Pensei que você tinha dito que os *federales* nunca nos encontrariam.
— Não vão encontrar. Não enquanto estivermos aqui. Mas depois. Eles podem imaginar o que aconteceu e hostilizar todos eles.
— Eles estão com raiva? — perguntei.
— Estão.
— Foi por isso que você tentou lhes dar dinheiro?
Ele concordou com um aceno de cabeça.
— Pensei que eles só quisessem dinheiro.
— Não esse tipo de gente.
Ele esfregou as palmas das mãos. Ele só fazia isso quando estava realmente concentrado. Fiquei com medo.
Ele viu o medo no meu rosto e pôs os braços em volta dos meus ombros e sorriu.
— Ollestad. Está tudo bem. *No problema*.
— O que a gente vai fazer?
Vi Papaia olhando para mim e me dei conta do quanto eu parecia aflito, prestes a chorar. Enterrei meu rosto no braço.
— Amanhã, vamos embora — disse o meu pai. — Antes de você se dar conta, a gente vai estar em Vallarta com a vovó e o vovô, surfando em Sayulita. Numa boa.
Meu rosto continuava enterrado no braço, e eu estava sacudindo a cabeça violentamente de um lado para o outro. Ele esfregou minhas costas, e meu pavor transformou-se em raiva. Não só poderíamos ser expulsos da aldeia e sabe Deus o que mais — acabar morrendo de fome numa cadeia mexicana —, como eu tinha estragado tudo o que conseguira com Papaia desabando na frente dela.
Todos os olhos estavam em nós, por isso me controlei. Sentei-me direito e respirei serenamente. Meu pai me passou um coco. Eu bebi a água porque queria ser educado, como se aquilo tor-

nasse nossa situação agradável. Meu pai se levantou e disse que voltaria logo.

Papaia recolheu as tigelas das crianças, e eu evitei encará-la. Ninguém falou, e havia melancolia em volta do fogo. Os *vaqueros* saíram da cabana, e todos eles tomaram água de coco, como era seu costume.

Então meu pai apareceu com o violão. Fiquei irado. Como ele podia ser burro a ponto de acreditar que eles queriam ouvi-lo tocar e cantar? O gringo mentiroso! Ele se sentou, acomodando o violão entre as coxas e inclinando-se sobre o instrumento enquanto dedilhava um flamenco. Meu braço se ergueu para impedi-lo, mas parecia uma traição, e acabei só socando o ar. Meu pai começou a cantar em espanhol, e Ernesto fixou os olhos e estudou os dedos do meu pai. Eu olhava para a terra cor-de-rosa iluminada pelo fogo e esperava que aquilo terminasse logo.

A música chegou a um final nervoso. Silêncio total. Meu constrangimento aumentou ainda mais com a piscadela do meu pai. Os *vaqueros* pareciam estar fartos daquilo. Eu estava pronto para sair correndo e olhei para meu pai à espera de um sinal.

Impassível, ele se curvou sobre o violão e começou a dedilhá-lo outra vez.

— Pai — implorei.

Ele me ignorou e continuou cantando.

Cheguei mais perto.

— Pai...

Ele fechou os olhos e continuou cantando em espanhol. Só então vi Papaia olhando para o ombro e o pescoço do meu pai. Gotas de suor brotavam de sua pele e faiscavam à luz do fogo. Ela deslizou o olhar semicerrado em direção ao fogo, como se estivesse olhando para lá o tempo todo. Meu pai estava distraído e cantava com uma voz retumbante, e eu olhei bem para ter certeza de que os *vaqueros* não estavam se aproximando. Um dos velhos juntou-se à música, e o *vaquero* mais jovem pareceu desconcertado.

No fim da música, todos — menos os *vaqueros* — bateram palmas. Eu estava perplexo com o que testemunhei — meu pai pegara a única coisa que tinha, um violão, e com ele abriu o caminho em meio à adversidade. Fiquei maravilhado com sua espontaneidade, com sua elegância sob pressão, o modo como transformou a situação — sombria e irreversível — em beleza.

Meu pai cantou mais algumas músicas e, perto do final da última, ele se levantou e saiu rumo à nossa cabana, a música se desvanecendo com ele. Quando ele disse *Buenas noches*, eu me levantei e fui atrás dele.

Deitamos em nossos lençóis.

— Está tudo bem agora? — perguntei.

— Está — disse ele.

O ciúme me pegou de surpresa. Por mais encantado que eu estivesse com meu pai, de repente tive vontade de lhe dizer que Papaia estava entediada — ignorou seus dedos tocando as cordas, seus belos versos em espanhol, o suor de sua pele.

— O quê? — perguntou ele.

— Eu não falei nada — disse eu com tanta amargura que o levou a me perguntar se eu estava me sentindo bem.

Rolei para longe dele sem responder. Eu não sabia fazer as coisas incríveis que ele fazia. Eu nunca poderia ter Papaia. Por um instante, perguntei-me se aquele era o verdadeiro motivo pelo qual os habitantes da aldeia estavam putos, por ele ter feito alguma coisa com Papaia. Imagine ser tão habilidoso, tão carismático, que não haveria nada que alguém pudesse fazer melhor que você. Rolei para mais longe ainda e dormi no chão.

Ao amanhecer, saímos para surfar, e estava perfeito. As ondas eram pequenas demais para meu pai, mas ele não se importava e surfava assim mesmo. Ele nunca fica chateado com as coisas como eu fico, pensei enquanto boiávamos em cima das pranchas à espera de uma série de ondas. Ele sempre acha alguma coisa legal, algum pequeno tesouro. É por isso que todo mundo — inclusive as mulheres — gosta dele.

Eu fui atrás do meu pai no cavalo. Ele carregava o violão numa das mãos, e eu carregava minha mala. Seguimos Ernesto ao longo da trilha. Toda a lama secara em placas, enterrando as plantas menores aqui e ali, e eu pensei que fomos realmente fortes — em vez de sortudos — por conseguirmos passar por ali em meio à tempestade. Depois de cinco minutos sacudindo em cima do cavalo, parecia que a mala arrancaria meu braço da articulação do ombro. Pensei no meu pai sempre vendo a beleza das coisas e, em vez de me queixar, eu disse:
— Uau. Tantos tons de verde na floresta.
Meu pai se virou e me lançou um olhar rápido, mais curioso que impressionado.
A lona secou toda enrugada. A lama cobria todas as quatro rodas da caminhonete, e o chassi estava completamente afundado na terra. A protuberância da máquina de lavar me fez perceber que eu esquecera completamente a causa original de nossa viagem ao México.
Ernesto amarrou os cavalos ao para-choque. Meu pai pôs a caminhonete em ponto morto, e Ernesto comandava os cavalos. Seus pescoços longos impulsionavam os corpos para a frente. Rau.

Rau. Quando as rodas rangeram ao se soltar, cuspiram pedaços de barro pela trilha. Rô. Rô. Os cavalos andaram para trás e bateram os pés no chão.

O mecânico apareceu, descendo pela trilha com uma caixa de ferramentas e um pé de cabra.

— Para que isso? — perguntei, apontando para o pé de cabra.

— Não sei — respondeu o meu pai.

O mecânico usava uma camisa com colarinho, calças jeans e sandálias, e, ao falar com Ernesto, meu pai ouvia-o. O mecânico enfiou-se embaixo da caminhonete e começou a trabalhar. Bateu no chassi com o pé de cabra, e bolos de lama foram lançados para fora da parte de baixo do veículo. Meu pai passava as ferramentas para o mecânico e as pegava de volta. De tempos em tempos, Ernesto subia a trilha para examinar a rodovia, preocupado com os *federales*, pensei eu. Eu espantava os mosquitos e tive o cuidado de não me queixar.

Uma hora depois, meu pai deu a partida na caminhonete e fez com que ela andasse alguns metros para a frente; depois, desligou o motor e saiu. Contou várias cédulas, e o mecânico pegou-as sem dizer nada, e foi embora. Meu pai pôs o violão e a minha mala na cabine e trancou a porta. Ajudou-me a montar no cavalo e seguimos Ernesto de volta à aldeia.

Começou a chover no final da tarde, e meu pai foi conversar com Ernesto sobre antecipar ou adiar nossa saída. Perguntei-me onde estaria Papaia e andei na trilha de terra de um lado para o outro dizendo *Adiós* às crianças e às suas mães, o tempo todo procurando Papaia.

Meu pai voltou a cavalo, guiado pelo *vaquero* mais jovem. Entreguei as pranchas para o meu pai, e ele as colocou no colo.

Pus o pé no estribo, e ele me ajudou a montar. Ele acenou e agradeceu a todos, e todos acenaram também, sem falar. Eu acenei e esperava ver Papaia. *Nada.* Trotamos para a selva, e algo apertou meu coração. Perguntei-me se o meu pai se despedira dela secretamente.

A chuva era persistente e fina, e o chão começava a amolecer quando chegamos à caminhonete. Meu pai falou com o *vaquero*, e ele esperou enquanto meu pai dava a partida e andava para a frente. Os pneus só fizeram uma pequena depressão no terreno. A tração estava perfeita. Meu pai agradeceu ao *vaquero*, que chegou a sorrir e apertar a mão do meu pai. Depois, o cavalo do meu pai seguiu o *vaquero* numa curva da trilha.

— Temos de esperar escurecer. Certo? — perguntei.
— Certo.

Ficamos ali de pé, e ele me deu água; tomei-a fazendo barulho. Meu pai enterrou o pé na terra mole. Ali surgiu furtivamente a ideia de que, se a chuva ficasse muito mais forte, poderíamos ficar atolados de novo e, mesmo que conseguíssemos entrar na rodovia, seria difícil enxergar. Então sua cabeça se mexeu como se ele se lembrasse de alguma coisa. Pôs a mão no bolso.

— Ela fez isso pra você.

Ele me entregou um colar de pukas. Eu o fiz passar pela cabeça. As conchas estavam geladas em contato com minha nuca.

Ficamos ali de pé embaixo da garoa e deixamos a neblina cobrir nosso rosto.

Saímos da floresta de ré e subimos no acostamento com um solavanco para pegar a rodovia e além dos feixes de luz dos faróis só havia breu e uma forte chuva. Meu pai desceu a janela e pôs a cabeça para fora, e fomos andando bem devagar. Na primeira curva fechada da estrada, a chuva cortante assumiu a forma de uma barreira, e eu engoli em seco quando meu pai freou.

— Putz grila, Ollestad!

— Sinto muito.

Passamos por uma cidadezinha lúgubre feita de chapas de metal ondulado. Uma hora se passou, e não havia nada, exceto as bordas da floresta e a chuva caindo na estrada. Eu finalmente relaxei.

Passamos a noite em Sayulita, dormindo na caminhonete. Quando o sol nasceu, entramos em Vallarta, e meu pai ficou um pouco tenso. Ele se abaixou no banco, os olhos iam rapidamente de um lado para o outro. Fingi que não notei. A caminhonete trepidou nas pedras do calçamento, e foi estranho ver edifícios de cimento, um estádio de futebol, igrejas e lojas. Atravessamos a ponte, e eu sabia que estávamos perto.

Meu pai pegou a estrada íngreme que levava à casa de meus avós. A casa ficava na encosta do morro, beirando a baía de Vallarta. Estacionamos na frente da garagem aberta onde a placa CASA DOS NORMAN estava parafusada na parede de pedra. Meu pai olhou para mim. Torceu os lábios para um lado.

— Bom, foi uma viagem e tanto, não foi? — disse ele.

Concordei com um aceno da cabeça.

— Talvez a gente não deva assustar a vovó e o vovô, sabe? — acrescentou ele.

Deu um tapinha na minha perna. Olhou pelo retrovisor e escovou o bigode com os dedos. Ele não fazia a barba há dias, e os pelos tinham crescido, os brancos aparecendo.

— Você está com uns fios louros de surfista — disse eu, achando incrivelmente inteligente repetir para ele uma de suas piadas.

Ele sorriu, e então a vovó saiu da casa

Houve muitos beijos e abraços, e ela entrou em êxtase quando soube da nova máquina de lavar. Meu pai disse *no problema* e conversou sobre minhas viagens fantásticas nos tubos. A vovó respirou fundo, pôs a mão no peito e ficou na ponta dos pés.

— Ai, meu Deus — disse ela.

O vovô chegou em casa e beijou todos nós, e ele e meu pai carregaram a máquina de lavar, subindo alguns degraus com ela, grunhindo e gemendo até colocarem a máquina no deque em cima da garagem, e o vovô a ligou. O vovô sabia consertar coisas porque trabalhara como técnico de telefonia. Conseguia subir num poste mais depressa que qualquer outro da sua unidade, só perdendo um dia de trabalho em 30 anos. Pensar nele trabalhando em cima do poste me fez lembrar que ele dançava muito bem, como meu pai. Foi assim que ele conquistou a vovó depois que o primeiro marido dela a abandonou com duas crianças, o tio Joe e a tia Charlotte. O vovô estava disposto a assumir uma família já formada, o que era raro naquele tempo, dizia a vovó. Aí meu pai nasceu e, por fim, sua irmã, a tia Kristina.

Todos nós fomos nadar e, depois do jantar, jogamos cartas. A vovó me perguntou sobre o colar de conchas pukas. O que havia acontecido já parecia um sonho de uma época remota.

— Encontrei as conchas no lugar em que peguei as tubulares — disse eu. — Uma pessoa fez o colar pra mim.

— Parecem ser pessoas maravilhosas — disse ela. — É o México.

A sobremesa foi maçãs trazidas da Califórnia por uma das muitas visitas que meus avós recebiam todo mês. Meu pai mordeu um bicho, e a vovó ficou empolgada.

— Que ótimo, Norie. Agora temos certeza de que são orgânicas — disse ela.

Depois do jogo de baralho, a vovó escreveu o *Mexico Report*, uma atualização mensal que ela mandava para a família toda. Mas Bob Barrow e minha mãe disseram que as cartas ocasionais do vovô provavam que ele é quem devia redigir as atualizações, e Al disse que as cartas do vovô o faziam lembrar do Hemingway.

Foi um verdadeiro luxo dormir num colchão macio aquela noite. Dormi num quarto separado, ouvindo os insetos zumbirem e os animais andando por ali, e não senti medo nenhum.

Meu pai me fez um agrado especial. Fomos ao aeroporto no dia seguinte, e Chris Rolloff, o amigo com quem eu surfava em Topanga, desceu do avião.

— Você comprou uma passagem para ele? — perguntei.

— Bom, você disse que sentia falta dos seus amigos...

O vovô e meu pai levaram a gente para surfar todos os dias no jipe laranja do vovô. Em Sayulita, o vovô pediu ostras no único restaurante do lugarejo enquanto encerávamos as pranchas. O garçom anotou o pedido, tirou a camisa e depois levou seu barco para a restinga rochosa. Quando voltamos do surfe, as ostras estavam esperando por nós embaixo da *palapa*.

Finalmente ter um amigo meu para surfar e andar por ali, em vez do meu pai, foi uma amostra do que era puro prazer. Não havia ninguém pressionando por mais. Eu adorava quando Rolloff e eu ficávamos por ali, às vezes deixando ondas boas passarem batido enquanto a gente criava nosso próprio dialeto de surfe, como *puxão-mondo* e *bola de pelos* — McGulifofo.

Um dia, fomos de burro até uma cachoeira, e nós quatro fizemos uma aposta para ver quem conseguiria nadar embaixo da cachoeira e voltar mais depressa. Era complicado, porque a corrente tentava te arrastar para as rochas e jogar você nas corredeiras logo abaixo de nossa piscina. Depois que meu pai e meu avô deixaram a gente ganhar a aposta, declarando um empate, meu pai mergulhou de cima da cachoeira. Eu seria capaz de jurar que Rolloff achava o meu pai o cara mais sensacional do mundo, o que me deixou orgulhoso. Pena que só durou uma semana, pensei, quando Rolloff pegou o avião de volta pra casa.

Capítulo 17

Acima do local do desastre era possível ver Sandra e eu embaixo da asa do avião. Nós dois nos fundíramos. Um amontoado de gelo. Cabelos congelados. Lábios azuis. Levei um tempo para entender que estava sonhando. Tinha a sensação de estar nadando e nadando e nadando. Sem nunca chegar à superfície. Ficando sem oxigênio. Uma última golfada de ar ficou presa na minha garganta.

Cedendo à água quente, afundei. Uma pedra pousando suavemente num fundo acolchoado. Seguro. Confortável. Quente, por fim.

Assistia a tudo como se estivesse fora do meu corpo e finalmente compreendi que precisava acordar.

— Mexa o braço, levante a cabeça — disse a mim mesmo. Apelei com toda a minha força, mas não adiantou. Em vez de me levantar, eu me atolava em bolhas de cola. Bêbado e incapaz de coordenar os músculos. O fundo, macio como pluma, era irresistível. Aconchegante e convidativo.

— Não. Levante — insisti.

Resisti. Meus lábios estalaram ao se abrir, depois se fecharam de novo sob a pressão.

Agora meus dedos estavam se mexendo. Ou talvez fosse só imaginação — um sonho dentro de um sonho dentro de um sonho. Não, eles estavam se mexendo. Um empuxo de êxtase lançou-me para o fundo de uma caverna aquecida. Combati o sono sedutor tentando mexer os dedos de novo.

Uma lasquinha do olho se abriu. Luz. Branco. Frio. Mas o calor lúgubre me envolveu mais uma vez. Ummm. Boa-noite.

Ordenei a meus dedos que se abrissem. Um forçado. Cotovelo reto, sem dobrar. Cotovelo sem dobrar. Sem dobrar!

Meu braço estava se levantando. Mas ia bater na asa. Do meu poleiro alto, vejo que estou só sonhando com isso.

— Levante — insisti. — Soque a asa.

Meus dedos bateram no metal.

Abra as pálpebras. Use alguma coisa. Usei os músculos da barriga. Os músculos da testa.

As pálpebras abriram-se, e minha mão bateu no teto de metal. Estava tudo borrado, e eu investi na direção da luz. Não feche a porra dos olhos, Ollestad.

Meu corpo girou como que puxado por um saca-rolha, como se estivesse se espremendo para sair. Eu estava na neve. Minhas pálpebras bateram e se livraram das últimas teias do sono. Vi a neve, a árvore, a asa. Estava mais escuro agora, o que aumentou o meu pânico — já passamos do meio-dia, depois é noite; aí, sem chance.

O horror de sonhar com minha morte melhorou o meu foco, permitindo que o corpo dobrado do meu pai, os miolos gotejantes do piloto e a ferida na testa de Sandra me assustassem. Eu queria rolar de volta para baixo da asa e desejar boa-noite a esse inferno cruel.

— Você tem de brigar, Ollestad — retumbou uma voz. — Continue se mexendo.

Gritei embaixo da asa.

— Levanta!

Sandra não se mexeu.

Fui para baixo da asa e a sacudi violentamente.

— Levanta! Você não pode dormir.

— Norman?

— Levanta.

— Estou cansada, Norman. Muito cansada.

— Eu sei, mas não pode dormir. Meu pai disse que, quando você morre congelado, sente calor e depois cai no sono e nunca mais acorda.

Sua cabeça se moveu na minha direção, e eu vi que ela estava de olhos arregalados. Estava olhando para mim, mas focada em alguma outra coisa.

— O Norman está morto — disse ela.

Os maus pensamentos tentaram me pegar. Abaixei a cabeça e arqueei os ombros.

— Temos de ir agora — disse eu.

— Eles estão vindo?

— Eles não estão vindo.

Ela olhou para mim. Estudei a ferida aberta num lado da sua testa, na linha dos cabelos, seu ombro deslocado fazia o braço pender como um galho parcialmente cortado. Ela recuou para baixo da asa, como se quisesse se esconder de mim. Seus olhos turvaram-se e seu rosto parecia o de uma caveira.

— Sandra. Temos de ir — disse eu.

— Não.

— Eu vou — disse eu.

— Você não pode me deixar aqui.

— Então venha comigo.

Esperei. Avaliei a situação. Tempestade de neve. Agora deve haver uma camada de neve fresca sobre o gelo. Vai ser muito difícil dizer onde está a neve mais *agarrável*. Merda. Como vamos nos segurar? Principalmente Sandra.

Levantei-me e toquei os galhos que nos serviam de abrigo. Alguns eram mais rijos que outros. Quebrei os dois mais longos e fortes e arranquei tantos ramos e espinhos quanto consegui. Minhas mãos estavam congeladas de novo, e meus movimentos eram desajeitados.

— Precisamos ir agora — gritei para ela.

Ajoelhei-me para olhar embaixo da asa. Ela estava toda contorcida, o braço bom servindo de remo, como um pássaro batendo as asas no chão e arrastando um membro quebrado.

Sandra saiu debaixo da asa. Os olhos descansaram nas órbitas, e a pele em volta deles franziu-se, tentando compor a paisagem.

— Está gelado — disse eu. — Use isso como um machado no gelo. Tá bem?

Dei o exemplo batendo com um dos galhos fortes na neve e dando um puxão.

— Não consigo mexer os braços — disse ela.

— Use aquele braço.

Passei-lhe um dos galhos mais rijos. Ela o pegou e levou até o rosto como um bebê avaliando um brinquedo que não entende.

— Vou entrar embaixo de você. Você tem de me usar como degrau — disse eu. — Fique bem em cima de mim para eu não deixar você deslizar. Certo?

— Puta que pariu.

— Certo?

— Seu rosto está cortado — disse ela.

Toquei o rosto. Tateei todo ele. Fios de sangue congelado em cima de um talho no queixo. Outro talho na bochecha.

— Não está sangrando — disse eu.
— Eu estou bem? — perguntou ela.
— Está ótima. Vamos nessa.

Capítulo 18

Meu pai e eu pegamos a balsa diretamente de Puerto Vallarta a La Paz, evitando qualquer chance de topar de novo com aqueles *federales*. De La Paz, pegamos a rodovia Baja em direção ao norte, de volta pra casa. Em Tijuana, fomos a uma tourada. Torci pelo touro.

Passamos a noite num hotel de San Diego e, na manhã seguinte, meu pai me acordou e estávamos na frente da casa da minha mãe, na praia de Topanga Beach. Ele abriu a porta para a calçada lateral, e eu ouvi os ruídos de Nick vindo pelo corredor. Meu pai bateu na porta corrediça de vidro.

— Ei, ei — disse a minha mãe enquanto abria a porta. — É a Dupla Dinâmica.

Espiei lá dentro. Ela se abaixou e me beijou.

— Oi, mãe — disse eu.

— Olha pra você. Bronzeado feito caramelo.

Meu pai entrou, e fomos para a geladeira. Minha mãe me dava tapinhas no topo da cabeça.

— Tão lourinho, Norman — disse ela. — Como foi a viagem?

— Boa — disse eu.

Meu pai mordeu um pêssego, fechou a geladeira e espiou por cima do ombro da minha mãe. Em seus olhos não havia nenhum resquício daqueles canos de fuzil, nem dos tiros, nem dos dias que passamos à deriva — só o fulgor deixado pelas ondas, tubos e pela luz do sol.

— Então não foi tão ruim quanto você achou que seria? — perguntou ela.

Eu sacudi a cabeça dizendo que não.

Foi só depois do jantar que perguntei por Nick.

— Ele vai estar fora durante umas semanas — disse minha mãe.

Liguei a TV no meu programa favorito, *All in the Family*, e nós dois assistimos enquanto comíamos. Quando o primeiro comercial apareceu, virei-me e olhei para a minha mãe. Nenhum hematoma, nenhum arranhão, os dois olhos exatamente iguais.

Esteve sossegado em casa pelo resto do mês de agosto. Minha mãe não teve de dar aulas durante algumas semanas, e eu apenas perambulava por Topanga, andava de skate, surfava e brincava com Charley e Sunny. Todo mundo na praia estava falando sobre um problema iminente, e entendi que o condado ou o estado, alguém enfim, estava tentando nos expulsar da praia. Alguém disse que queriam fazer isso porque não éramos donos da terra, só das casas. Aquilo parecia impossível.

O campo de hóquei enchia minhas manhãs de fim de semana, e o treino de futebol americano enchia minhas tardes de fim de semana, e eu alternava as noites entre minha mãe, meu pai e Eleanor. Eleanor era a única com quem eu falava a respeito de Nick e da minha mãe. Ela me fazia muitas perguntas, e eu gostava da maneira atenta como ela ouvia as minhas respostas.

Uma noite, Eleanor e eu estávamos na cozinha da casa dela preparando o jantar e ela me perguntou como eu me sentia quando o Nick me chamava de fracassado e mentiroso, e coisas do gênero, ou quando meu pai me obrigava a me levantar às quatro da manhã para ir praticar hóquei.

— Eu não gosto, claro — disse para ela.

Então seu marido Lee abriu a porta da frente, entrou, encostou uma vassoura no armário e foi para o quarto de dormir.

— Onde está o resto, meu bem? — perguntou Eleanor.

— Como assim? — perguntou Lee.

— A galinha e o molho da salada.

— Você não disse nada a respeito de comprar uma galinha — disse Lee.

— Você acha que eu ia querer que você fosse ao mercado às nove da noite para comprar uma vassoura?

— Bom, eu achei meio estranho.

Eles ficaram olhando um para o outro. Ambos eram muito pequenos, muito educados e sensíveis. Se estudaram como se estivessem tentando ler os pensamentos um do outro.

— Lee — disse Eleanor. — Você levou 45 minutos para comprar uma vassoura?

— Eu queria achar exatamente a que você queria, Eleanor — disse ele.

Como o gás vazando de um balão, uma risada escapou-me da boca. Não consegui segurá-la e joguei a cabeça para trás, rendido. Eleanor foi a seguinte, e depois Lee, e logo nós três estávamos rindo às gargalhadas na cozinha.

Lee disse que estava exausto de tanto rir e tinha de se deitar. Eleanor preparou o jantar. Enquanto o espaguete cozinhava, ela me explicou o que era uma *fantasia ruim* e uma *fantasia boa*.

— Você pode escolher, Norman. Você não é obrigado a acreditar nas histórias feias do Nick. Elas são as fantasias ruins dele sobre o que pode ou não acontecer — disse ela. — Você pode criar suas próprias histórias boas. Fantasias boas.

— Mas aí é só imaginação — disse eu.
— As histórias ruins também — disse ela. — São sobre o Nick. Na verdade, não são sobre você.
— Isso não é justo — disse eu.
— Não, não é — respondeu ela.

Eleanor provavelmente sentiu que eu estava ficando entediado e anunciou que o jantar finalmente estava pronto.

Fomos para a cama com Lee, assistimos a um filme na TV e comemos espaguete. Eu não compreendi todas as nuances do conceito de *fantasia*, mas ele me fez lembrar de uma fotografia do Nick com um uniforme militar, de uma daquelas escolas militares, supunha eu. Ele era incrivelmente bonito e parecia saber disso. Talvez ele seja o cara que acordou um dia e entendeu que o mundo não estava girando em volta dele, pensei, e está vivendo uma fantasia ruim, achando que pode acontecer a mesma coisa comigo.

No domingo, fui passeando até a casa de Barrow para pegar uma prancha longa. Várias pranchas estavam encostadas na cerca de madeira podre onde ficava a ducha externa, do lado do deque de Barrow, onde se jogava pôquer quase todo fim de semana, chovesse ou fizesse sol. Eu esperava encontrar a prancha vermelha, tão destruída que não precisaria me preocupar com a possibilidade de ela bater nas rochas na maré baixa. Enquanto eu contornava o banco de areia, Sandra e meu pai apareceram, saindo para o deque. Parei embaixo do banco de areia porque eles estavam de mãos dadas. Ela estava atrás, e eu sabia que não haveria nenhuma explicação do meu pai.

Meu pai sentou-se na mesa de pôquer, e Sandra esfregou o pescoço dele enquanto ele pegava as fichas. Mudei de ideia e levei Sunny para subir o riozinho até o meu forte.

Uma semana depois, cheguei em casa de um treino de futebol americano, e minha mãe estava empilhando caixas de papelão.

— Bom — disse ela. — Acabamos perdendo.
— Você quer dizer que vamos mesmo ter de mudar?
— É. O estado ganhou. Está nos expulsando da praia.

Houve uma grande festa no fim de semana seguinte, e Nick voltou para casa. Todo mundo da praia se reuniu no submarino amarelo, onde Trafton, Woody, Shane e Clyde moravam. A banda de Trafton e Clyde, a Blue Juice, tocou e todo mundo dançou. Sandra estava usando um lenço de seda verde e uma minissaia branca, e nada em cima. Fiquei vendo a moça dançar e comparei o ritmo lento de Papaia e os longos cílios curvados em forma de banana com a expressão endurecida de Sandra. Até os seios das duas eram diferentes. Os de Papaia muito redondos e carnudos em comparação com os torpedos de Sandra.

Mais tarde comi um cachorro-quente, e Nick cuidou do churrasco sem camisa. O pescoço e o rosto estavam vermelhos e o corpo estava pálido.

— A vida é uma longa série de ajuste de contas — disse ele. — Lembra que eu disse que você precisava estar preparado?

Concordei com um aceno de cabeça.

— Bom, era isso o que eu queria dizer. E vem mais por aí — disse ele. — Entende?

— Entendo, é como quando está ensolarado e você está esquiando e à tarde está nevando e congelando de frio. Você tem de se ajustar à situação — disse eu.

As sobrancelhas de Nick ergueram-se e ele abriu as palmas das mãos, virando-as para o céu, e estendeu os braços.

— Na mosca — disse ele.

Saí de perto antes que ele mencionasse a mentira de andar de skate. Encontrei minha mãe dançando com nossos vizinhos, Wheeler e Maggie. O que era estranho, porque Nick quebrara as costelas de Wheeler uns meses atrás em nossa cozinha — como ainda continuavam amigos? Ao lado deles, Sandra e meu pai também dançavam. Sentei-me numa pedra e assisti ao espetáculo.

Depois, naquela mesma tarde, o vento desapareceu, o oceano virou um espelho e eu remei sobre a prancha com meu pai. O mar estava fraco, e éramos os únicos surfistas na água.

— Bom, seu desejo está sendo satisfeito, Ollestad.

— Como assim?

— Comprei uma casa em Palisades para você e sua mãe. Fiz um ótimo negócio, Ollestad.

— Que bom. Tem piscina?

— Sem piscina.

— Não tem importância. Posso andar de bicicleta por lá e ir na casa dos amigos todo dia.

— É. Mas um dia você vai sentir saudades da velha Topanga Beach. Você nasceu aqui.

Olhei para o dorso das ondas e acompanhei a curva de uma pista de skate que passava pelo deque de Barrow e depois contornava a praia. Cães andavam em bandos, Sunny foi atrás de um pedaço de pau, Carol andava com seu lhama amarrado numa corda em volta do point, Jerry fazia círculos com sua bicicleta suja, e os corpos que dançavam combinavam-se como um paraquedas ondulando ao ritmo da música.

Meu pai pôs a mão nas minhas costas, como que para nos conectar, e olhamos para Topanga Beach pela última vez. Veio uma série de ondas, e ele me disse para ir. Surfamos aquelas ondas de vitral iluminadas pelo sol laranja agonizante até escurecer.

Capítulo 19

O terreno embaixo da grande árvore parecia a maneira mais fácil de descer. Era menos escorregadio que o funil do outro lado da rampa, onde meu pai estava. Agachei-me e enfiei-me embaixo de Sandra, e disse a ela para se agachar também.

— Pegue o galho que está na neve — disse eu. — Bata forte com a ponta dele no chão toda vez que escorregar.

Mantive o punho embaixo da sola de couro e, com a outra mão, sondei os primeiros centímetros da rampa com o galho. Ela continuava agarrada à face da montanha como uma salamandra.

— Tudo bem. Desça comigo, centímetro por centímetro — disse eu.

Ela se soltou e se segurou na minha mão estendida. Meu galho rasgou a neve, e ambos começamos a deslizar. Eu cavava com os pés e usava as mãos como apoio na neve. Descíamos devagar, e usei o ombro e o lado da cabeça para apoiar as botas de Sandra. Por sorte, a neve estava mole o suficiente para eu manobrar nós dois até um lugar onde pudéssemos parar. O galho estava na minha mão quando olhei, incapaz de ter certeza só com o tato.

— Você tem de usar o galho para facilitar a descida! — disse eu. — Não levante ele todo. Certo?

— É difícil. Estou me sentindo esquisita, Norman — disse ela. — Tem alguma coisa errada com a minha cabeça?

— Não. É só se segurar aqui. Estamos quase chegando.

Quantas vezes meu pai usou exatamente a mesma frase comigo?

Lancei um rápido olhar para a rampa lá embaixo. Ela caía e caía — 150 metros, 300 metros, não sei. Minha mentira logo ficaria evidente, e eu me perguntei o que diria em seguida para encorajar Sandra.

Então me dei conta de que tínhamos atravessado a rampa na direção do temido funil. A rampa inteira inclinava-se para lá. Precisei acomodar Sandra no meu ombro direito para evitar o desvio para a esquerda, que levava ao funil.

— Tudo bem — disse eu.

Descemos de quatro, e usei meu pé como um leme, fazendo força contra o plano inclinado da rampa, tentando nos manter na parte mais macia e acidentada do terreno. Enquanto descíamos, olhei para baixo em busca de um ponto de apoio, e senti Sandra afastar-se. Quando ergui os olhos, ela se arrastava em direção ao funil. Seu galho se virara para cima, apenas roçando a crosta.

— Abaixe o galho! — berrei. — Vire a mão pra baixo!

Primeiro ele foi para cima e depois para baixo, e ela continuou ganhando velocidade. Estava prestes a realmente sair voando pela rampa, eu sabia, de modo que me movimentei o mais rápido que pude para o lado e para baixo. O funil estava a 30 centímetros de distância — um limite que não podíamos cruzar. Seu corpo saltou como se estivesse mudando de marcha, e eu aproveitei a chance e dei um impulso, caindo de lado como um astronauta até estar embaixo dela.

Ela bateu no meu ombro e na minha cabeça — a única forma de absorver o peso dela e ainda enfiar os meus dedos no gelo.

Apoiei-me nos dedos do pé e enfiei os pés na neve. Sem nenhuma razão lógica, a neve era mais mole aqui, e aos poucos consegui me arrastar. Paramos justo onde o terreno se inclinava para o funil. Não tínhamos mais nenhuma chance a desperdiçar.

— Você tem de deslizar *reto* lá para baixo, Sandra. Entendeu?

— Meu braço está ficando cansado, Norman.

A voz parecia fraca, o que me fez baixar a bola.

— Só mais um pouquinho — disse eu. — Você vai conseguir.

— Quanto mais?

— Não muito. Está pronta?

— Não devíamos ter saído de lá — disse ela.

— Estamos quase chegando. Pronta?

— Deus, por favor, salve a gente — disse ela.

Eu não tinha pensado em Deus. Se conseguíssemos descer, então eu acreditaria em Deus, disse a mim mesmo.

Percebi que meus dedos e meus pés estavam completamente entorpecidos agora e que eu não seria capaz de suportar o peso de Sandra durante muito mais tempo.

— Fique comigo — disse eu.

Mergulhei minha mão livre até o punho. Meus dedos procuravam cuidadosamente alguma coisa a que me segurar no gelo. Uma perna esticou-se, e os dedos dos pés massageavam a camada superior, chutando, testando o ponto de apoio. Depois o outro pé realizou o mesmo ritual. Descíamos metodicamente, e eu achei que a minha técnica estava se apurando.

— Somos ouro puro — disse eu, usando uma das frases prediletas do meu pai. — Vamos continuar.

Olhei para o alto da montanha — minhas palavras me levando até ele. Vi a arvorezinha jovem retorcida por causa do meu primeiro tombo. Só tínhamos avançado um metro, percebi. Nunca vamos conseguir chegar lá embaixo nesse ritmo. Nunca. Quando tive um vislumbre do meu pai lá, acima da árvore, um esboço dele, compreendi instintivamente que era obrigado a reprimir a dúvida que estava se coagulando dentro de mim.

Enfrentar essa cortina de gelo interminável depende unicamente da forma que você prefere enxergá-la, como o *suco de água*.

— Precisamos ser rápidos — disse a Sandra. — Mas está tudo bem.

Desci alguns centímetros e, no começo, ela me acompanhou. Meu ombro estava ficando entorpecido, e eu estava tão concentrado nos meus próprios movimentos que logo estava 15 centímetros abaixo dela.

— Desça direto em cima de mim — instruí. — *No problema.*

Em vez de descer, o corpo de Sandra foi para a esquerda. Eu não tinha como subir para segurá-la. Sua mão esquerda resvalou sobre a beira do funil, e foi assim que o meu plano deu em merda. O braço de Sandra, o ombro e depois o quadril deslizaram pelo funil.

Capítulo 20

Antes de eu me dar conta, a sexta série já havia começado. Dava para ir a pé da casa nova até a escola. A casa nova tinha dois quartos e dois banheiros, tudo no estilo Craftsman, dos anos 1940, construída sobre um penhasco que dava para a baía de Santa Monica. Meu pai fez um ótimo negócio com ela, porque alguns anos antes, durante uma tempestade violenta, a casa vizinha deslizou para o cânion. Meu pai achava que nossa casa era segura porque fora testada pela grande tempestade e sobreviveu.

Fui pego desprevenido pela minha nova vida suburbana. A maioria das referências e brincadeiras do pessoal da minha idade girava em torno de videogames, cartões de beisebol e saber dos últimos acontecimentos de *Starsky and Hutch*, tudo desconhecido para mim. De modo que transformei em objetivo aprender a jogar Pac-Man e assistir mais a *Starsky and Hutch*.

Poucos dias depois, ficou dolorosamente óbvio que os palavrões não eram bem aceitos e que minhas histórias sobre o México ou Topanga Beach não estavam me tornando popular junto aos meninos do bairro. Eles só ficavam olhando pra mim como se eu fosse louco e me mantinham fora das suas conversas. E meu quadro aconchegante de ir a pé para a escola com meus amigos foi alterado abruptamente pela nova lei contra a segregação racial nos ônibus. Eu ia realmente a pé pelas calçadas com os meus vizinhos, como tinha fantasiado, mas, quando chegávamos à escola, tínhamos de pegar um ônibus e andar 40 minutos até a parte centro-sul de Los Angeles.

Algumas coisas continuavam exatamente iguais. Nick sentava-se na mesma cadeira de balanço para assistir aos mesmos noticiários. Minha mãe arranjava briga com ele a toda hora, e Sunny dormia no meu quarto. Eu passava os fins de semana em Topanga Beach surfando com as lendas. A maioria delas tinha se mudado mais para cima do cânion ou para o outro lado da rodovia, para Snake Pit. Todos nos reuníamos em volta do posto de salva-vidas (a casa do meu ex-vizinho foi transformada em posto salva-vidas), guardando nossas pranchas à sua sombra, escondendo nossas cobiçadas barras de cera em seus cantos e frestas. A praia estava estranha agora, só uma faixa de areia suja e escadas quebradas que não levavam a parte alguma.

Naquele outono, Nick filmou todos os meus jogos de futebol americano das manhãs de sábado. Mais tarde, durante a semana, ele levava as bobinas de Super 8 para a casa do técnico, e às vezes a dupla se encontrava lá e o técnico analisava nossas jogadas. Nos dias de jogo, Nick me emprestava seus pesos de pesca para eu pôr embaixo dos acolchoados que protegiam as minhas coxas e embaixo do meu boné durante a pesagem com a presença dos juízes. Eu era o único menino de toda a liga tentando pesar mais do que pesava realmente. Metade do meu time passava a manhã numa sauna tentando perder alguns quilos para poder jogar. Nick era o meu maior fã, torcendo por mim das arquibancadas enquanto filmava. Ele contava a todos os seus amigos que eu enfrentava os garotos mais fortes do time adversário e nunca recuava. Era bom impressioná-lo, e eu gostaria que sempre nos déssemos tão bem quanto naqueles momentos. Mas eu nunca sabia quando Nick ia explodir de novo, e uma parte de mim sempre temia isso, o que tornava difícil confiar nessas horas tão boas.

Meu pai também assistia a todos os jogos, mas nunca falava muito a respeito. Ele tinha machucado um dos joelhos jogando futebol americano no colégio e achava que não valia a pena arriscar pelo futebol americano, o hóquei, o esqui ou o surfe, esportes nos quais eu tinha chances concretas de me superar.

O inverno chegou cedo, e, antes do Dia de Ação de Graças, eu já estava treinando com a equipe de esqui do monte Waterman — quatro integrantes fortes. No fim de um longo dia esquiando em desfiladeiros, meu pai me obrigou a esquiar em cima do gelo puro enquanto voltávamos para o carro. Ele me obrigou a esquiar mais duas vezes para eu saber o que era o gelo.

No Dia de Ação de Graças, esquiei a cornija de Mammoth — uma borda de neve e gelo pendente do cume da montanha —, temida por estar de 30 a 45 centímetros acima da pista. Ela tinha um declive traiçoeiro, ora suspenso no ar, ora se precipitando pela protuberância erodida pelo vento. Segundo meu pai, era bom para mim, e assim esquiamos o dia todo.

No caminho de casa, meu pai teve um ataque de malária, contraída quando trabalhou no Projeto Índia, nos anos 1950. Ele muitas vezes ficava tonto e me dizia que ia *descansar um olho*. Como fizera muitas vezes antes, peguei a direção enquanto o pé dele mantinha a pressão no pedal. Quando aparecia um carro à frente, eu o acordava, mesmo que ele estivesse *descansando apenas um único olho*. Nunca achei perigoso. Na verdade, parecia uma boa, porque, quando ele acordava de seu cochilo, sempre se sentia *maravilhosamente bem,* e eu sempre me sentia orgulhoso de dividir a carga.

* * *

Terminei os deveres de casa a tempo de assistir a *All in the Family*. Minha mãe fritou bifes, que serviu com arroz integral e salada com nozes e abacate. Nick chegou em casa e interrompeu nosso programa para poder assistir a um noticiário especial qualquer. Comeu seu bife com as duas mãos e devorou avidamente grandes quantidades de arroz com a colher grande de servir.

Perto do fim do especial, ele se virou para mim.

— Para de fazer barulho quando mastiga — disse ele.

Diminuí o ritmo da mastigação e fiz o possível para manter a boca fechada sem deixar escapar nenhum ruído. Durante o primeiro comercial, Nick recitou um artigo que havia lido sobre boas maneiras, o qual dizia que, se elas não fossem aprendidas desde cedo, transformavam-se num problema constrangedor mais tarde.

— Chega de comer com as mãos ou de fazer barulho ao mastigar — disse ele.

— Olha só quem está falando, Nick — disse minha mãe.

— Estou falando do Norman. Não arranje desculpas para ele.

— Com quem você acha que ele adquire seus maus hábitos?

— Você tem razão — disse ele. — Mas agora chegou o momento de assumir o controle da situação.

Eu estava pasmo sobre como aquilo parecia uma emergência e me perguntei como ele teria reagido quando eu estava de cabeça para baixo lá naquela árvore, ou deslizando naquela face de gelo, ou me afogando embaixo de uma onda de 3 metros. Emergências reais.

Minha mãe me preparou uma taça de sorvete com calda de chocolate. Tomei enquanto assistia a um programa de humor e Nick bebia sua primeira vodca.

— Puta que pariu, Norman — disse ele depois de alguns minutos.

Minha mão parou no meio de uma colherada. Minha boca estava aberta. Eu tinha arrotado.

— Desculpe — disse eu.

— Vá para o escritório.

— Não vou fazer isso de novo. Desculpe. Só quero assistir ao fim do programa.

Ele agarrou meu braço e a taça e foi comigo até o escritório. Bateu a tigela na mesa e me sentou à força na cadeira.

— Se você não consegue controlar seus arrotos, tem de comer separado de nós — disse ele. — Até aprender.

Eu não estava mais com fome, então desci as escadas e fui para meu quarto. Todo o meu corpo tremia. Liguei o aquecedor, fui para a cama e me enterrei da cabeça aos pés embaixo das cobertas.

Exatamente no dia seguinte, a caminho do ônibus, um dos garotos do bairro apontou para outro menino de nossa série chamado Timothy. Reconheci Timothy como o garoto que estava sempre olhando para o chão, que gaguejava, que se sentava sozinho, que lia revistas em quadrinhos no recreio e que se assustava facilmente. Ele me fazia lembrar um cachorro que havia apanhado — mais ou menos como me senti na noite anterior. Um dos caras da turma disse para ele atravessar a rua.

— Ei, lesma! — gritou ele, e os outros riram.

Timothy não ergueu os olhos. Tomou a direção oposta a nós, parando até estarmos bem longe dele. Continuei olhando para trás para vê-lo, fascinado. Ele era tímido como eu, mas não conseguia disfarçar. Provavelmente tem um pai ou um padrasto mau, pensei. Eu queria atravessar a rua e conversar com ele. Mas depois a ideia me deu repulsa. Fui o primeiro a seguir em frente.

Naquela mesma semana, Nick me castigou de novo por mastigar com a boca aberta, e eu fiquei no escritório e comi sozinho. Quando terminei, ele me deu um pedaço de papel.

— Um contrato — disse ele.

Olhei para a folha, impassível.

— Leia.

— Por meio deste prometo me controlar e assumir a responsabilidade pelos meus atos. Não vou fazer barulho ao mastigar, nem arrotar, nem comer de boca aberta. Se fizer isso, vou comer sozinho.

— Entende o contrato?

Fiz que sim com a cabeça.

— Assine.

Assinei.

Alguns dias depois, vi Timothy com o dedo no nariz durante o recreio. Ele estava sentado num banco no canto do pátio. Alguém jogou uma bola para ele, e ele tentou pegá-la, tropeçando nos próprios pés. Ela ricocheteou e bateu no seu rosto enquanto ele saía correndo para o outro lado do pátio. Perguntei-me se eles fariam o mesmo comigo se eu deixasse de ser bom nos esportes. Dei o sangue no jogo daquele dia.

Capítulo 21

O corpo de Sandra começou a deslizar pelo funil. A única forma de salvá-la era subir em zigue-zague pelo declive da rampa até o funil, que estaria liso como um espelho. Eu não tinha esquis, nem bastões, nem luvas, só os dedos e os tênis. Num piscar de olhos, a sua queda em câmara lenta se tornaria uma descida em tobogã até o final, onde quer que fosse.

Levantei o galho e meus pés, estendendo minha mão direita para o funil.

Sandra estava acima de mim, em queda livre agora. Estiquei o pescoço, e o salto da sua bota bateu na minha testa. Então bati com o galho como se fosse um machado. Meus dedos dos pés cavavam o chão, e minha mão livre se transformou numa garra. Embaixo da crosta de pouco mais de um centímetro, havia gelo sólido. Eu poderia esquiar sobre ele tão bem quanto qualquer menino dali. Mas não havia nada que eu pudesse fazer agora. Voávamos como se estivéssemos em queda livre.

O declive geral da rampa também passava pelo funil. Por isso, nosso impulso nos fez atravessar o funil em vez de cairmos verticalmente até o fundo. Outro golpe de sorte. Pouco abaixo da borda rochosa havia um banco de neve, de tal maneira anguloso que a neve estava mais mole ali. Enquanto caíamos no banco de neve, vi a superfície de uns rochedos e árvores intermitentes que os salpicavam.

Enterrei um tênis na neve e me choquei com alguma coisa dura. Bati com força e senti meu braço de trás tocar numa pedra. Felizmente, ela atrapalhou a queda vertical, diminuindo nossa velocidade.

Sandra estava exatamente acima de mim. Agarrei seu tornozelo, dei um golpe forte na neve com o galho e procurei outra pedra com o pé. O galho tinha quebrado e não ia me servir de muita coisa. Fiz com que descesse um pouco pela palma para expor um pedaço maior da ponta. Meu pé tocou em outra pedra e rolei o corpo, passando o peso para aquele lado. A ponta do pé pegou a série de pedras seguinte, cada uma delas uma desaceleração, até o pé plantar-se na face lisa de uma pedra maior. Paramos como uma lata de cerveja amassada.

Sandra estava chorando, gritando de dor. Ergui os olhos, e seu tornozelo estava na minha mão, mas eu não conseguia senti-lo. A pele das primeiras articulações dos meus dedos desaparecera. Pingou um líquido cor-de-rosa.

Estudei as pedras maiores que se projetavam dos rochedos contra os quais havíamos sido lançados. Como chegar até a parte de cima deles, à borda da rampa, e depois sair do funil? Assim que estivéssemos em cima dos rochedos, eu imaginava a gente descendo pela encosta. Uma parada a cada metro e meio até a saliência seguinte seria uma descida escorregadia sem nada para nos frear, pensei. Depois, nos vi tropeçando e batendo na cascata rochosa, o que me fez abandonar essa ideia.

— Temos de ficar contra essas rochas, Sandra. Está vendo de que maneira a gente pode usá-las para diminuir a velocidade? Está vendo? Olhe, o gelo está um pouco mais mole aqui. Tudo bem?

Sandra disse alguma coisa sobre a ira divina. Por que será que ela ficou tão religiosa de repente?

— Lá vamos nós — disse eu.

Usando a neve mais mole e rochas protuberantes ao longo do banco de neve, descemos como se fôssemos um só. Com as botas de Sandra apoiadas no meu ombro esquerdo, minha cabeça a escorava daquele lado. Miraculosamente, ela ainda segurava o galho com a mão boa.

Durante os minutos seguintes, só escorregamos uma vez. Apoiei imediatamente a ponta do tênis numa pedra, o que nos fez parar.

— Bom trabalho o seu, mantendo os pés em mim — disse eu.

— Por que está fazendo isso com a gente, Norman?

— Só Deus é quem sabe.

Firmei bem as solas das suas botas no meu ombro esquerdo.

— Lá vamos nós — disse eu.

Continuamos nos arrastando de barriga no chão, e escureceu por causa da neblina cinzenta que nos envolvia pelas costas. Quatro metros e meio mais abaixo, o banco de neve ficava mais íngreme, e tivemos de lutar contra a superfície escorregadia do funil.

Então o banco de neve se dissolveu num muro vertical de rochas. Parei e senti com a mão uma série de tufos de neve maleável com uns sete centímetros e meio de largura ao pé do muro. Minhas mãos entorpecidas se agarraram a esse fio flexível. Rezei para que o fio de neve nos mantivesse descendo, senão seríamos obrigados a entrar no funil. Com minha cabeça, segurei o tornozelo de Sandra, e começamos a nos movimentar de novo.

— Mantenha o tronco reto — disse eu.

— Manter o tronco reto — repetiu ela. Depois repetiu de novo, como um lembrete para si mesma.

Descemos em ritmo de lesma. Eu esperava que a rampa terminasse logo, ou que encontrássemos uma árvore crescendo numa fenda do muro de pedra, bem baixo, o suficiente para nos agarrarmos. Eu precisava descansar. Mas a situação não mudava. A neblina nos prendia ao fio de neve, nossa corda de salvação. Mais alguns metros, e nada mudara. Nenhum sinal da região com árvores. Só o funil repugnante na altura do nosso quadril. Não tenha pressa, disse a mim mesmo. Um centímetro de cada vez. Se você cair, não vai haver nada que possa detê-lo.

Capítulo 22

Nosso pequeno Porsche branco passou pela via de acesso a Mammoth e continuou em direção ao norte na rodovia 395. Eu estava sentado atrás do meu pai, fazendo-lhe uma massagem na cabeça. Depois fui para o banco do passageiro e brincamos de Muga Buga, falando línguas malucas um com o outro, como homens das cavernas ou macacos. Depois ligamos o novo rádio do carro e conversamos sobre motoristas de caminhão, sobre onde conseguir previsão do tempo, sobre paisagens enfumaçadas. Em seguida, brincamos de Placa de Carro, e descobri uma com o menor número pouco antes de chegarmos a Bridgeport e meu pai pegar uma estrada secundária.

— Para onde a gente está indo? — perguntei.
— É surpresa.
— Uma cidade fantasma?
Ele fez que sim com a cabeça.
— Legal.

A cidade de Bodie espalhava-se por uma encosta média, entre pés de sálvia, um verde-claro no frio seco do inverno. Perambulamos pelas ruas áridas. Uma única fachada de tijolos parecia ondular ao vento. As outras estruturas eram choupanas pontudas, e meu pai disse que mais de 10 mil pessoas já tinham morado nesse lugar. Fiz todas as mesmas perguntas que sempre fazia quando chegávamos a uma cidade fantasma.

— A corrida do ouro, Ollestad. Eles foram embora.
— Por que a gente gosta tanto de cidades fantasmas, pai?
Ele deu de ombros.
— Não têm trânsito — disse ele.

De manhã, meu pai encerou meus esquis com o ferro de passar do hotel.

— Continuam falando desse menino — disse ele. — Lance McCloud. Dizem que é o melhor. Todo mundo me fala dele.
— Quantos anos ele tem?
— Não sei. É um Junior 4 como você. Às vezes ele corre com os J3 para se testar em relação aos meninos mais velhos.
— Eu também faço isso, certo?
— Certo. Tudo o que ajudar você a se qualificar para o Campeonato do Sul da Califórnia.
— Quando vai ser? — perguntei.
— Daqui a pouco mais de dois meses. No fim de semana do presidente — disse ele.
— O tio Joe ainda é dono desse hotel? — perguntei.
— Sim.

Ele levantava e abaixava o ferro na base dos meus esquis.

— Você vai ter de ser rápido hoje — disse ele.
— Vou ser.

Por que falar em vencer o melhor cara se eu ainda nem venci o segundo ou o terceiro melhores, pensei.

— Não tenho peso suficiente — disse eu.

Ele parou de passar os meus esquis a ferro.

— Use sua técnica — disse ele.
— Que diferença isso faz nos lugares planos?

Meu pai

Meu pai, num fotograma de *Cheaper by the Dozen*

Meu pai num fotograma

Meu pai no escritório

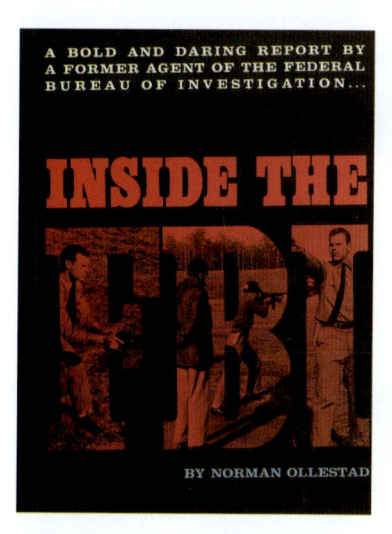

O livro do meu pai, *Inside the FBI*    Minha mãe e meu pai

Meu pai e Al Freedman com uma austríaca no Castelo em Feldkirk, Áustria

Meu pai, queimado pelo sol ou pelo vento enquanto esquiava

Meu pai no escritório

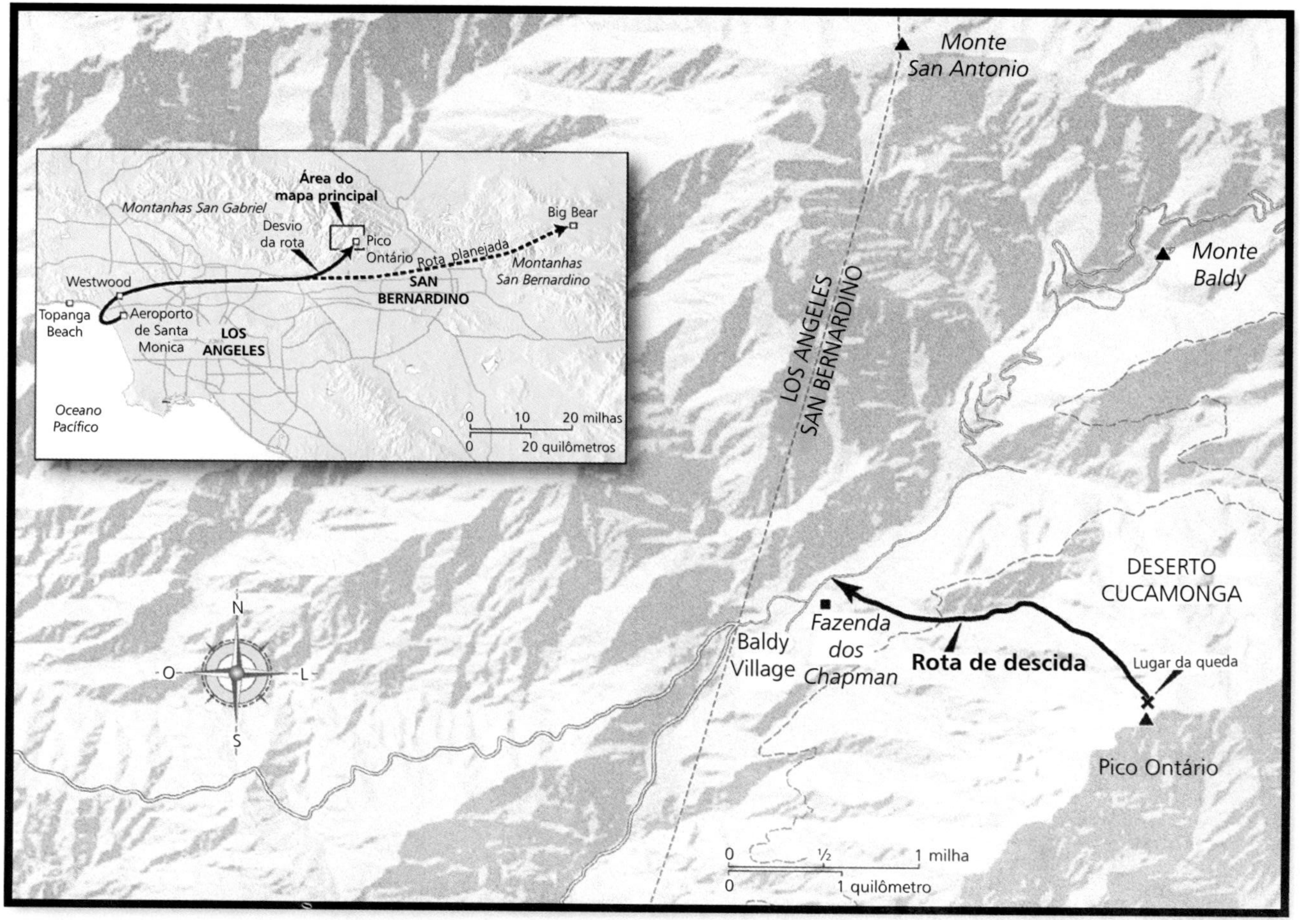

Monte San Antonio
Monte Baldy
Área do mapa principal
Montanhas San Gabriel
Big Bear
Desvio da rota
Pico Ontário
Rota planejada
Montanhas San Bernardino
Westwood
SAN BERNARDINO
Topanga Beach
Aeroporto de Santa Monica
LOS ANGELES
Oceano Pacífico
0 10 20 milhas
0 20 quilômetros
LOS ANGELES
SAN BERNARDINO
DESERTO CUCAMONGA
N
O
L
S
Baldy Village
Fazenda dos Chapman
Rota de descida
Lugar da queda
Pico Ontário
0 ½ 1 milha
0 1 quilômetro

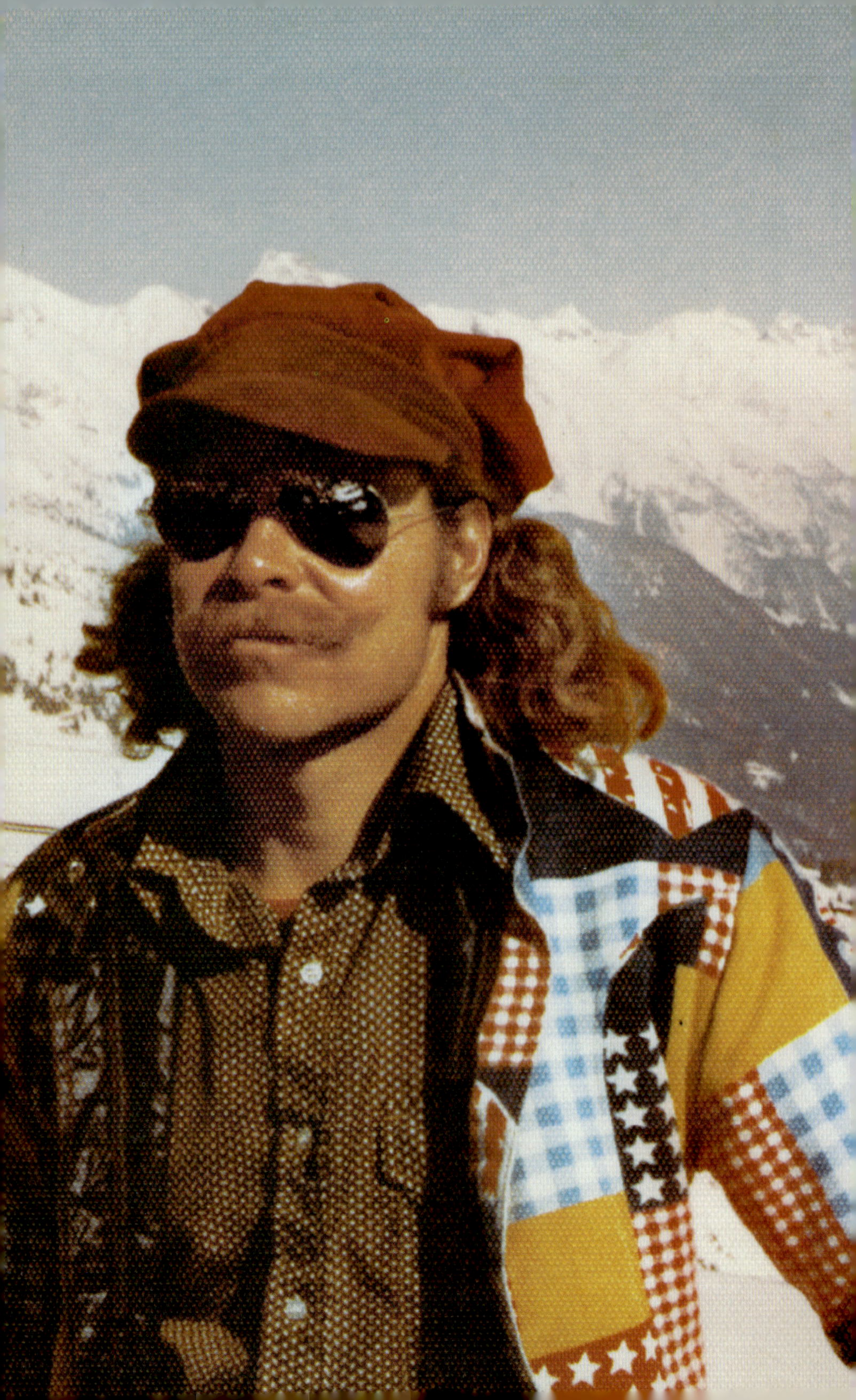

St. Anton,
Áustria

Nossa família

Primeira prancha de surfe. Todas as fotos foram tiradas em Topanga Beach

Surfando com meu pai e Christian Andersen

Surfando com meu pai

Estou numa bolsa *sling* de lona, amarrado às costas do meu pai. É meu primeiro aniversário. Espio por cima do seu ombro enquanto deslizamos pelo mar. O ouro do sol e o azul ondulam juntos. A lateral da prancha de surfe corta a onda, e borrifos do mar faiscante lambem seus pés. Eu posso voar.

Meu pai

Com minha mãe e meu pai

Puerto Vallarta

St. Anton

St. Anton

Corrida de esqui nos Estados Unidos

Com minha mãe – o mesmo par de tênis azuis que eu estava usando no dia 19 de fevereiro de 1979

Na casa dos avós, Puerto Vallarta, México

— Espere aí. Isso não é desculpa.

— Mas eu não consigo muita velocidade por causa do meu peso.

— Agache-se bem com as coxas próximas do peito. Faça tudo o que puder.

— Agachar-me bem em pistas de slalom?

— Não se preocupe em ser rápido, tá bom?

— Mas você disse que eu tinha de ser.

— Eu sei, mas a cera vai cuidar disso, Ollestad.

Ele levou o ferro para cima do segundo esqui.

— Por que mijo nas calças todas as vezes? — perguntei.

— Você fica excitado. Não se preocupe com isso.

— Mas os outros meninos não mijam nas calças.

— Como você sabe?

Meu pai largou o ferro e encostou os esquis na parede.

— Você quer muito que eu vença aquele menino. Não quer? — perguntei.

Ele olhou para mim, a boca entreaberta.

— Não — disse ele. — Não se preocupe com ele.

— Então por que você falou nele?

— Não sei. Só fiquei cheio de ouvir falar nele, acho.

— Então por que fala nele?

— Só... pra tirar isso do meu peito, Norman.

Ele tirou a raspadeira da sacola e aplainou a camada superior de cera das bases.

— Quarto lugar, décimo lugar, primeiro lugar — disse ele. — Não é isso que importa.

— Mas todo mundo está tentando ganhar — disse eu.

— Eu sei. Mas nós, não. Só estamos aqui para fazer umas boas curvas. Melhore um pouco a cada vez. Só estamos aqui pelo prazer de esquiar.

Seu bigode estava desgrenhado, com os pelos indo para todas as direções, e os olhos pareciam confusos. Ele me observava atentamente, estudando o meu rosto. Eu olhava em frente, através dele, para um lugar além dos seus olhos, onde suas explicações talvez fizessem sentido. Não conseguia entender realmente o que ele queria dizer com "pelo prazer de esquiar".

— Você não liga? — perguntei.

— Só ligo para o fato de você continuar em frente, Menino Maravilha. Não se prenda à maneira como terminou da última vez, nem com a curva que acabou de fazer. Vá até a próxima com tudo o que puder.

Nós nos inscrevemos no departamento de corridas de Heavenly Valley, e o funcionário perguntou onde diabos ficava Mount Waterman.

— Em Los Angeles — disse o meu pai.

— É uma longa viagem de Lake Tahoe — disse o funcionário. Ele sorriu e me deu um babadouro acolchoado para proteger o meu peito. — Boa sorte — disse ele enquanto sorria.

Eu era o único representante da minha equipe, e por isso meu pai e eu esquiamos juntos pelo trajeto, e ele fez as vezes de instrutor. Era uma encosta suave com zigue-zagues em ângulos bem fechados e neve fresca.

— Você ganha na neve fresca — disse ele.

Senti a pressão de novo, e ela me deixou confuso. Estava claro que ele queria que eu ganhasse, dissesse ele o que dissesse. Estava tentando não dar na vista — me instigar a vencer sem sentir nenhum estresse. Eu estava sacando ele.

— Provavelmente vai parar de nevar — disse eu maldosamente. — Não vai ter neve fresca.

— Mas aí os sulcos vão ficar grandes — disse ele. — Não é problema pra você. Você ganha deles nos sulcos.

Zombei dele.

— Talvez não ganhe.

Ele me lançou um olhar demorado. Eu tinha acertado no alvo e por isso fiquei de boca fechada.

Depois de percorrermos um quarto do caminho, ele insistiu em chegar bem perto da equipe de esqui de Heavenly Valley à nossa frente. Meu pai me repetiria muitas vezes o que o instrutor da Heavenly disse à sua equipe, e finalmente o instrutor se dirigiu a meu pai.

— Desculpe. De que equipe o senhor é?

— Mount Waterman — disse o meu pai. — O instrutor não pôde vir, e por isso esperávamos conseguir umas dicas.

— As famílias desses meninos pagam uma fortuna para a equipe de esqui. Não acho justo o senhor receber instruções gratuitamente. O senhor concorda?

O músculo da mandíbula do meu pai retraiu-se. Depois ele sorriu.

— Eu pago — disse ele.

— O senhor vai ter de falar a respeito com o chefe da equipe — disse o instrutor.

— Mas você é o instrutor. Você deve ter autoridade para decidir quem pode treinar com a equipe — disse meu pai.

— Não, senhor.

— Vamos embora — disse eu.

Meu pai consultou o relógio.

— A corrida vai começar logo — disse meu pai ao instrutor.

O instrutor levantou a cabeça como se quisesse observar melhor o meu pai. Meu pai inclinou-se sobre seus bastões, acomodando-se. A equipe que vinha atrás de nós apareceu às nossas costas. Então o instrutor da Heavenly sacudiu a cabeça numa negativa e afastou-se, dirigindo-se aos corredores.

Meu pai me disse para ouvir atentamente as "informações confidenciais". Eu estava olhando para o chão e concordei com um aceno de cabeça.

O vento aumentou de velocidade, e a neve caiu violentamente; foi difícil enxergar quando chegamos ao fundo. Uma voz se fez ouvir pelos alto-falantes montados em cima dos postes de lâmpadas próprias para esquiar à noite.

— Devido à visibilidade cada vez menor, a corrida está adiada até segunda ordem.

— Filho da puta — disse o meu pai.

Ele estava puto, eu sabia, porque achava que eu levava vantagem nessas situações tempestuosas.

— Bom. Vamos esquiar na neve fresca — disse ele.

Virei a cabeça para o vento e pegamos várias cadeiras antes dele me levar para as árvores. Fizemos uma longa caminhada, e ele assobiava e cantava uma música tirolesa da qual eu me lembrava de nossas viagens para St. Anton. Esquiamos por um longo sulco, no qual a neve era grossa e pesada. Sierra Cement era como a chamavam, porque as tempestades que desabavam sobre as Sierra Mountains traziam umidade demais. De tantas em tantas curvas, meu pai gritava e cantava como se fosse uma neve fresca perfeita, leve, de Alta.

Segui-o montanha abaixo até um barranco, e a neve estava terrível. Eu estava exausto quando chegamos à trilha que nos levaria de volta.

— Mais uma — disse meu pai enquanto esquiávamos em linha reta em grande velocidade.

— De jeito nenhum — disse eu.

— Por que não?

— Os outros meninos não estão saindo dos limites em busca de neve fresca — disse eu. — Podemos perder a corrida.

— Ollestad, a gente pode fazer de tudo — disse ele.

Ele abriu os braços como se estivesse me oferecendo o vale e a floresta, talvez o mundo inteiro.

A nevasca estava muito forte, e as lâmpadas noturnas finalmente irradiaram toda a sua luz quando o funcionário encarregado de definir o trajeto anunciou que os postes de demarcação da pista ficariam um pouco mais afastados por causa das condições climáticas. Meu pai grunhiu. Entre os instrutores e pais e mães reunidos em torno do departamento de corridas, ele era o único insatisfeito com a decisão. Minhas chances eram cada vez menores.

Ouvi o nome de Lance McCloud quando cheguei à tenda de partida; rodeei a multidão e finalmente o vi. Era um menino pequeno como eu e usava uma roupa de esqui vistosa, e todos os membros de sua equipe ouviam atentamente quando ele falava. Seu instrutor afiou seus esquis e encerou-os, e eu o observava enquanto ele se alongava e brincava com os amigos, à vontade e relaxado. Meu pai ajoelhou-se a meu lado e reviu os postes de demarcação comigo; depois, examinou meus esquis como se fosse afiá-los, mas não tínhamos lima nem cera conosco.

Lance foi o segundo a correr e ninguém chegou nem perto do seu tempo. Finalmente chamaram meu número, e eu me posicionei nervosamente na linha de partida. Os números foram contados — cinco-quatro-três-dois-um-Já! —, e eu chutei o cabo e quebrei o suporte do cronômetro. Instintivamente inclinei o corpo para o centro do raio da curva para manter o equilíbrio e neutralizar a força centrífuga usando os dois esquis na minha primeira curva, estilo neve fresca. O sulco estava cheio de neve, e eu senti meus esquis me arremessarem para a curva seguinte. Deslizei através dos sulcos macios como travesseiros, como se estivesse esquiando sobre muita neve fresca. Não era algo que eu tivesse planejado, e me perguntei por que diabos eu estava fazendo aquilo. Mas não tive de calcar as bordas, e os esquis deslizavam com perfeição a cada curva, correndo bem.

Atravessei a tinta vermelha da linha de chegada, e a primeira coisa que vi foi o rosto de Lance McCloud, contorcido de inveja. Eu sabia que o tinha vencido. Examinando o mostrador, vi que levara a melhor por meio segundo. Meu pai apareceu e acenou para mim.

— Muito bem, Ollestad — disse ele na frente da multidão que nos olhava de esguelha. E fomos embora esquiando.

Esperamos na tenda de partida até o segundo turno começar. A equipe de Lance manteve-se de costas para nós, e os membros cochichavam entre si. Alguns meninos de Squaw Valley e Incline Village me deram os parabéns, e eu agradeci. Meu pai não disse nada. O menino que acabou em vigésimo lugar foi quem saiu primeiro. Eu seria o último. Meu pai foi até a linha de partida e, quando voltou, estava sacudindo a cabeça em sinal de negativa.

— O que foi? — perguntei.

— Eles mandaram um grupo inteiro de pessoas tirar a neve dos sulcos.

— Por quê?

— Por que você acha?

— Ah — disse eu, compreendendo que era por causa de Lance. Ele não devia gostar de neve fresca.

Quando chegou a vez de Lance, a tenda ficou num silêncio mortal. Eu estava bem atrás dele, e vi o exército de pessoas no trajeto retirando a neve fresca dos sulcos, tornando o trajeto mais rápido. Depois, Lance partiu e não consegui vê-lo no meio de sua trilha de vapor.

— Eles vão ser um pouco mais rigorosos dessa vez — disse meu pai antes de me beijar e dizer para eu me divertir.

Quando me agachei na linha de partida, notei que o exército de limpadores de sulcos havia desaparecido. Os sulcos estavam se enchendo de neve, e isso diminuiria a minha velocidade ao descer. Todo mundo devia ter condições similares de neve, por uma questão de justiça. O trajeto era percorrido mais depressa sem neve nos sulcos, de modo que Lance tivera uma vantagem enorme em sua corrida. Alguns postes de demarcação mais abaixo, vi meu pai acenando com os braços e gritando com um dos funcionários responsáveis pela corrida. Mas estava na hora de partir.

O primeiro sulco pegou-me de surpresa. As bordas estavam próximas demais, o ângulo muito fechado, e meus esquis afundaram na neve. Fiz um movimento brusco com os joelhos, para cima e para fora, e estava no ar, mais um décimo de segundo perdido. Na terceira curva eu estava de volta a meu ritmo de neve fresca. Enquanto deslizava pelas partes planas, senti a neve mais funda e fiz tudo o que pude para deslizar em vez de afundar. A multidão rugiu quando atingi a linha de chegada, e eu sabia que havia perdido.

Parei e o procurei. Lance estava em algum lugar no meio da confusão, e eu consultei o mostrador. Seus pontos combinados eram dois décimos de segundo mais rápidos que os meus, o que significava que tinha me vencido por belos sete décimos de segundo na segunda corrida. Meu pai esquiava do meu lado e assobiava, e seu rosto estava com covinhas.

— Muito bem, Menino — disse ele.

Tive calafrios quando chamaram meu nome para subir ao pódio. Fiquei à direita de Lance, e penduraram uma medalha de prata no meu pescoço. Depois, desconhecidos apertaram minha mão, e meu pai falou com um dos instrutores de Incline Village, um sueco alto que estava usando tamancos.

— Ele quer você na equipe dele, Ollestad.
— É mesmo?
— É, cara. E adivinha de quem que ele é amigo.

Dei de ombros.

— Ingmar Stenmark.

Estávamos no canto, e eu olhei para o outro lado da sala e vi a cabeça do sueco destacando-se no meio da multidão. Ingmar Stenmark era o maior esquiador que já havia existido, e todo o meu corpo inflou.

— Amanhã você vai treinar com eles — disse o meu pai.

Eu estava sem fala.

— Você foi muito bem, Ollestad.

Então o instrutor de Heavenly Valley nos interrompeu.

— Parabéns pelo segundo lugar — disse ele para mim.

Agradeci com um aceno de cabeça, e meu pai também.

— Você chegou bem perto. Lance teve de mostrar serviço na segunda corrida — disse o instrutor.

— É — disse o meu pai.

O instrutor esperou como se aguardasse mais alguma coisa do meu pai.

Olhei para o meu pai, vamos lá, diga: "Por que eles não limparam os sulcos para o Norman?"

— A gente se vê no mês que vem — foi apenas o que meu pai disse.

O instrutor deu-lhe um tapinha no ombro e foi embora. Meu pai nunca mencionou suas falcatruas e, no dia seguinte, eu treinei passar entre os postes de demarcação com a equipe de Incline. O instrutor Yan me deu muita atenção, trabalhando comigo na mudança de peso com impulso do quadril que tornou Ingmar tão proeminente. Os outros meninos me trataram com um respeito que eu nunca recebera antes, e tive o cuidado de manter a humildade e não agir como se eu fosse alguém especial.

Na tarde de domingo, meu pai e eu partimos de Tahoe, e eu ganhei uma roupa nova de esquiar com suéter acolchoado e tudo. Quando passamos pela via de acesso a Heavenly Valley, meu pai disse:

— Agora eles já ouviram falar de Waterman, Ollestad.

Capítulo 23

O peso de Sandra empurrava meus ombros para baixo enquanto eu me orientava pelo fio de neve ao longo da base da linha de pedras. Todo o meu corpo tremia de exaustão. Um ramo de árvore apareceu da parede da rocha, e eu estendi o braço e agarrei-o. Sandra acomodou-se em cima da minha outra mão, quase pequena demais para a sua bota. Não ter de me agarrar com as unhas, o queixo, a pélvis e a ponta dos pés foi um alívio enorme. Não falamos, só descansamos.

Estava na hora de continuar a descida. Eu disse a ela que estávamos quase chegando, mesmo que a rampa parecesse não acabar nunca. O fio de neve ficava mais tênue à medida que avançávamos, tornando cada dois, três centímetros sem escorregar um verdadeiro triunfo. Precisar aumentar muito a concentração bloqueou o fato de estarmos andando devagar demais e que a noite só demoraria mais algumas horas para chegar — de ainda estarmos, depois de todo esse tempo e todo esse esforço, perto do topo da montanha, a milhares de metros acima da campina.

Preso num ritmo, eu me disciplinava para sentir gratidão pelo progresso, pelo tempo passado, porém a bota de Sandra não tocava mais meu ombro dormente. Virei a cabeça para ver seu tornozelo. Não estava lá. Ergui os olhos.

Eu estava a mais ou menos um metro abaixo dela. Seus braços estavam estendidos para cima como se ela estivesse se espreguiçando antes de dormir, algo mais estranho ainda, porque ela estava numa posição quase vertical.

— Sandra! Abaixe o galho — ordenei. — Empurre para a esquerda.

Ela dobrou os joelhos embaixo da barriga como se estivesse tentando se levantar.

— Não — gritei. — Fique abaixada.

De joelhos, ela caiu e mergulhou no funil, os membros procurando agarrar-se a alguma coisa, como se quisessem escalar a montanha.

Com minha mão esquerda, enfiei o galho no chão com toda a força. Estendi a mão direita para Sandra. Enquanto eu esticava o braço, sua trajetória pelo funil mudou, fazendo com que ela caísse em linha reta. Seus dedos agarraram o meu bíceps e então seu corpo desabou em cima de mim. Vi minha mão tatear suas botas elegantes — de repente, muito abaixo de mim. Ela se precipitou de cabeça para baixo no centro do funil.

— Norman! — gritou ela.

Eu também estava escorregando e estendi meu outro braço e agarrei às cegas uma árvore que se projetava das pedras.

Meus olhos nunca se afastaram das botas de Sandra, que arrancavam finos vapores de gelo. A neblina engoliu sua cabeça, o tronco e finalmente sugou seus pés. Eu a ouvi chamar meu nome mais uma vez. Ele ecoou, e eu o ouvi ricochetear na neblina.

— Você exagerou. Como pôde fazer uma coisa dessas? — disse eu a mim mesmo num tom brusco e duro como o de Nick.

— Você não conseguiu agarrá-la, e ela estava bem acima de você Por que foi tão longe?

Com uma das mãos segurando o ramo da árvore, contraí-me sob as condenações que martelavam dentro da minha cabeça. Atordoado, olhei para meu outro braço, que balançava na direção do funil — uma arvorezinha fraca, um galho inútil. Fiquei pendurado ali, transformado em anão pelo fracasso.

— Tenho de remediar o erro. Ir atrás dela rápido.

Tentei me mexer e escorreguei na mesma hora, agarrando a árvore no último momento. Não adiantava ter pressa, não adiantava querer coagir o gelo. Acalmei-me.

Segui a trilha de sangue que havia lambuzado o centro do funil. O fio de neve ao longo do muro de pedra finalmente se dissolveu, e fui obrigado a entrar no funil. Do lado esquerdo, onde o gelo era um milionésimo de grau mais maleável, movimentei-me com bastante rapidez em comparação com o que conseguira antes.

Era muito mais fácil sem a âncora. Agora teria uma chance de vencer a noite.

— Não — repreendi-me, tentando apagar a imagem de Sandra apoiada nos meus ombros enquanto gravava sua queda para sempre na memória.

Antes de a imagem ter chance de se mexer de novo, enterrei o pensamento hediondo.

A cortina de gelo do funil exigia todos os meus recursos. Concentrei toda a minha atenção em decisões imediatas a serem tomadas em fração de segundo, afogando meu erro monumental e o sentimento vergonhoso de alívio que se seguiu a ele. A certa altura, a neblina ficou tão densa que acabei bem no centro do funil, onde aquele milionésimo de grau de gelo mais duro penetrou mais fundo na minha concentração monolítica. É arriscado demais tentar sair do centro, achei. Mais perigoso do que simplesmente acompanhar sua direção.

Segui a trilha de sangue por um longo tempo. Chegara à conclusão de que, sem um machado próprio para o gelo, ou ao menos sem luvas, eu acabaria perdendo a capacidade de me apoiar em alguma coisa mais cedo ou mais tarde — nenhuma árvore ou pedra me salvaria dessa vez. Minha esperança era não cair de um penhasco, nem me chocar com uma árvore na descida, nem colidir com uma das árvores do fundo da rampa. Mas agora eu estava a centenas de metros abaixo do local do acidente e ainda estava vivo, ainda estava consciente. É exatamente como "suco de água", disse a mim mesmo.

Aos poucos, o funil ficou mais raso, menos abaulado, e consegui sair dele sobre a crosta dura. Eu estava de volta à borda da rampa de onde tínhamos partido, antes de sermos sugados pelo funil. Com sede, descansei alguns minutos e comi um pouco de neve. Notei que as mãos estavam raladas até o osso nas primeiras articulações. Não sentia dor. Estava frio demais para sentir dor. Comi neve até matar a sede. Depois, comecei a descer de novo.

Fiquei perto do funil, orientando-me pelo rastro de sangue, que finalmente acabou num tronco de árvore. Procurei Sandra. Chamei seu nome. Nenhuma resposta. Só uma carga de adrenalina insistindo para eu a procurar, para remediar o meu erro. Aquilo me fez mal e olhei bem entre as ondas de neblina, trocando de posição várias vezes, tentando me livrar da vergonha nauseante.

Depois comecei a descer centímetro a centímetro de novo, tentando me preocupar com o gelo, não com o meu erro. Esperava que a altura diminuísse — em vez disso, ela parecia interminável. Preferi me preocupar com isso.

Justo nessa hora, apareceram riscos de sangue na neve. Sandra batera naquela árvore acima de mim e continuara caindo. A vergonha veio à tona de novo, mas se desvaneceu em meio às exigências da rampa.

Um trecho de neve maleável levou-me horizontalmente pela rampa, para longe do funil e na direção da outra borda rochosa. Era impossível resistir a esse chão firme para as minhas mãos e pés. Para segui-lo, tive de subir até um aglomerado de árvores que crescia no espinhaço rochoso. Escalei um banco de neve e cheguei a uma grande pedra achatada. Abracei um tronco e levantei-me bem devagar, entorpecido até o osso. As árvores refletiam luz, e foi bom estar fora da neblina, cinzenta, e sentir um ser vivo — segurar-me nele, apoiar-me nele.

O espinhaço rochoso inclinava-se para dentro da neblina, e eu fiquei na ponta dos pés. Olhando entre duas camadas de cinza — acima da neblina e abaixo do lençol de nuvens — tive um vislumbre do teto. Estava mais perto, mas eu ainda estava bem acima dele. E agora que eu estava mais abaixo da rampa, o contraforte maciço era claramente grande demais para ser escalado e se passar para o outro lado. Eu teria de encontrar um caminho através da garganta. E se não houvesse um caminho ali? Minhas pernas tremeram, e eu engasguei tentando encher os pulmões de ar.

Imaginei ficar preso na garganta escura, arranhando as paredes rochosas na tentativa de escapar.

Olhei para cima, como se esperasse ver o helicóptero de novo. Se eles não conseguiram me ver quando estavam bem em cima da minha cabeça e a neblina estava fina, pensei, não havia a menor chance de isso acontecer embaixo desse teto de chumbo. Os picos e vales estendiam-se por quilômetros e quilômetros à minha volta, gargantas e florestas densas. Eu era apenas um pontinho perdido no meio daquilo tudo.

Apoiado no tronco, balancei o corpo e o deixei cair sobre o espinhaço rochoso que pendia sobre a rampa. Eu sabia que a neve estava mole pouco abaixo de mim, de modo que soltei o tronco, desci lentamente do banco e entrei na rampa.

— Ande mais depressa. Está ficando tarde — insisti comigo mesmo. — Não quero estar aqui quando escurecer. — Então meu pé bateu numa parte dura da crosta e uau, caí de barriga no chão; meu suéter levantou até o peito, e a barriga raspou no gelo. Virei de costas e meti os calcanhares no chão, repelidos pelo gelo impenetrável. Agora aos berros, virei de bruços de novo e arranhei o gelo.

— Preciso encontrar neve mole!

Rolei para encontrá-la, bati o joelho numa protuberância de neve, e a parada abrupta lançou-me no ar; aterrissei de cabeça. Pensei em Sandra batendo naquela árvore e fiz um esforço enorme para me virar de lado, desesperado por neve mais mole.

Várias rotações. Eu estava tonto, perdendo e recuperando a consciência. O gelo embaixo do meu corpo parecia estar derretendo. Instintivamente, apoiei-me nos punhos e encolhi a barriga, e meus quadris e pernas começaram a se arrastar pela neve. Foi uma desaceleração lenta e longa. Um pneu estourado movendo-se com dificuldade, tentando parar. Fiquei ali deitado, derrotado e culpado.

Capítulo 24

Na sexta-feira fomos para a casa de Big Al. Ele era o sócio do meu pai no escritório de advocacia e um grande amigo seu. Ele devia estar pronto para ir para Tahoe, onde eu participaria de uma corrida montanha abaixo. Meu pai disse que, se eu ficasse entre os três primeiros, aumentaria as minhas chances de me qualificar para o Campeonato do Sul da Califórnia, que seria dali a apenas um mês e meio. Meu pai não bateu na porta, e encontramos Al praticando ioga na sala de visitas sem usar nada além de uma cueca. Ele era alto como um jogador de basquete e seus pés eram gigantescos. Os cabelos eram louro-avermelhados, a mesma cor da barba e das sobrancelhas, e bastos. Meu pai brincou com Al, dizendo que ele estava num transe iogue, e fez de conta que se protegia de um raio de luz.

— Sua aura está cegando — disse o meu pai.

Al ignorou-o, mantendo os olhos fechados, respirando metodicamente pelo nariz.

Meu pai pegou alguns palitos de aipo orgânico com uma cor estranha por estarem na geladeira. Enfiou o aipo num pote de manteiga de amendoim e me fez comer dois palitos inteiros.

— Não vai dar tempo de parar para jantar, Ollestad.

Logo depois das seis da manhã seguinte, entramos no hotel laranja do tio Joe, que tinha vários andares. Num instante guardamos as malas, pusemos nossa roupa de esquiar e pegamos a estrada de novo.

Depois da cidade de Truckee, Al fez exercícios de respiração de ioga. Aos poucos, suas expirações ficavam mais enérgicas e ruidosas. Meu pai disse-lhe para ir com calma, senão ele ficaria esgotado antes da primeira corrida.

Pegamos a Rodovia 40, e Big Al apontou para o cartaz de sinalização de Donner Pass.

— Eu estava com fome, mas acabei de perder o apetite — disse Al, e meu pai riu.

— Qual é a graça? — perguntei.

— Bom — disse Al. — Na verdade não tem graça. Foi bem perto dali que o Grupo Donner foi pego por uma tempestade de neve prematura, e a metade dos integrantes morreu.

— O que estavam fazendo? — perguntei.

— Em busca de uma nova fronteira, eu acho. O problema é que eram pessoas comuns, e não gente da montanha, e foram pegos por uma tempestade violenta — disse Al. — Resumindo: alguns deles acabaram comendo os mortos para continuarem vivos.

— Credo! — disse eu.

Subimos a rodovia sinuosa e olhamos para as montanhas em que aquelas pessoas tinham tentado sobreviver.

Subi com o instrutor Yan, e encontramos o resto da equipe no topo da pista que descia pela montanha. Deslizamos por ela e passamos um tempão examinando a curva em S. Ela dava numa subida de uns 50 metros, de modo que não dava para ver o declive que existia depois. Havia redes para nos segurar caso um de nós perdesse o controle e voasse na direção das gargantas rochosas de ambos os lados.

A neve da curva em S estava particularmente dura, quase gelo, e eu sabia que era ali que eu podia ganhar a corrida. Todos aqueles dias esquiando na crista da Cornija de Mammoth — de 4,5 metros e açoitada pelo vento — e sendo obrigado a sulcar a face gelada do Mount Waterman tinham me preparado bem. Yan enfatizava que precisávamos ir bem alto na primeira parte da curva para podermos passar direto entre os postes de demarcação seguintes, definindo o trajeto em linha reta da última subida, e pronto, fim da linha.

— Como você é leve, Norman, precisa vencê-los nos lugares íngremes — disse Yan.

Yan estava certo, claro. Muitas vezes eu tinha ficado na frente ao sair dos trechos íngremes, para acabar perdendo a corrida para meninos mais pesados que tinham vantagem nos trechos planos.

Meu pai e Al gritaram vivas quando anunciaram meu número. Yan massageou minhas pernas e me disse para manter os esquis para baixo e correndo depois da curva em S.

— Não perca tempo nos trechos planos — reiterou ele.

Eu me senti à vontade e, importantíssimo, bem cuidado.

Enfrentei a parte superior da pista, tomando uma linha assertiva que levava diretamente aos postes de demarcação. Precipitei-me pela curva em S em alta velocidade e me ergui no ar na subida antes da ladeira. Xinguei-me por causa disso, mas fiquei empolgado com a velocidade que conseguira. Cheguei ao longo trecho plano da saída e absorvi as corcovas e ondulações em que os esquis corriam o risco de tropeçar. Nivelei aquelas filhas da puta com a neve.

Passei zunindo pela linha de chegada e parei trepidando. Eu estava em terceiro lugar, e Lance ainda ia correr. Comecei a xingar a longa parte plana do final da pista e as pessoas olharam para mim. Não liguei. Como eu podia ter vindo tão depressa e não ser o mais rápido? Não poderia fazer melhor.

Yan chegou e me disse que o meu tempo foi o melhor, com três segundos de vantagem, depois que saí da curva em S. Perdi mais de três segundos nos trechos planos.

— Por que não fazem uma porra de uma pista morro abaixo? — perguntei eu.

Yan ficou surpreso com a minha boca suja; meu pai estava em silêncio e olhava para a neve que deslizava como uma rodovia embaixo de nós. Fiquei chateado com a minha explosão. Não disse mais nenhuma palavra até depois de minha segunda corrida.

Lance ficou em terceiro lugar, e eu, em quarto. Em ambas as corridas eu estive bem à frente do vencedor até chegar aos trechos planos. Yan disse que eu era o melhor esquiador do grupo e que o êxito viria. Assistimos à cerimônia de entrega dos prêmios, e começou a nevar. Al tinha um rádio pequenininho na mochila e ligou-o para saber a previsão do tempo local. O locutor disse que nevaria durante dois dias e que a neve chegaria a quase um metro de altura. Meu pai ligou para o escritório, e ele e Al conversaram. Às cinco daquela tarde, foi decidido que ficaríamos em Tahoe por mais alguns dias para esquiar na neve fresca.

Esquiamos numa boa neve fresca, e ela não parava de cair. Meu pai e Al resolveram prolongar ainda mais a viagem, observando o fato de que eu tinha uma corrida em Yosemite no fim de semana seguinte e que não fazia sentido meu pai dirigir nove horas até Los Angeles e depois voltar para cá, para o norte da Califórnia, cinco dias depois.

Por algum motivo, minha concentração não estava muito boa em Yosemite, e eu quase bati em alguns postes de demarcação da pista na primeira corrida. Mais uma vez acabei em segundo lugar (acho que por um ou dois décimos de segundo). Mas a massagem no meu ego aconteceu quando me dei conta de que finalmente vencera Lance.

No dia seguinte, ele me venceu na pista de slalom gigante, e fiquei em segundo lugar de novo. Eu estava frustrado e pensei que nunca conseguiria ganhar. Era torturado pela ideia de que eu simplesmente não era muito bom. Será que havia alguma coisa em mim, uma falha de caráter, que estava me atrapalhando?

— Não se preocupe em ganhar — disse meu pai. — Uma hora acontece.

— Por que sou tão pequeno? — perguntei.

— Você tem de usar o que tem — disse ele. — Não se preocupe com bobagens como altura e peso. Concentre-se e faça o que tem de fazer.

Esquivei-me de Al ao passar por ele, que nos observava em silêncio.

— Pare com isso, Ollestad — disse o meu pai. — A única coisa que você pode fazer agora é se concentrar na próxima corrida.

Procuramos uma das fontes quentes secretas de Al a caminho de casa, e meu pai deu saltos mortais de costas, pulando de uma rocha na piscina natural. Eu preferi as cachoeiras, e Al se sentia muito bem só absorvendo os minerais que cheiravam a ovo podre. Lembramos da época em que esquiamos em St. Anton, quando eu tinha 5 anos, e eles falavam em código, mas eu entendia que estavam revivendo suas aventuras amorosas.

Depois disso, quase todo fim de semana meu pai e eu saíamos da cidade para ir a corridas de esqui. As montanhas San Bernardino ficavam só a duas horas a leste de Los Angeles, mas Mammoth ficava a seis horas em direção ao norte e levávamos mais três horas para chegar a Lake Tahoe. Chegávamos em casa tarde na noite de domingo e, na manhã seguinte, meu pai me deixava na escola, escovando os dentes no carro na frente de todos os outros pais, o que me deixava constrangido. Eu ficava com minha mãe durante a semana e brincava com os meninos do bairro o máximo possível. Finalmente aceitei minha condição de semiestranho — permanentemente na órbita das humilhações, mas atlético demais para ser completamente excluído.

Certo dia, depois das aulas, Nick me levou em seu furgão até o *campus* da Universidade do Sul da Califórnia. No trajeto até o campo de futebol americano para assistir ao treino dos Trojans, ele apontou as salas onde, disse ele, meninos não muito mais velhos do que eu estudavam o máximo que podiam para mais tarde conseguirem bons empregos e ganhar um monte de dinheiro e viver como bem entendessem. E acrescentou que havia festas ótimas e *belas damas* também.

Ele era um grande fã da USC, e eu lhe perguntei se tinha estudado lá.

— Não. Mas todos os meus amigos estudaram — disse ele. — Eu andava tanto por aqui que muita gente achava que eu era um dos alunos.

Saber que Nick não fora para a universidade deu à sua mensagem uma ressonância especial. Ele não estava tentando me fazer ser como ele. O contrário, na verdade. Eu me perguntei por que Nick andou tanto comigo para chegar aqui e me mostrar isso. Ele era um cara bem bacana quando não bebia, pensei.

A educação foi o tema daquela semana. Depois do meu jogo de hóquei na noite de sexta-feira, meu pai me disse que, se eu fosse bem com o hóquei, poderia acabar conseguindo uma bolsa em Harvard ou Yale. Perguntei-lhe por que ele não frequentou nenhuma dessas duas universidades.

— Bom, eu não podia me dar a esse luxo — respondeu ele.
— E eu não jogava hóquei, nem participava de corridas de esqui. Além disso, a UCLA estava bem ali, e é uma faculdade muito boa.
— E então por que eu também não vou para a UCLA e pronto?
— Você pode ir. Mas Harvard é melhor.

Estávamos de novo em Lake Tahoe, no vale Squaw. Era uma corrida importante — os três primeiros colocados de todos, dos J3 aos J5, estariam qualificados para se inscrever na Equipe Olímpica Júnior, e certamente qualificados para a corrida do Campeonato do Sul da Califórnia.

Na hora do café daquela primeira manhã, conversei desembaraçadamente com os meus novos colegas de quarto, descrevendo a prática do esqui em neve fresca com meu pai, os triunfos no hóquei, as ondas que pegávamos no México, as cachoeiras de fontes secretas de água quente; eles reagiam com olhos arregalados e sorrisos e me faziam muitas perguntas, a antítese daqueles rostos inexpressivos na minha frente quando eu voltava para casa. Sentir-me valorizado me deixou tão feliz que eu falei durante todo o café da manhã e mal podia esperar pela hora do almoço.

A neve estava dura, e Yan disse que a pista estava compacta, do jeito que as deixavam na Europa. Eu estava no mesmo morro em que foi marcada a pista de slalom das Olimpíadas de 1960, e meu pai chamou Al e lhe disse isso. Percorremos a pista duas vezes, e a subida era implacável, sem partes onde tomar fôlego, com dois *flushes* (pares de bandeiras colocadas em linha reta na pista) em declives íngremes.

Na primeira corrida, eu me saí bem e fiquei calmo, acabando entre os cinco primeiros colocados de todas as categorias, o que me deu confiança. Na segunda corrida, deixei os sulcos me lançarem de uma curva na outra e usei os quadris para obter aumentos extras de velocidade. Durante toda a corrida, eu estava prestes a perder o controle.

Ganhei na minha divisão e acabei em terceiro lugar em todas as categorias, e durante o resto do fim de semana meu pai ficou me chamando de Ingmar Ollestad.

Durante a viagem de carro para casa, eu falei de minhas esperanças e sonhos.

— Acho que posso ganhar o Campeonato do Sul da Califórnia do próximo fim de semana e me qualificar para a Equipe Olímpica Júnior — disse eu.

— Com toda certeza — disse meu pai.

Capítulo 25

Estou com dificuldade para respirar. Devo estar vivo. Que sorte não ter batido numa árvore naquele tombo.

Minha barriga queimava, e minha cabeça zumbia. Diamantes translúcidos dançavam valsa no meio da neve que caía. Tudo girava, e eu pensava em dormir. Isso é só um pesadelo. Vou acordar do sonho e vamos aterrissar em Big Bear. Lá meu pai me tiraria do avião.

Aos poucos, meus olhos conseguiram foco. A rampa se alargara. As bordas rochosas de cada lado fundiram-se com o declive. Talvez eu estivesse perto da parte arborizada.

Sentei-me. Não era um sonho. Todo o meu corpo se descomprimiu. Mas aquilo deu lugar a um fluxo de imagens — os cabelos encaracolados do meu pai, sua cabeça nos joelhos, os braços pendentes formando uma escultura de gelo que se afastava em meio a neblina.

Tentei me livrar delas. Minha cabeça rodopiava, desesperada para escapar do fato de que meu pai estava realmente morto. Eu precisava de um céu azul. Um lugar onde subir que não fosse esse universo cinzento onde a morte, a dor e o frio reinavam soberanos. Mas enxergava apenas uma nuvem chumbo pressionando de todos os lados. Mesmo assim, tentei imaginar minha vida florescendo além desse gelo. Nada. Eu me via como uma chama lutando sozinha na correnteza de um mundo árido. Senti falta das superstições de Sandra.

Fiquei ali sentado, olhando para a passagem, para o que eu sabia ser a parte arborizada além da neblina. Minha cabeça se recusava a dar início ao que quer que fosse, absorta demais em minhas circunstâncias lúgubres. Não consigo. Não consigo mais fazer isso, ecoava em minha cabeça.

Mas meu corpo se mexeu. Como se a minha memória muscular ouvisse a voz do meu pai. "Vá à luta, Menino Maravilha. Você dá conta."

Atravessei a rampa até uma árvore e quebrei as pontas de alguns galhos. Arrancar as agulhas liberou seu perfume familiar e me deu alento, fazendo minha cabeça funcionar. Tive uma ideia. Apoiei-me nos pés e deslizei para baixo, um galho em cada mão para controlar a velocidade e contornar árvores ou rochedos.

O espinhaço de rochas à minha esquerda constituía uma borda formidável, e esses últimos poucos metros da rampa davam num canal, uma espécie de riacho que corria ao longo da base da borda. Acompanhei a corrente de água e vi manchas de sangue no riacho. Meu ritmo acelerado e a ideia de que agora eu estava vencendo a noite me instigaram. Nessa velocidade, eu tenho uma chance, disse a mim mesmo várias vezes.

A borda rochosa terminou, e eu contornei a face de um pequeno penhasco. O corpo de Sandra estava em meu caminho. Ela estava deitada de costas. Os bicos das botas apontavam para o céu. Os cabelos esparramavam-se pelo chão, escuros em contraste com a neve branca. Tive medo de chamar seu nome, medo de ela não se mexer.

Ela estava num enclave arborizado de pinheiros altos. Logo acima dela estava meu banco do avião, encostado numa árvore. Levantei-me, e meus pés pesavam como chumbo. Não conseguia me mexer. A neve aderia às minhas coxas como areia movediça. Todas as fibras musculares das minhas pernas queimavam enquanto eu cambaleava tentando arrancar meus tênis encharcados da neve. Continuei cambaleando na direção de Sandra, chamando seu nome. Mas ela não respondeu.

Seus olhos estavam arregalados. A pele, púrpura. Fiquei de pé sobre ela, e ela olhava direto para mim. Ajoelhei-me, e minhas pernas tremiam de cansaço. Sacudi-a. Falei com ela.

— Você está aqui? Sandra! Sandra! Seus olhos estão abertos.

Cheguei bem perto do seu rosto.

— Você só escorregou — disse eu. — Você vai ficar bem. Vamos embora!

Ela olhava para o cinza-chumbo, e seu corpo estava rígido como um manequim. Estava morta. Um fato consumado, confundido por seu olhar intenso.

O erro, meu exagero na rampa, pesou sobre os meus ombros, e eu precisava me esconder dele. Batia os pés no chão e mexia a cabeça como um animal; depois me encolhi dentro do que parecia uma pele mais grossa. Comprimido, meu corpo sem força nenhuma, destroçado por todas aquelas mortes, pela aridez gelada à minha frente, e eu não tinha energia suficiente para sentir vergonha, para nada.

Deixei passar um tempo precioso agachado ali. Então um rosnado retumbou no meu peito e senti uma explosão de energia. Pus-me de quatro, balançando a cabeça para cima para me levan-

tar. Quebrei galhos dos ramos de pinheiro, gastando mais tempo precioso cobrindo o rosto e o corpo dela, deixando duas aberturas para os olhos.
— Tenho de ir — disse eu.

Capítulo 26

Saímos de Topanga domingo de manhã, às cinco da manhã, para a corrida do campeonato. Meu pai e eu estávamos usando calças Levis e camisetas, e Sandra estava de parca. Apertei-me no banco de trás do Porsche em cima de minha sacola de hóquei, com os bastões no chão — pronto para o jogo daquela noite depois da corrida de esqui. Meu pai e eu cantamos músicas country durante todo o trajeto até Big Bear enquanto Sandra dormia em cima de seu travesseiro, encostado na janela do passageiro.

    Estava um dia claro. O sol saiu bem sobre o resort de esqui Snow Summit, deixando um halo rosa por trás da neve amarelada que estava derretendo. Tomei o café da manhã com a equipe de esqui Mountain High e, durante a refeição, me dei conta de que correria pela Mountain High hoje. Quando perguntei o porquê a meu pai, ele disse que, para correr no Campeonato do Sul da Califórnia, eu precisava estar numa equipe do sul da Califórnia, não na equipe Incline — mesmo que eu morasse mais ao sul do que qualquer outro participante. Meu pai tinha providenciado tudo aquilo e, bem à sua moda, empurrou-me para um mundo inteiramente novo como se fosse apenas um detalhe sem importância.

Sem armar confusão, sem ressentimento, reconsiderei a situação, como meu pai sempre parecia fazer. Só um outro nome, o resto é a mesma coisa: o mesmo equipamento, a mesma montanha, os mesmos esquis, a mesma corrida. Olhar para as coisas dessa forma era certamente muito mais fácil do que lutar contra elas. No fim do café da manhã, meu pai me presenteou com um novo suéter Spyder, uma peça muito bacana mesmo, para completar a transformação.

A neve tinha se transformado em gelo sólido durante os últimos dias. Ao meio-dia, ela ficaria mole, e meu pai esperava que a corrida fosse mantida assim mesmo, de modo que a minha segunda corrida não seria na neve suja semiderretida. O trajeto escolhido era bem parecido com o do vale Squaw — íngreme e com curvas fechadas.

Às nove e meia fiz minha primeira corrida. Meu estilo estava agressivo demais, um pouco arrogante, e eu tive de abrir sulcos no gelo para compensar meus ângulos difíceis. Apesar disso, consegui competir pelo primeiro lugar com Lance, que estava correndo pela equipe Big Bear.

Quando as meninas fizeram sua primeira corrida, o sol estava forte, e a neve amolecia. Meu pai disse que havia uma massa de umidade vindo do mar em alta velocidade e que estava a apenas 130 quilômetros de distância. E, quando as meninas terminaram, senti picadas do ar frio que flutuava sobre as cordilheiras, e vi farrapos de nuvens.

— Vamos lá, minhas lindas — disse meu pai para as nuvens. — Continuem boas para nós.

Depois do almoço, lençóis enrugados de grandes nuvens de contornos arredondados desenharam faixas no céu, e a brisa fria era persistente, mantendo a neve dura o bastante para constituir uma vantagem para mim.

— Relaxe e curta, Ollestad — disse o meu pai.

— Comece em alta velocidade. Curvas suaves, benfeitas, Norman — disse o instrutor de Mountain High.

— Participantes na linha de partida — chamou o juiz, que então começou a contagem regressiva. Ajustei meus óculos embaixo da borda do capacete. Um dilúvio atingiu minha bexiga, e eu fechei as pernas, impedindo a tempo que saísse. Levantei os punhos, guiando as pontas dos bastões para cima, na direção do aparelho que ativa o cronômetro, enfiando-as nos buracos, os braços estendidos para a frente como o Super-homem voando.

— Dois... um... Já! — disse o juiz.

Meu peito projetou-se entre os braços, e eu abaixei meus bastões enquanto os calcanhares chutavam para trás, fazendo-me balançar na direção da ponta dos pés. Todo o meu corpo se arremessou para a frente antes das minhas botas baterem no suporte do cronômetro. Passei em alta velocidade pelos primeiros postes de demarcação da pista. Rocei num deles e me abaixei ao começar minha curva seguinte. À medida que a montanha ficava mais íngreme, os sulcos ficavam mais profundos. Meus esquis curvaram-se, desencurvando-se quando saí dos bolsões, arremessando-me no ar. Dobrei os joelhos na curva seguinte e senti os esquis aderindo ao sulco. Mais um par de postes de demarcação, depois a descida livre. Eu estava bem diante das curvas e me lancei com tudo. Cinco rápidas mudanças de ângulo entre as lâminas do esqui e a neve — cinco curvas rápidas através dessa parte de ângulos fechados entre os postes de demarcação. Resvalando para fora da descida livre, o sulco seguinte fazia uma curva de 90° e, quando cheguei nela, bati as rótulas dos joelhos no queixo. Estrelas e o gosto de sangue. Eu estava atrasado na curva seguinte. Meio cego, enfiei as bordas das lâminas dos esquis no gelo e soltei-as de repente, projetando-me para fora do fundo do sulco e subindo no ar, perdendo algum tempo no processo. Quando meus esquis tocaram o chão, eu os coloquei no alinhamento certo e cuspi o sangue antes de me comprimir no sulco seguinte. Cuspir, comprimir, manobrar com o peso. Outra depressão funda. Trabalho delicado com as bordas dos esquis. Leve como um gato, consegui retomar um bom ritmo.

Quando passei pela linha de chegada, estava engasgado com o sangue. Tossi para expulsá-lo e cuspi na neve. Meu pai chegou a meu lado esquiando. Levantei os olhos, e seu sorriso incansável disse tudo.

— Estou em primeiro lugar? — perguntei para ter certeza.

— Está. Mais dois corredores — disse ele. — Você está bem?

Eu afirmei com um aceno da cabeça.

— Lance está vindo agora — disse eu, apontando para a montanha.

Ele passou zunindo pela descida livre e desequilibrou-se no barranco formado por aquele sulco e foi jogado para a parte traseira dos esquis — e não conseguiu recuperar o controle durante todo o percurso até a linha de chegada. Meu pai e eu vibrávamos perto do mostrador. Meus tempos combinados eram mais rápidos.

O corredor seguinte bateu no primeiro sulco de cabeça, e eu o vi cair. Desclassificado.

Meu pai fez um gesto de assentimento com a cabeça. Olhou para mim. Seu rosto estava plácido. O sorriso era afetivo.

— Você ganhou, Ollestad.

Levantei os braços e cuspi mais sangue. Olhamos um para o outro. Eu o vi muito claramente. A saliência do crânio projetando-se da testa irregular e cheia de protuberâncias, o aglomerado de diamantes no azul dos olhos, frágeis janelas quebradas, e eu vi alguém mais jovem e cheio de ambições grandiosas e pensei no quanto ele quis ser um profissional do beisebol. Olhou para mim como se olhasse num espelho, estudando-me como se eu tivesse algo que ele admirava, que até desejava.

— Você foi bem pra caralho.

— Obrigado.

O instrutor da Mountain High chegou e me deu um tapinha na bunda.

— Uma boa corrida — disse ele.

Ele me lançou um olhar intenso. Parecia haver uma fogueirinha nas minhas mãos, e todos queriam curtir o seu calor.

— Finalmente — disse eu.

Capítulo 27

Afastei-me do corpo de Sandra protegido por galhos e estudei a paisagem. No local do acidente, eu havia feito um mapa dessa borda elíptica e da garganta apertada abaixo dela. Tinha de controlar minha descida até aquela saliência e esperava conseguir sair daquela garganta; depois chegaria à campina e, em algum lugar lá embaixo, na floresta, encontrar a estrada que me levaria para o abrigo.

Pelo que eu conseguia enxergar, a borda era perfeita para minha técnica de poupar energia — deslizar de bunda. Lá fui eu. Depois de alguns minutos, percebi que estava contornando marcas que via na neve — pontas de pedras, protuberâncias, pegadas de animais, qualquer coisa — e que eu estava gritando de entusiasmo como se estivesse numa pista em zigue-zague. Esse impulso brincalhão me pareceu imprudente e parei de gritar; desci em linha reta, só virando para controlar a velocidade.

Quase três quilômetros depois, o declive afunilava-se em direção à garganta, e os lados dessa garganta erguiam-se como dois tsunamis de pedra prestes a se chocarem. Eu estava bem no meio. O declive ficou mais íngreme, e alternei entre escorregar de bunda e escorregar de barriga no chão para me frear na neve com meus galhos.

Enquanto eu descia, o terreno mudou para pedras irregulares misturadas com neve, e o ângulo do declive chegou perto dos 35°. Estava perigosíssimo agora. Eu tinha de continuar de bruços.

Diminuir a velocidade deu à noite que caía uma chance de me vencer. Cada passo metódico e cada apoio agarrando com as mãos tornaram-se uma batalha. Logo, ambos os lados estavam tão próximos um do outro que fui obrigado a ir na direção do leito do riacho. Eu o percebera aqui embaixo na fenda e queria evitá-lo a todo custo. Molhar-me com certeza diminuiria a minha velocidade. Poderia me dar hipotermia.

Notei arbustos espremendo-se entre o rochedo e cheguei à conclusão de que valia a pena pôr minha força à prova para chegar até eles. Usei as fissuras da pedra, enfiando meus dedos congelados nelas para atravessar a borda perigosa acima do riacho. Agarrei-me aos arbustos e abaixei-me o máximo possível em direção à margem do riacho. Faltava pouco mais de meio metro.

Olhei para a camada transparente de gelo que cobria a água pastosa que faiscava lá embaixo como cardumes prateados. Lembrando que o meu pai quase congelara quando se molhou durante uma de nossas aventuras na neve fresca no interior do país, eu sabia que tinha de me manter em terra firme. Caia de lado, e não de costas, se perder o equilíbrio, disse a mim mesmo.

Baixando o corpo, minhas mãos resvalaram pelo arbusto e eu caí. Meus pés afundaram na neve, e eu balancei para trás. Obriguei-me a virar de lado, aterrissando em cima do quadril e evitando o riacho. O pé enterrado não se soltava, e eu senti um beliscão no joelho. Levantei-me apoiado nas mãos para soltar o joelho. Puxei os pés para fora e comecei a andar. O joelho doía, mas funcionava.

A parede desse lado era vertical demais, e o banco de neve ao lado do riacho era estreito demais. Precisei pular o riacho de 1,20 metro de largura. O banco de neve ao lado do riacho tinha só uns 30 centímetros de largura desse lado, e eu tive de descer apoiado no quadril, de costas para o riacho e de frente para a parede da garganta. Usando protuberâncias da parede da garganta para controlar minha velocidade, continuei descendo apoiado no quadril — um método a ser testado. Um erro aqui seria desastroso. Não escorregue desse banco de neve, avisei a mim mesmo. Você vai congelar, e aí vai ser o fim.

Manobrei o corpo numa série de contorções, desenhando linhas finas e irregulares no banco de neve entre a parede da garganta e o riacho. Algumas centenas de metros abaixo, identifiquei um lugar onde aterrissar — uma superfície rochosa que parecia uma tigela sem água dentro. Esperava que à sua direita ou à sua esquerda houvesse um buraquinho de agulha através da muralha de pedra.

O tédio deixou meus olhos secos e irritados, e eu comecei a piscar incessantemente. Depois, parei num lugar bom e fechei os olhos por alguns minutos. Em seguida os abri para avaliar meu progresso. Nem sequer metade do caminho para aquela rocha em forma de tigela, ainda a mais de 300 metros abaixo.

Voltei ao tédio daquele progresso lento — centímetro a centímetro, pedra a pedra, unha a unha. Os detalhes ínfimos à frente do meu nariz eram todo o meu universo.

Quando consegui chegar à tigela de pedra, estava perceptivelmente mais escuro. Estudei as nuvens, esperando serem elas as culpadas. Mas elas tinham se dissipado na garganta e subiam flutuando pelas paredes. Tomado pelo medo que corroía a minha determinação, sucumbi à dormência, à exaustão e à fome que me consumiam, pedindo para serem reconhecidos. Aquilo tudo me pegou de repente, e eu caí pesadamente sobre a rocha fria, batendo o queixo no joelho. Exatamente como quando eu bati naquele sulco dos diabos, pensei. Se ao menos eu tivesse apagado durante a corrida, não teria ganhado aquele troféu idiota e não teríamos tomado o avião. Isso fez minha cabeça parar, e eu descansei, como se dormisse.

Lembrei que meu pai me proibia de comer porcaria. Uma vez em particular, no banquete do meu time de futebol americano Pop Warner, para o qual Nick me levou, o técnico abriu caixas de barras de chocolate de todos os tipos, e nós todos corremos para elas. Eu tinha pegado a minha favorita — marca Three Musketeers — quando meu pai surgiu do nada.

— Nada disso, Ollestad — disse ele.

Eu o xinguei, e ele me disse que sempre estaria ali, e mesmo quando eu tivesse 16 anos e estivesse com uma menina, prestes a abrir uma lata de cerveja, ele ia pular do banco de trás do carro e dizer:

— Arrá!

Meu corpo reagiu de novo quando minha cabeça estava exausta demais, e eu me levantei da rocha fria. Procurei a melhor forma de continuar.

A garganta inclinava-se 90°, indo na direção de uma fenda num cânion ou garganta mais larga. Mas o chão de pedra simplesmente acabava, um penhasco, com certeza, pensei. Os outros lados da tigela de pedra subiam verticalmente e integravam-se à crista maciça da cordilheira. Eu precisava ir para onde quer que a garganta me levasse.

De quatro, arrastei-me para trás, seguindo o chão de pedra. Embaixo de mim, a rocha brilhava com manchas de gelo, e eu não tinha motivos para acreditar que haveria alguma coisa em que me segurar assim que eu passasse da borda.

Quando me aproximei da borda, deitei-me de bruços. Pés primeiro, e eu me pendurei na borda. Era uma cachoeira seca, exceto à minha extrema direita, onde um fio de água escorria pela face de pedra. A garganta da cachoeira era composta de carapaças de pedra congelada empilhadas umas sobre as outras. Na rampa, eu tinha ao menos a chance de evitar uma colisão se escorregasse, mas aqui a cachoeira desembocava em placas de argila xistosa a uns 15 metros abaixo de mim.

Não houve um processo de tomada de decisão. Eu tinha de ir. Por isso, fui. Usando a parede curva e todas as fendas que consegui encontrar sobre a face da garganta para me servirem de apoio, estendi os membros na horizontal. Desci a garganta arrastando-me de fenda em fenda, as pontas dos dedos das mãos e dos pés entorpecidas escolhendo inexplicavelmente os pontos de apoio escamosos e descobrindo alavancas mínimas.

Depois, deixei cair a última pedra gelada nos pedaços de argila xistosa do tamanho de uma pessoa. Parei por um momento. A neblina tinha se levantado até as nuvens escuras. Eu conseguia enxergar a centenas de metros de distância e finalmente estava fora do desfiladeiro. Mas a luz do dia estava acabando. Respirei fundo algumas vezes e continuei a batalha para seguir em frente. A campina deve estar perto.

Capítulo 28

Meu pai me empurrou para o hotel Snow Summit, e nós pusemos todo o nosso equipamento de esqui num armário. Depois fomos para o bar encontrar Sandra.

— Quando vou receber o troféu? — perguntei.

— A cerimônia é amanhã, o Dia do Presidente — disse ele.

— Mas, se eu o pegasse agora, a gente não precisaria voltar — disse eu.

— Não é isso que eles estão planejando — respondeu ele. — Além do mais, você pode treinar com a equipe amanhã.

Entramos no bar, e Sandra estava irritadíssima. Ela queria passar a noite ali.

— Norman Jr. tem um jogo de hóquei — disse o meu pai.

— Bom, foda-se, Norm — disse ela. — Parem todos. Parem tudo o que estiverem fazendo — anunciou ela ao bar. — Este menininho louro tem um jogo de hóquei; que o mundo pare por ele.

— Estamos indo, venha — disse meu pai.

Ele se virou e eu o segui porta afora. Estava quente de novo, e as nuvens tinham desaparecido. Olhando para uma cordilheira distante, meu pai agradeceu à tempestade por mandar ar fresco.

— Acho que só pegamos a pontinha dela — acrescentou ele.

Vindo atrás de nós, Sandra xingou e praguejou durante todo o trajeto até o Porsche.

— Não há uma porra de um descanso — disse ela. — Vai pra lá. Vem pra cá. Vai, vai, vai, VAI!

Meu pai manobrou para fora do estacionamento, pôs o carro em primeira e agarrou o volante com ambas as mãos.

— Estou satisfeita por pegar a porra de um avião amanhã — disse ela.

— Eu também — disse eu.

— Poderemos ver a pista de corrida do campeonato do ar — disse ele.

— Que legal.

— É melhor tirar um cochilo — acrescentou ele. — Jogo importante hoje à noite.

— Tudo bem — disse eu.

Recostei-me na janela de trás.

Capítulo 29

O gigantesco monte de argila cercado de neve mostrou ser mais extenuante do que previsto. Esse terreno não era tão íngreme assim, e não havia gelo, nem despenhadeiros, mas a neve grudenta se prendia nos meus tênis, e eu tive de ficar de pé em vez de escorregar, esgotando minhas últimas reservas de energia. Fui obrigado a me curvar e a me contorcer sobre formas pontiagudas irregulares, perdendo o apoio constantemente, cavando buracos muitas e muitas vezes — um lembrete desagradável da minha fome e da minha exaustão suprema. Meu estômago parecia estar digerindo a si mesmo.

Logo não me sobrava mais nada. Não tinha energia para reagir, nem mesmo para me desesperar. Cambaleei e literalmente tombei sobre um montinho de neve que apareceu como que por milagre. O gigantesco monte de argila parecia dissolver-se nesse leque aluvial de neve como um rio turbulento que se alimenta de água transparente, lenta. Ergui os olhos, talvez pela primeira vez em meia hora.

Depois de 200 metros de descida, uma placa de neve do mais puro branco irradiava um clarão fraco — a campina. Ela estava parcialmente oculta por moitas intermitentes que furavam a neve. Imaginei-me indo para a campina, mas achei que o leque de neve à frente era instável — embaixo dele as moitas, esmagadas como molas de colchão, eram uma armadilha. Brotando aqui e ali, o arbusto parecia um labirinto decadente. Ensaiei contorná-lo e chegar à campina. Meus olhos andavam pela superfície, farejando potenciais pontos perigosos. Bem à minha frente, havia neve fresca enganosamente firme — uma mola constituída de moitas que se romperia sob os meus pés. Identifiquei mais algumas áreas a evitar, e então me levantei entorpecido e exausto, tremendo até a medula dos ossos. Era como se as minhas cartilagens e ligamentos tivessem secado, e eu me perguntava se ia me desintegrar como madeira frágil.

Inclinei-me na direção da campina, atraído por ela, um animal desidratado atrás de um buraco com água. Meu primeiro passo foi no estilo Frankenstein. Arranquei uma perna da neve e lancei-a para a frente. Minha cabeça estava leve, como se não houvesse cérebro dentro do crânio. Hesitei, incapaz de me equilibrar na crosta instável que mudava para cimento duro e voltava a ser crosta entre um passo e outro. Tive de parar. Respirar. Equilibrar-me.

Lancei de novo uma perna para a frente. Dessa vez, deixei o impulso me levar morro abaixo. Quando a neve ficou macia embaixo dos meus pés, usei a barriga para levantar meu peso como se estivesse esquiando numa crosta quebradiça, ou em Sierra Cement com meu pai.

Enquanto eu descia cambaleando pelo leque de neve, minha cabeça latejava com imagens confusas que queimavam embaixo de um sol mexicano. Nenhuma emoção, só o perfume vago de tons de amarelo e laranja — eu, meu avô, meu pai, nadando num oceano quente como uma banheira.

Meus olhos estavam fechados quando a crosta rachou. Passei o peso de um pé para o outro como se dançasse, e ele também afundou. Caí de lado num movimento brusco, e minha mágica esgotou-se. Mergulhei, penetrando fundo nas moitas como uma faca. Quando me refiz, estava quase completamente enterrado, só com a cabeça e uma das mãos para fora da neve.

Cuspi a neve clara da boca. Estiquei meu braço livre, e a superfície desmoronou no meu buraco. Meus tênis bateram no emaranhado de galhos, e eu afundei mais alguns centímetros.

É como um poço de árvore, pensei. Vi meu pai apoiando os pés e braços nas laterais, subindo e saindo de lá. Posso fazer o mesmo.

Os cipós cederam no instante em que pus meu peso sobre eles. Empurrei o corpo para cima, e os membros penderam, inúteis.

Algumas folhas denteadas ainda se prendiam aos cipós e, quando me mexi de novo, as calças e o suéter de esquiar puxaram todo aquele emaranhado, fazendo tremer a neve a meu redor.

Nada estava dando certo e parecia que nada daria certo. Eu estava no fim das minhas forças. Houve uma explosão de raiva e frustração, asfixiada abruptamente, como se todos os circuitos do meu cérebro estivessem crepitando, e eu apaguei.

Capítulo 30

Meu pai estava nas arquibancas no início do segundo tempo, como havia prometido. Levara Sandra para casa porque ela se recusara a ficar sentada no frio ringue de gelo. Logo de saída, peguei o disco de borracha e rompi a defesa com um aumento de velocidade explosivo no meio do caminho. Não havia ninguém para eu passar o disco e o goleiro saiu de seu posto e veio na minha direção, de modo que empurrei o disco com o bastão para a esquerda, puxei o disco para mim e mudei de rumo. O corpo do goleiro estava indo pelo caminho errado, e eu fiz o disco deslizar por baixo de sua luva estendida.

— Bela jogada, Ollestad — disse meu pai das arquibancadas.

Os outros jogadores do meu time bateram na minha palma erguida como forma de comemorar a jogada, e o técnico me manteve na quadra. No fim do segundo tempo, ajudei a chegarem ao gol.

Depois do jogo, alguns dos meninos do outro time elogiaram meu estilo e fui para a cama naquela noite considerando-me muito bem-sucedido. Sou realmente todas essas coisas que o meu pai fala o tempo todo que eu sou. Bom a ponto de vencer os meninos maiores e mais fortes. Mais foda que merda de tigre — talvez até mesmo que mijo de tigre. E amanhã vou ter um troféu de campeonato para provar isso.

Capítulo 31

Eu estava exaurido física e mentalmente, preso num buraco, emaranhado em galhos invencíveis e semiconsciente. Como algo avançando numa selva densa, tomei consciência de mim outra vez. Uma vaga ideia me passou pela cabeça como um sussurro — a alguns metros de distância, havia alguma coisa em que me agarrar, uma sebe. Comecei a ver de novo o lugar à minha volta — o dorso da cordilheira maciça era uma coroa de pedras projetando-se para a frente como a proa de um navio naufragado. Estou perto da campina, bem perto, lembrei. Posso usar as unhas dos dedos, fazer um esforço supremo — eu examinava rapidamente as estratégias. Apesar desses apelos sussurrados à ação, na verdade não me mexi.

Ouvi um barulho acima da minha cabeça. Ergui os olhos e vi a parte de baixo de um grande avião. A neblina cedera espaço completamente a um céu cor de chumbo escuro. O avião planava, e eu usei minha mão livre para acenar para ele. Mantive os olhos grudados nele.

Miraculosamente, ele voou em círculos sobre mim. Acenei e o assisti voltar a sobrevoar a campina de novo. Acenei e gritei.

Eles conseguem me ver. Estou salvo. Então o avião passou para o outro lado da cordilheira. Eles me viram. É por isso que voaram em círculos.

Esperei durante um longo tempo, e o avião não voltou; ninguém veio me salvar, nem chamar por mim. Os sons que o vento fazia pareciam vozes, e eu gritei, mas só o vento respondeu.

As bordas do céu de chumbo estavam negras — a noite estava chegando devagar, talvez daqui a uma hora. Senti-me exaurido de novo, aturdido, a visão turva. Achei que minha batalha terminara e que eu ia morrer.

Capítulo 32

Meu pai me acordou às cinco e meia. Sandra estava na sala aquecendo as mãos em cima da salamandra, nossa estufa de ferro fundido. Precisei de um momento para me lembrar do porquê de estarmos todos de pé tão cedo — a viagem de avião, de volta a Big Bear.

Enquanto eu amarrava os meus tênis, notei algumas fotografias novas em cima da escrivaninha que foram dadas a meu pai por um cliente sem dinheiro, como forma de pagamento por tirar seu filho da cadeia. Ao lado da velha foto em preto e branco de mim amarrado às costas do meu pai enquanto ele surfava uma onda de 60 centímetros ao largo do point, havia uma foto colorida do meu pai, meu avô e eu nadando no dia em que chegamos a Vallarta, nossas três cabeças saindo da água como leões-marinhos. Além dessa, havia outra do meu pai e eu esquiando em St. Anton, Áustria — neve fresca à altura da bota —, em que estou na frente com meu "limpa-neve que consegue esquiar em cima de qualquer coisa", como meu pai gostava de dizer.

— Quem tirou a foto da gente esquiando em St. Anton? — perguntei.

Ele saiu do banheiro nu, escovando os dentes.

— Pedi a um profissional. Bem bacana, né?

— Está ótima. Nós dois arrasando.

Sandra aproximou-se.

— Estou me perguntando de que tamanho vai ser o troféu — disse ela.

— Deve ser bem grande. Certo? — disse eu.

— Quem liga para um *troféu?* — perguntou meu pai. — Você sabe que ganhou, é só o que importa.

Capítulo 33

Eu estava preso numa armadilha, esgotado e congelado. A noite descia sobre mim como uma massa de corvos precipitando-se de todos os cantos do céu. Fechei os olhos para me proteger deles — querendo cair no sono antes que eles me devorassem.

Algo como um movimento de vaivém abriu caminho dentro de mim. Algo maior, vindo do centro da terra, estava contando o tempo. Algo vago como uma gota de orvalho deslizando sobre uma folha.

Percebi o vento assobiando nas gargantas e ouvi-o cortar a neve. O gelo salpicava o meu rosto. Ocorreu-me que eu ainda estava preso e ainda estava gelado e, por conseguinte, ainda estava vivo. Vi outra rajada de vento arrancar um naco de neve como grãos de lixa que se soltassem. O que me fez pensar num cemitério desolado de uma cidade fantasma. Lembrei de meu pai e eu em Bodie, o crepúsculo frio obrigando-nos a correr para o carro, meu pai dizendo que a temperatura caíra de três para quatro graus abaixo de zero, dando-me permissão para dizer: "Quatro graus abaixo de zero, nota dez."

Olhei para as moitas projetando-se para fora da neve a vários metros de distância. Chutei-a enrolado nas minhas pernas e tronco embaixo da neve. Não havia como chegar àquela primeira sebe.

Apesar disso, estiquei um braço na direção da primeira sebe, e meu corpo se moveu para lá. A neve cedia, e eu joguei meu peso em círculos, em dez direções diferentes ao mesmo tempo — nado cachorrinho em câmera lenta, pisando em água no mar de cipós. Intuitivamente, minha axila, algumas costelas e um quadril acharam um lugar para acariciar os cipós, e eu me inclinei delicadamente, ajeitando-me.

Como um ginasta passando as pernas sobre o cavalo pra lá e pra cá, levantei-me em cima de uma bola de galhos que apoiava o meu quadril. Depois, meus pés empurraram, e eu saí do buraco. Tive o cuidado de não deixar meu tronco ir muito para a frente na neve, fazendo-me correr o risco de cair de cabeça no próximo quadrante de malhas.

Então os galhos desmoronaram. Joguei o quadril para baixo e empurrei as pernas para trás, estendendo todos os quatro membros, agarrando-me como um carrapato nos pelos de um cão.

Aventurei-me a estender um braço outra vez. A neve parecia sólida embaixo de mim. Estiquei as pernas para fora da malha, dispersando a carga. Embaixo do meu antebraço, a crosta estava firme. Fiz o queixo, o peito e depois a barriga deslizarem na direção desse atol. Ele estalou, e eu fiz o corpo girar, ficando de costas no chão. Enquanto aquela vidraça se estilhaçava, eu girei os pés e os empurrei para baixo, garantindo que eles sairiam primeiro com a neve que se soltava em direção à árvore lá embaixo. Com os quatro membros bem esticados outra vez para pegar a moita, minha cabeça saiu do buraco. Lá estava a sebe. A um pulo de distância.

Fiz um grande esforço para chegar até ela. Infelizmente eu não tinha um ponto de apoio e acabei caindo mais fundo ainda no meu buraco. Tentei de novo. Espalhando meu peso dessa vez. Desenrolei-me graciosamente enquanto estendia um braço para fora. Movimentei-me com cuidado na borda do buraco. Meus dedos roçaram na parte de baixo da sebe. Um leve meneio e meu tronco seguiu o braço para fora do buraco. Patinei um momento ao longo da crosta, depois agarrei um feixe de galhos. Minha destreza imperfeita foi compensada pelo emaranhado apertado que me prendia tanto quanto eu me prendia a ele.

Quando a neve se rompeu à altura da minha cintura, ambas as mãos largaram o arbusto, e eu mal consegui levantar o braço a tempo de agarrar a sebe, com uma das mãos. Minhas pernas caíram e se apoiaram na malha lá de baixo. Então consegui agarrar a sebe com a outra mão e chutei para longe aquelas esporas irritantes. Levantei meu corpo em direção à sebe e enrolei bem minhas pernas em seu tronco. Eu estava pendurado de frente para a sebe, e ela se inclinou na direção do abismo cheio de emaranhados. Não havia uma porra de um lugar onde eu pudesse me deixar cair.

Então compreendi que podia deixar as pernas caírem e, alternando as mãos, andar pela frente da sebe. Consegui, meus pés dormentes balançando como os pés de um morto sobre a crosta. Atravessei a sebe como se estivesse pendurado em aros num playground. Consegui chegar ao fim da sebe. Havia uma distância de 90 centímetros a 1,20 metro até a próxima planta que se projetava para fora da neve. Espiei por entre os galhos, mas não consegui localizar a campina. Eu sabia que ela estava bem perto.

Estendi a perna e senti que a neve embaixo estava firme o bastante para eu descansar uma parte do meu peso nela. Reuni minhas forças e abaixei-me, ficando de bruços, distribuindo o peso. O chão parecia sólido, e por isso avancei pela crosta e agarrei a sebe seguinte. Isso me permitiu levantar-me de novo porque eu tinha a sebe para me segurar.

Andei em cima da neve e me agarrei à sebe de modo a não colocar peso demais na crosta frágil. As moitas ficavam cada vez mais perto umas das outras à medida que eu descia a encosta. Eu corria em disparada de uma para a outra e só caí algumas vezes. Era fácil me movimentar com a sebe bem ali. Então vi a campina. Meus olhos se fixaram no oásis, e em nada mais.

Capítulo 34

Um guarda nos deixou passar pelo portão de entrada do aeroporto de Santa Monica. Uma desolação. O céu estava cinzento e melancólico. Estacionamos atrás de um edifício que ficava embaixo da torre de controle. Entramos. Meu pai bateu numa porta, e um homem alguns anos mais jovem que ele apareceu. Seu nome era Rob Arnold. Seu cabelo louro-claro estava cortado logo abaixo das orelhas e penteado para trás com capricho, fazendo-me lembrar daqueles caras tacanhos que vinham da cidade surfar em Topanga. Era o nosso piloto. Estávamos todos prontos para partir.

Capítulo 35

Quando cheguei à orla da campina, a neve comprimira as moitas, criando uma crista de 1,20 a 1,50 metro desse lado da campina. Deslizei sobre a crista e entrei naquele oásis nebuloso. Chapinhar na neve macia e andar ereto por um terreno uniforme chocaram-me — quebraram o encanto que havia canalizado cada partícula de energia, mental e física, para um único foco. Parei de andar. Queria desistir. Deixar de lado. Sentar-me e recusar a fazer isso. De repente, tudo quanto eu vira durante as últimas oito horas me deixou com uma raiva violenta.

Fiquei ali enfurecido. A ira que me açoitava impediu-me de me sentar no chão almofadado. A raiva era quente. Pela primeira vez desde o acidente, não senti frio. Meus dedos e pés estavam entorpecidos, mas o rosto e o tronco e as coxas estavam quentes, quentes mesmo.

Agora importava apenas não sentir frio de novo — e, num relance, eu estava de novo sob aquele encanto que me impeliu a descer a montanha e me arrancou de dentro de todos esses galhos das moitas, como um lobo sentindo o cheiro de carne fresca à sua frente.

Caminhei penosamente pela campina. Procurava uma abertura no tecido apertado de moitas e carvalhos do lado da encosta da montanha. Percorri todo o perímetro. A floresta era densa demais. Parecia não haver forma de chegar àquela estrada que eu avistara lá de cima. Como sair daquele lugar infernal?

Vi alguma coisa, mas a luz era pouca. Ajoelhei-me. Era uma pegada feita por uma bota. Marcava a neve com pequenos quadrados. Como as botas do meu pai. Ele ainda estava lá em cima, açoitado pela tempestade de neve. Meu joelho parecia pesado demais para erguer-me do chão, como que comprimido por alguma coisa. Seu corpo afundado, sem reação de sacudi-lo, turvou meus pensamentos. Eu estava aqui embaixo e ele estava lá em cima. Ele me levaria para baixo consigo caso a situação fosse invertida, não havia dúvida sobre isso na minha cabeça.

Obriguei-me a estudar a neve — "vá em frente e aguenta firme". As pegadas de bota eram recentes. Havia outras.

Reduzir o leque dos meus objetivos às pegadas de bota parece ter me posto de volta em minha pele de lobo — mais natural para mim agora do que minha pele de menino de 11 anos.

O terreno entrou num foco nítido. Levantei o joelho e rastejei para a frente seguindo as pegadas até o pé da montanha. Uma rota caótica, circular. Crianças brincando, pensei. E tem uma grande. Um adulto. O pai. Eu estava de pé, cambaleando na sua trilha. Ela me levou para a direita e para a esquerda, fez-me passar por um túnel embaixo da moita de arbustos, plantas e galhos de carvalho. Cada marca quadrada na neve me chegava às entranhas, levando-me para a frente. As pegadas deviam dar naquela estrada.

Ouvi alguma coisa. Uma voz.

Capítulo 36

Rob, o piloto, levou-nos para o outro lado da pista, na direção de um dos vários aviões Cessna de quatro lugares estacionados em fila. Meu pai ergueu os olhos para o céu uniformemente cinzento.

— Você acha que o tempo está bom para voarmos? — perguntou ele a Rob.

— Está. São só algumas nuvens — disse Rob. — Vamos ficar embaixo delas, provavelmente. Vai ser um voo tranquilo.

Meu pai olhou para o céu mais uma vez.

— Tudo bem — disse ele.

Capítulo 37

O vento tinha me enganado antes, então ignorei a voz. As pegadas de bota faziam um círculo, e eu o percorri inteiro até me dar conta de que estava voltando sobre meus próprios passos. Ondas de pânico lançaram adrenalina no sangue, e meu corpo ficou irrequieto. Era difícil me concentrar. Eu precisava estudar o caos de pegadas diante de mim, mas a cabeça estava anuviada pela onda de adrenalina.

— Alô! Alguém aí? — ecoou pelo cânion.

Pisquei. A voz parecia vir de todos os lados. Enfiei os olhos naquelas pegadas de botas, não querendo que elas desaparecessem — eram reais, mas a voz podia não ser. Gritei a resposta.

— Socorro!

— Alô! — respondeu alguém, e não parecia ser o vento.

— Socorro! — gritei de novo.

— Continue gritando! — disse um menino. — Vou seguir sua voz.

Continuei gritando e correndo morro abaixo, na direção da minha melhor estimativa do lugar de onde a voz estava vindo. Passei pelos carvalhozinhos em alta velocidade, como se fossem bastões de demarcação de uma pista de corrida. Cheguei a uma luz leitosa na estrada de terra.

— Puta que pariu. Consegui.

Enquanto eu cambaleava pela estrada, chamava a voz.

Vinha de um ponto exatamente atrás da curva. De repente, apareceu um cachorro. Descarnado. De pelos castanhos. Depois um adolescente, usando uma jaqueta em cima de uma roupa de flanela Pendleton. Ele parou e ficou imóvel. Fui até ele.

— Você é do acidente? — perguntou ele.

Era estranho que ele soubesse, pensei.

— Sou — disse eu.

— Tem mais alguém lá em cima?

— Sim. Meu pai e sua namorada, Sandra. O piloto morreu.

— E o seu pai?

Antes que eu pudesse impedir, a frase saiu pela minha boca.

— Morto ou só desmaiado — disse eu. — Eu o sacudi, mas ele não reagiu.

O adolescente olhava para mim. Sua expressão atordoada e eu ter dito em voz alta a palavra *morto* deram vazão à tristeza profunda de tudo aquilo — meu pai fora embora para sempre. Ele nunca mais vai me acordar para praticar hóquei, nunca mais vai me incentivar a entrar numa onda, nunca mais vai apontar a beleza de uma tempestade. A dor atacou meus ossos, quebradiços, frios e fáceis de esmagar. Um peso insuportável se fez sentir nas minhas costas e pernas, e os pés tremiam, e eu não conseguia mais olhar para o rosto triste do adolescente. Ele era a prova viva de que aquilo tudo era real, de que meu pai estava morto.

Olhei para o chão e minha coluna esforçou-se para me impedir de cair.

— Quer que eu o carregue? — perguntou ele.

— Não, estou bem — respondi.

Ele me pegou assim mesmo, e eu não resisti. Ele me pôs em cima dos braços estendidos. Pareciam facas, e a dor percorreu o meu corpo todo, perfurou minha cabeça e doía tão horrivelmente que me contorci — mente e corpo dando um nó.

Enquanto ele me carregava pela estrada, comecei a olhar para trás, para a montanha. Embora ela estivesse escondida por nuvens vaporosas, eu sabia vividamente o que estava dentro daquela tempestade e, por um instante, todo o arco da minha vida ficou claro para mim: meu pai me convencendo a ir além dos limites do conforto, dia após dia, moldando-me para ser sua pequena obra de arte, até os dedos vis da dúvida de Nick que eu teria de enfrentar sozinho, tudo estava completamente transformado. Cada contratempo, cada luta, tudo que me deixava furioso e me fazia xingar meu pai às vezes murmuraram juntos, uma cena levando à seguinte, as peças cada vez mais velozes como dominós caindo um em cima do outro.

Olhei para a tempestade enquanto ela se deleitava na montanha, martelando o corpo do meu pai ainda preso lá em cima. Ela não me pegou. E eu sabia — eu sabia que aquilo que ele me fez passar foi o que salvou a minha vida.

Na penumbra cinza-carvão, o adolescente, que disse que seu nome era Glenn Farmer, levou-me para uma serraria que ficava perto de uma casa de fazenda. Uma loira alta estava de pé do lado de fora da serraria observando-nos enquanto nos aproximávamos. Foi para o meio da estrada, e Glenn me levou direto para ela. Ela recuou ao ver meus olhos roxos-e-azuis, as lacerações com sangue nas cascas e as articulações em carne viva, mas só por um instante; depois seus olhos de pálpebras muito caídas relaxaram, abrandando seu olhar.

— Você estava no acidente de avião? — perguntou ela.

Fiquei pasmo de ela também saber. Afirmei com um gesto da cabeça.

— Meu nome é Patricia Chapman — disse ela. — Agora você está em segurança.

Ela chamou alguém que estava na serraria. Um homem de macacão saiu lá de dentro. Era o seu marido, Bob. Eu lhe disse o que havia acontecido e onde encontrar Sandra e o meu pai.

E então Patricia me levou para dentro de casa. Puxou o pesado bloco de madeira e abriu a porta, conduzindo-me para o interior. Um antigo tapete de nativos norte-americanos forrava o chão. Vi duas cadeiras de balanço de assento baixo diante de uma salamandra como a que havia na casa do meu pai. Dava para sentir o calor descongelando a minha pele desde que passei pela porta.

— Sente-se — disse ela.

A cadeira tinha algo de surpreendente, a forma como me aninhou e me deixou descansar. Estendi as mãos e os pés na direção das brasas. Ela me perguntou se eu queria um chocolate quente.

— Sim, por favor.

Patricia disse que era mãe e que seus dois filhos estavam jogando na outra ponta da estrada. Olhei para o brilho avermelhado que pulsava atrás da porta aberta da salamandra. Eu me perguntei se eles tinham bicicletas ou pranchas de skate.

Alguns minutos depois Patricia me deu uma caneca de chocolate quente. Sentou-se na outra cadeira de balanço e ambos nos inclinamos para a frente. Meus pés formigavam, e agulhas espetavam meus tornozelos e canelas. O chocolate quente e a estufa que irradiava luz e calor descongelaram minhas mãos.

Senti uma dor alucinante na mão direita e notei que ela estava inchada, então passei a caneca para a outra mão.

Patrícia me perguntou se havia alguma outra coisa que eu queria.

— Não. Só esquentar.

Ela era tranquila e paciente. Ficamos ali sentados em silêncio, olhando para o fogo. Senti que estava me adaptando à calma e ao calor da sala. Meu primeiro descanso depois de mais de nove horas.

Depois que terminei meu chocolate quente, ela disse que achava melhor chamar alguém e informar que eu estava bem. Concordei com um aceno da cabeça.

Patricia telefonou para o corpo de bombeiros de Mount Baldy de um outro cômodo e voltou para me dizer que viriam nos encontrar no portão que dava para a estrada. Levantei-me e apertei-lhe a mão, e ela me levou para fora.

Caminhamos sob o último resquício de luz que havia sobre uma trilha entre poças de neve e em torno de grandes troncos de árvore marrom-avermelhados. Patricia me disse que as pegadas que eu tinha visto descendo para a campina eram dela e de seus filhos. Perguntei-lhe por que tinha vindo para cá.

— Só um pressentimento — disse ela.

Pensei em nós dois sendo atraídos para a campina, no helicóptero que não conseguiu me ajudar, que só ela tinha me ajudado — suas pegadas foram como uma estrada de tijolos amarelos.

No portão de madeira que dava para a estrada principal eu vi um caminhão de bombeiros, uma ambulância e alguns carros de civis. Uns caras de terno estavam de pé na frente dos carros. Eles se aproximaram em grupo enquanto um paramédico me examinava. Quando terminou, um dos homens de terno deu um passo em frente. Detetive Fulano de Tal. Ele ia me levar para o hospital de Ontário. Acenei para Patricia, despedindo-me.

Durante o trajeto pela estrada sinuosa, o detetive me fez perguntas sobre o acidente. Quem estava pilotando? Eu tinha certeza de que não era o meu pai? Eu notei alguém suspeito quando subi a bordo do avião? O piloto disse alguma coisa antes de se chocar contra a montanha? Havia algo de errado com o avião? Eu lhe disse o que sabia e, vinte minutos depois, chegamos ao hospital.

Capítulo 38

Eu estava deitado de costas olhando para uma lâmpada. Os rostos de uma enfermeira e de um médico estavam em cima de mim, e eles me olhavam enquanto costuravam o meu queixo. O médico suturou-o por dentro, passando pela minha boca, e depois por fora. Depois passou para os furos das bochechas.

— Você está indo muito bem — disse o médico. — Depois que eu terminar, há alguma coisa que você queira comer ou beber?

Eu não comia há mais de 12 horas. Meu estômago estava roncando.

— Tem. Um milkshake de chocolate — disse eu.

Prendi a respiração depois de dizer isso, esperando a voz do meu pai retumbar:

— Nada disso, Ollestad. Que tal um sanduíche de peru com pão integral?

Ninguém fez objeções. E o médico chamou alguém para me preparar um milkshake de chocolate imediatamente.

Quando ele terminou de costurar o meu rosto, eu me sentei, e a enfermeira me deu o milkshake. Eu o entornei goela abaixo na mesma hora. Não conseguia entender por que havia um policial montando guarda na porta o tempo todo. Eu não era um criminoso. Depois, eles puseram um unguento nas minhas juntas em carne viva e enrolaram gaze nelas.

O médico levou-me para uma outra sala, e o policial seguiu-nos. Durante o trajeto, vi todo o pessoal da mídia com máquinas fotográficas e microfones se acotovelando no fim do corredor. "O que será que está acontecendo?" perguntei a mim mesmo. Eu não conseguia admitir o que realmente acontecera. Ia me esmagar, e eu não poderia deixar nada me esmagar. Aquele pessoal da mídia me obrigava a admitir a provação toda, então os ignorei.

O médico fez um exame de raios X da minha mão direita, e a enfermeira ficou comigo quando ele saiu para ver o resultado.

— Você quebrou a mão — disse ele quando voltou.

Olhei para ela. A parte de cima estava abaulada, formando um bolo vermelho. Flexioná-la era impossível, e a dor imobilizava todo o braço. Ouvi os ruídos do rádio do policial — algo sobre a equipe de resgate precisando de cordas para escalar a montanha. Pensei na rampa — tão íngreme que quase me jogou para trás quando abracei o gelo. Parecia impossível descer aquela montanha com a minha mão desse jeito. O médico prestou atenção no rádio do policial ao mesmo tempo em que lançava um rápido olhar para a minha mão quebrada. Recuou muito de leve e pareceu assombrado por um momento. Depois sorriu.

— Hora de pôr um gesso nessa mão, Norman — disse ele.

Assim que me puseram o gesso, a enfermeira refez o curativo nos meus dedos ressequidos com unguento e gaze, depois colocou uma atadura elástica em volta do gesso — que ficou parecendo uma clava de ponta grossa.

Eu estava perdido nos meus pensamentos — os olhos arregalados de Sandra olhando para mim, pedaços minúsculos de safira, e não castanhos como deviam ser. Por mais que eu tentasse retirar o azul e colocar o castanho, a íris continuava azul. Uma voz estava orientando alguém para chegar ao meu quarto. Deslizei para fora da cama. A porta abriu, e minha mãe correu para mim, e sua bolsa bateu no chão de linóleo quando ela se ajoelhou e me abraçou, as lágrimas caindo no meu rosto. Sua voz falou.

— Disseram que a busca foi suspensa — disse ela.

Minha mãe passou os dedos entre os meus cabelos. Seus olhos me examinavam como se quisessem ter certeza de que eu estava ali.

E então, uma hora depois, chamaram de novo e disseram:

— *Um menino alegando ter sobrevivido a um acidente de avião apareceu em Baldy Village.*

Minha mãe me apertou mais forte.

Nick apareceu. Deu um tapinha nas minhas costas e me disse que agradecia a Deus por eu estar vivo. Lembrei-me do acordo que fizera — que, se eu saísse dessa, acreditaria em Deus —, mas não parecia que Deus tivesse nada a ver com o fato de eu ter conseguido descer. Em vez de agradecer a Deus, agradeci a meu pai.

— Eles já encontraram o meu pai? — perguntei.

Nick lançou um olhar para minha mãe.

— Não, meu bem — disse ela. — Mas encontraram a Sandra.

— Ela morreu?

— Sim.

— Foi o que eu pensei — disse eu.

— Eles disseram que você a cobriu com galhos — disse Nick.

— É. Para mantê-la aquecida.

— Se você achou que ela estava morta, por que a cobriu? — perguntou Nick.

Franzi o cenho. Será que ele acha que estou mentindo de novo?

— E se ela não estivesse morta? — disse eu.

Nick piscou como se tivesse levado um tapa na cara.

— Verdade — disse ele.

Havia uma janela no quarto e percebi que estava escuro. Aquela foi a última vez que perguntei sobre o meu pai. Nenhuma lágrima. Estava me sentindo entorpecido, tendo substituído minha pele de menino de 11 anos por algo mais grosso.

Capítulo 39

Na manhã seguinte o rosto de Nick estava inchado, e seus olhos estavam injetados de sangue, a aparência que ele tinha depois de uma noitada de bebedeira. Fui levado numa cadeira de rodas até uma sala grande cheia de repórteres e máquinas fotográficas. Minha mãe e eu respondemos às perguntas. Eu lhes disse que meu pai me ensinara a "nunca desistir". Era algo que Nick havia dito na noite anterior e parecia certo, então eu disse isso.

Depois da entrevista, voltamos para as Palisades, para a casa que meu pai comprara na beira de um precipício acima do mar. Minhas mãos eram inúteis com a gaze e o gesso, e as pontas dos meus pés ainda estavam dormentes, então não saí para brincar.

Eleanor veio nos visitar à noite. Ficou deitada na cama comigo. Minha mãe e Nick estavam muito quietos no andar de cima. Minhas pernas estavam com câimbras, e a dor fez com que eu me contorcesse. Não conseguia dormir. Liguei o rádio, que estava sintonizado numa estação de notícias. Estavam falando de um acidente de avião. Duas pessoas estavam especulando sobre a possibilidade de o avião ter sido sabotado por algum elemento exasperado do FBI. Falaram que J. Edgar Hoover era vingativo e que tinha um monte de subordinados leais que ainda estavam nos altos escalões do FBI.

— Que besteira! — disse Eleanor, mexendo no rádio e mudando de estação. — Sempre tem alguém procurando complôs. As pessoas adoram más intenções.

Minhas pernas estavam ficando rígidas, assim Eleanor as esfregou para mim. Ela teve de massagear minhas pernas a noite inteira, conversando comigo no meio da dor, lendo para mim, fazendo com que eu me sentisse em segurança. Eu sabia que minha mãe estava ocupada com Nick, discutindo coisas, coisas importantes, pensei. Enquanto eu estivesse com Eleanor, minha outra mãe, eu tinha tudo o que precisava.

Dormi a maior parte do dia seguinte. Minha mãe fez para mim todo tipo de comida que eu quis e, depois de devorar tudo como um lobo, eu voltava a dormir.

Na minha segunda noite em casa, acordei por volta das nove. Fiquei na cama um pouco, antes de sentir o cheiro de maconha subindo a escada. Ouvi minha mãe e Nick rindo. Bem alto. Chamei Eleanor pelo telefone ao lado da minha cama.

— Por favor, venha para cá — disse eu.

Quando ela apareceu na porta, minha mãe lhe perguntou o que estava havendo. Eleanor disse que eu a havia chamado.

— Eleanor, eu dou conta do recado — disse a minha mãe.

Fui até o alto da escada e insisti para que Eleanor ficasse. Nick e minha mãe pareceram paralisados com a minha exigência. Tenho certeza de que meu rosto machucado e suturado, a mão quebrada e os dedos cobertos de gaze os desarmaram.

Alguns dias depois, a vovó e o vovô Ollestad chegaram de Puerto Vallarta. A vovó falava sem parar, como se quisesse ficar surda para algo que gritava de dor dentro dela. O vovô estava estoico como sempre, e seus olhos, suaves e vivos, brilhavam com lágrimas que nunca lhe escorriam pelo rosto.

Tias, tios e primos reuniram-se na casa-cabana do meu pai em Topanga Canyon. Todos nos sentamos na sala de visitas, e eles contaram histórias sobre o meu pai. Fui para o meu quarto e chorei sem todos aqueles rostos compreensivos olhando para mim.

Sozinho no meu antigo quarto, senti o peito começar a queimar. A armadura a meu redor, a pele de animal, estava se dissolvendo com o calor do meu corpo. Minhas lágrimas pareciam vir de um espaço quente no meu peito. Quanto mais rápido elas caíam, tanto mais descontrolado eu me sentia.

— Você pode virar um cara esquisito fácil, fácil. Cuidado — disse eu a mim mesmo. — Não desmorona.

Permitir que o meu corpo se soltasse era perigosíssimo. A pele costurava todas as partes. Mantinha-me inteiro. Se mais uma coisa ruim acontecer, você pode perder essa inteireza, pensei.

Timothy, o menino do meu quarteirão que sempre olhava para o chão, assombrava-me. Eu pensava nele se arrastando como um cachorro que tinha apanhado, escondendo-se atrás de suas revistas em quadrinhos, tropeçando nos próprios pés enquanto fugia dos garotos do bairro que lhe jogavam bolas.

Levantei-me da minha antiga cama e engoli o sofrimento. Enxuguei o rosto e voltei para a sala com um sorriso, exatamente como teria feito o meu pai.

Centenas de pessoas compareceram ao enterro do meu pai na igreja chamada Little Church of the Flowers. Muitos ficaram nas naves laterais, e a multidão se acotovelava nas portas, porque a igreja só acomodava 250 pessoas e não havia mais lugar. Eu chorava toda vez que alguém subia ao púlpito e, quando Eleanor falou, parecia muito distante. Eu continuei piscando, e as pessoas à minha volta pareciam muito perto, e depois muito longe. Afastei mentalmente todas essas imagens estilhaçadas, obrigando-me a voltar para o mundo seguro que eu sabia que estava bem ali.

Pararam de deixar as pessoas falarem, porque duas horas tinham se passado e os funcionários da igreja queriam concluir a cerimônia.

Tio Joe, o meio-irmão do meu pai, cujo hotel ficava em Lake Tahoe, deu uma festa depois do enterro. Todos os meus parentes dançaram ao som da animada banda Dixieland e todos disseram que era o que meu pai teria desejado. Ele sempre gritava animadamente na tempestade — boa ou ruim — e enfrentou maremotos e correntezas, pensei, e tocava violão mesmo quando os *vaqueros* o estavam desprezando, transformando aquela noite hostil em beleza.

Eu também dancei na festa num ritmo diferente, como se não houvesse gravidade me segurando. Primos, tias e tios moviam-se com os pés no chão — eles tinham gravidade. Eu parecia separado de todos por um vidro grosso, e ele transformava todos os sons num alarido, e eu disse a mim mesmo para não ficar esquisito como aquele menino, Timothy.

Parei de jogar hóquei, parei de surfar e eu só vagabundeava o tempo todo com os meninos do bairro, esperando não ficar taciturno e desajeitado. Porém tive muita dor de garganta e fui obrigado a ficar em casa sozinho muitos dias numa semana. Meu corpo não estava acostumado àquela *vagabundagem*, e meu luto ficou socado lá dentro de mim, sem ter como sair — exceto pelas dores de garganta.

Naquela primavera, tive uma inflamação na garganta e febre alta, e foi Nick quem cuidou de mim até eu ficar bom. Punha os lábios na minha testa para medir a temperatura e administrou carinhosamente seus remédios irlandeses, chegando à beira da minha cama com uma colher de sopa de água quente, jogando uma aspirina na água e me dizendo como engolir aquilo enquanto observava o comprimido se dissolver. Seguindo as prescrições de Nick, eu deixava os pedacinhos da aspirina pegarem na minha garganta. Surpreendentemente, ela fez quase toda a dor desaparecer. Naquela noite, ele fez uma bebida quente — chá quente com gotas de conhaque, um pouco de limão e mel. Minha mãe o viu preparando o chá na cozinha e batizou-o de Enfermeiro Nick. Quando estava pronto, ele trouxe uma caneca cheia para mim. Depois, ele me enrolou dentro de dois acolchoados, deixando só a minha cabeça de fora, como uma linguiça dentro de uma panqueca. Pôs cuidadosamente o chá na minha boca, e ele queimou minha garganta e meu estômago.

Nick me disse que sua mãe cuidava das doenças dele, de seu irmão e das irmãs com aquele chá.

— Ela detestava ter de cuidar da gente quando adoecíamos — disse Nick.

— Você quer dizer que ela não tinha vontade de cuidar de vocês? — consegui perguntar.

— Não, pelo amor de Deus — disse ele. — Ela fechava a cara quando parecia que a gente estava com alguma coisa.

O chá me fez suar antes mesmo de eu acabar de tomá-lo. Nick me aconchegou nas cobertas, fazendo um estardalhaço daqueles — enfiando o acolchoado embaixo das minhas costelas e coxas e pés. Caí logo no sono. Quando acordei na manhã seguinte, os acolchoados estavam ensopados, minha febre desaparecera e minha garganta só estava arranhando um pouquinho.

— Graças ao Enfermeiro Nick — disse-lhe eu.

Foi um alívio me sentir mais próximo dele, mas parecia perigoso também.

***

No fim de junho, formei-me na escola, e a vovó Ollestad teve pneumonia, de modo que, naquele verão, só pude ir para o México mais tarde. Nick disse que eu precisava arrumar um emprego. O vovô estava em Los Angeles, talvez atrás de algum remédio especial para a vovó, e me informou sobre um novo carro-restaurante em Topanga Beach no qual ele parara quando estava andando sem destino pela Coast Highway. Ele me levou lá e eu consegui um emprego de ajudante de cozinha, garçom e ajudante de garçom. O vovô foi embora alguns dias depois.

Seguindo um impulso, certo dia, depois do trabalho, atravessei a Pacific Coast Highway e fui até a ribanceira acima da casa transformada em posto salva-vidas. Todas as lendas do surfe estavam na areia em frente ao posto, e pranchas de cores diferentes estavam encostadas na parte de baixo, que era aberta em todos os quatro lados. As ondas estavam pequenas, e reconheci Chris Rolloff, meu antigo amigo e que me surpreendera no México no último verão. Ele estava surfando uma faiscante prancha *Peeler* verde, o braço da frente levantado na altura do cotovelo como um saca-rolha. Ele era canhoto como eu, e me surpreendi fazendo os movimentos, bombeando para cima e para baixo para passar pela seção, a parte da onda que já estava quebrando à sua frente. Ele surfou a onda por dentro. Num único movimento, ele fez a prancha saltar, agarrou-a e a colocou embaixo do braço e dançou de uma pedra escorregadia para a seguinte durante todo o caminho até a praia. Nossa, ele ficou bom, pensei.

Desci pela trilha de terra que serpenteava em volta dos cactos onde eu brincava de esconde-esconde e cheguei à via de acesso à estrada. Atravessei uma placa grande de concreto onde os salva-vidas estacionavam suas caminhonetes e me dei conta de que era nossa antiga garagem, sem teto e sem limites definidos na areia.

Pulei de cima dessa relíquia e aproximei-me do posto salva-vidas. A praia curvava-se para o sul na direção de Santa Monica, onde edifícios altos ficavam atrás do labirinto salgado. Meus olhos baixaram, fixando-se nas escadas de tijolo de Bob Barrow que davam na praia; a varanda desaparecera, mas os alicerces da varanda projetavam-se como facas para fora da areia, e subiam pelo aterro que levava à via de acesso. As escadas pareciam uma espinha sem o corpo. Ao longo de toda a praia, colunas de escadas pareciam esqueletos de uma outra era contra o pano de fundo do aterro aberto ao meio. Pensei nas cidades fantasmas pelas quais meu pai e eu passáramos, e doeu lembrar o que esta praia tinha sido.

Parei. Dias vividos há muito tempo passavam pelo orvalho dos meus olhos, e aquilo tudo se combinava como um reflexo num lago até Rolloff chamar meu nome.

— Norm! — disse ele.

Virei-me e pisquei, e a névoa coagulou-se num quadro nítido.

— Oi, cara. Por onde tem andado? — perguntou ele.

Os corpos na areia viraram-se, e um coro me cumprimentou. A cidade fantasma adquiriu vida.

— Por aí. Trabalhando — disse eu.

Dei um passo em frente e nos cumprimentamos com um tapinha na palma erguida e brandimos um *hang-loose*, para todas as lendas presentes, enquanto as várias meninas e caras que também faziam parte da cena observavam.

Shane me disse que eu parecia ter me recuperado inteiramente, e eu toquei a cicatriz denteada do meu queixo. Trafton me perguntou se eu estava pronto para surfar de novo. Eu me perguntei como ele sabia que eu não surfava há meses. Concordei com um aceno da cabeça por puro reflexo. Quando Rolloff me ofereceu sua prancha para eu "pegar uma", dei a desculpa de estar sem sunga.

Parecia estranho eu vir para a praia sem sunga e sem uma prancha, então expliquei que estava trabalhando do outro lado da rua na hora do jantar. Rolloff disse que era um lugar bom para almoçar, mas todos os outros disseram gostar mais de George's Market.

Tirei os sapatos, pisei na areia e enterrei os dedos nela, ouvindo todo mundo falar de surfe. Esperava-se a chegada de uma série de ondas vindas do sul do Taiti para dali a alguns dias. Shane achava que a Catalina Island podia bloquear as ondas, e eu lancei um rápido olhar para o sul, como se estivesse avaliando a maneira pela qual as ondas atingiriam Catalina, um borrão no horizonte. Em cinco minutos, eu estava dentro do círculo, intrometendo-me na conversa à vontade. Tirei a camisa e senti a ferroada do sol na pele. Uma hora depois, eu estava subindo na disparada a via de acesso que passava pela plataforma de Barrow e estava empolgado com o dia de amanhã pela primeira vez em meses.

Nossa garagem ficava no nível da rua. Corri direto para a porta, destranquei-a e procurei minha prancha listada de amarelo de 2,10 por 60 centímetros que meu pai tinha me dado de presente de aniversário quando fiz 10 anos. Não consegui encontrá-la. Desci as escadas em direção à casa, que ficava na encosta abaixo da garagem. Olhei no quarto de despejo que ficava embaixo da garagem. Não estava lá. Sunny me seguia e choramingava, e eu sabia que ela queria brincar e, por isso, levei-a para o cânion e fiquei jogando um pedaço de pau para ela ir buscar até ela estar bem ofegante.

Eu estava consumido pela ideia de surfar de novo. Estava preocupado, sem saber se ainda seria capaz de ir bem logo de cara e decolar numa onda quebrando e gerar velocidade para descer a linha.

Quando minha mãe voltou das aulas que dava no curso de verão, pulei os cumprimentos e perguntei-lhe onde estava a minha prancha.

— Ué, acho que está em algum lugar da garagem — disse ela.
— Já procurei lá — disse eu.
— E em cima? No sótão?
— Ah, certo.

Usei a capota do carro da minha mãe como escada para chegar a um caibro do telhado. Subi e rastejei na poeira e no calor que haviam se acumulado no sótão. Lá atrás, em cima de umas caixas, encontrei a prancha.

Lavei-a com uma mangueira no gramado que fica diante da porta da frente, e minha mãe me perguntou como me senti ao ver Topanga de novo.

— Esquisito — disse eu.

Ela esperava que eu continuasse falando e me seguiu até a cozinha. Peguei uma espátula para arrancar a cera com poeira incrustada.

Ela me seguiu lá para fora de novo.

— Os caras estavam todos lá? — perguntou ela.
— Estavam.
— Foi bom se encontrar com eles?
— Foi.

Olhei para ela, e todo o seu rosto se abriu como se ela estivesse sentindo uma coisa agradável tocar a sua pele.

— Espero que ainda consiga surfar — disse eu.
— É como andar de bicicleta — disse ela.
— Você também surfava, certo?
— Ah, é — disse ela. — Seu pai me levou para o mar quase todo dia num certo verão.

— O que aconteceu? — perguntei.
Ela gaguejou.
— Ah, sabe? O inverno chegou. Esfriou. E, no verão seguinte, você nasceu.
— Mas você não quis continuar surfando?
— Para lhe dizer a verdade, não. Eu surfava por causa do seu pai. Depois que nos divorciamos, perdi o interesse.
Ela jogou os cabelos para trás e olhou para o mar.
— Ele me dava muita atenção quando estávamos surfando — acrescentou ela.
Sua vontade de ter outras formas de atenção do meu pai não foi citada. Em vez disso, a ideia de que Nick também não surfava e que minha mãe tinha abandonado o surfe, talvez até mesmo porque Nick não surfava, transformou repentinamente o surfe no meu desejo único e exclusivo. Pegou-me pela garganta. O surfe seria minha libertação.

Depois do trabalho, caminhei pelo aterro e contornei o topo do point. Cruzei a foz do riozinho, bem rasa agora pela falta de chuva, e havia musgo verde no fundo. Depois, o pessoal me viu, e alguém assobiou. O que me fez sorrir e minhas bochechas enrugarem, sensíveis à queimadura do sol do dia anterior.
Pedi um pouco de cera, e Shane levantou-se e subiu por baixo do posto salva-vidas e estendeu o braço para uma viga transversal embaixo do andar de cima e me passou uma barra.
— Meu esconderijo secreto — disse ele.
Encerei minha prancha, e Shane disse que se lembrava de quando meu velho a tinha comprado para mim.
— É uma forma despojada. Rápida na descida da onda.
Concordei com um gesto de cabeça. Shane me dar um pouco de *sua* cera e depois elogiar a *minha* prancha era uma espécie de

façanha, e eu percebi alguns meninos da turma observando; tive mais certeza que nunca de que estava acontecendo uma coisa importante.

Todos os rituais foram realizados e não havia mais como adiar o inevitável. Hora de remar. Rolloff pegou sua prancha e disse que ia junto.

Levantamos as pranchas e fomos andando até o point. A maré estava alta, e as ondas batiam na saliência do rochedo e finalmente se quebravam num feixe de energia, desenrolando-se como um raio de luz que descia até a praia. "Está só batendo na cintura", disse a mim mesmo.

— Onde está o ponto de partida? — perguntei.

Ele olhou para mim desconfiado.

— Bem na frente do riozinho — disse ele.

Um momento depois, Rolloff não estava mais do meu lado. Estava inclinado em cima da prancha e saindo do raso.

— Tem um canalzinho que passa por aqui, Norm.

Voltei trotando e corri para seguir o mesmo caminho que ele. O canal era quase só areia, com uma pedra ocasional. Minha mão bateu numa rocha, e Rolloff me disse para levantar a prancha. Quando a água chegou a nossos joelhos, ele pôs a prancha na água, pulou para cima dela e remou. Fiz o mesmo. Meus ombros estalavam como se estivessem martelando palha seca, e eu batalhei para me impelir para a frente. Quando consegui chegar ao ponto de partida, estava moído.

Havia um monte de algas pelas quais passar, e eu sabia que isso tornaria duplamente difícil pegar ondas. Sentei-me e olhei para a praia. A casa submarino amarelo ficava bem ali, pensei, olhando para o trecho de areia suja. Eu assistira à festa daqui, no dorso de uma série de ondas grandes. Meu pai tinha me dito que um dia eu me daria conta do quanto ela era maravilhosa, do quanto eu era sortudo, e ficaria satisfeito por ele ter me obrigado a aprender a surfar.

— Uma série, Norm — disse Rollof.

Virei minha prancha para o alto-mar, quase caindo, e segui Rolloff, esperando que ele me levasse para o ponto certo de partida. Ele fez sua prancha girar como uma torre de tiro, arremessou-se para a frente e agitou os braços duas vezes, levantando-os graciosamente da água. Um instante depois, ele ficou de pé e deslizou por baixo da onda, e depois, seu braço de espantalho correu por cima da crista.

Percebi a aproximação da onda seguinte bem a tempo; manobrei o bico da prancha para a face que estava caindo e furei a onda. A água fria lançou meus sentidos para o primeiro plano dos meus pensamentos, e meu corpo formigou. O ar estava fresco, e minhas orelhas gorgolejaram com a água salgada. O fedor das algas parecia me empurrar para a próxima série de ondas mesmo que os músculos do meu ombro ameaçassem rasgar até o osso. Tossi, limpei a garganta e me lancei contra a água, impelido por aquelas sensações familiares.

Desperdicei muita energia com muitas guinadas e solavancos antes de eu deslizar sobre a onda de algum modo. Quando fiquei de pé na prancha, as pernas tremeram, e eu precisei acalmar minha respiração difícil. Usei todo o meu peso para me inclinar para trás e fazer o bico da prancha levantar na base da onda. Depois me inclinei para um lado só o bastante para a prancha afastar-se da base e descer pela linha. A prancha ficou na horizontal na face da onda, e a crista estava se curvando à minha frente. Girei, balançando de uma lateral para a outra da prancha, bombeando com os joelhos. Começara a surfar de novo. A cada bombeada, a prancha voava. De repente, eu estava gritando histericamente, conectado a um fluxo invisível. E, desse jeito, num piscar de olhos, eu estava dançando de novo sobre a terra naquele magnífico velho mundo.

As ondas estavam quebrando todas ao mesmo tempo na frente do posto de salva-vidas, e eu saí manobrando por cima da crista, pegando o dorso da onda. Todos na praia aplaudiam. Um cara mais velho, de bigode e cabelos anelados, me fez olhar duas vezes. Da segunda, senti meus olhos arderem, e pareceu que o rosto desmoronava. Abaixando a cabeça, virei a prancha e remei em direção ao ponto onde pegar as ondas, tossindo e me engasgando com lágrimas e muco.

Parei e fiquei boiando perto do point. Rolloff continuava olhando para mim. Afastei os olhos dele.

— Você está bem, Norm? — perguntou ele.

Ergui o braço. Isso me fez balançar para o lado oposto, e eu mergulhei. Os sedimentos faiscantes caíam como chuva pelas bolhas minúsculas que saíam das pedras lá de baixo. O perfume no meu nariz e o gorgolejo nos ouvidos. Eu estava em casa.

— Se não fosse pelo seu pai, eu talvez não estivesse surfando agora — disse Rolloff quando remei de volta para o point. — Com certeza eu não seria tão bom.

— Legal, né? — disse eu.

Ele concordou com um gesto bem marcado da cabeça.

— Adoro isso — disse ele.

No fim do verão, eu estava com dinheiro e meu próprio círculo de amigos, e tão fora de compasso com a vida familiar que não notei que Nick havia se mudado. Mesmo quando eu dormia na casa de Eleanor algumas noites, ela nunca mencionava o fato. Foi só no meu primeiro dia na escola que perguntei à minha mãe onde estava o Nick.

— Ele se mudou para a praia — disse ela.

— Legal — disse eu.

— Eu disse pra ele voltar quando parar de beber — disse ela.

Isso nunca vai acontecer, pensei, e mostrei que tinha entendido com um aceno de cabeça.

Ela tentou dar uma de forte. Mas eu achava que ela ia deixá-lo voltar por um pretexto qualquer e me recusei a ficar ali e fazer de conta que não achava isso, então me afastei.

No meu primeiro dia na escola Paul Revere, um dos meninos da oitava série, um surfista chamado Rich, reconheceu-me por ter me visto em Topanga Beach. Parece que ele estava surfando certo dia daquele verão e viu todas as lendas me observando, e que toda hora elas me deixavam pegar uma série completa. Rich ficou meu amigo porque eu fazia parte de um clube que, de repente, percebi que era espetacularmente bacana, mesmo fora do oásis de Topanga Beach. No segundo dia, eu já estava saindo com Rich e a turma mais popular. Usavam cabelos compridos e tinham a pele bronzeada, sempre vestindo shorts e camisas esfarrapadas. Eu me encaixei naquela turma como uma peça de quebra-cabeça, voltando de novo para o mundo normal. Você tinha razão, pai. Agradeço por me obrigar a surfar.

Uma semana depois, acordei no meio da noite, e havia um fulgor estranho do lado de fora da janela do meu quarto. Fui até o alto da escada e entrei no quarto da minha mãe e, do lado de fora de sua porta de vidro, vi línguas de fogo.

— Acorda! — gritei.

Eu estava nu e, quando seus olhos abriram, eu me virei antes que ela visse os pelos púbicos que haviam brotado. Desci as escadas correndo e vesti uma cueca samba-canção. Minha mãe esperava, insistindo para eu desistir da cueca, ela tinha uma toalha para mim. Depois, corremos juntos para fora da casa. Fui ao quarto de despejo por baixo da garagem para salvar a minha prancha. Ela gritava comigo das escadas, mas eu não ia deixar que a prancha virasse cinza. Sentindo o calor do fogo nas costas, arrastei a prancha pelas escadas, passei pela garagem e saí para a rua. Minha mãe bateu na porta de um vizinho, e ligaram para o corpo de bombeiros.

Nick apareceu meia hora depois. O teto inteiro havia queimado, e a divisória de madeira no andar de cima carbonizou-se com o calor. O chefe dos bombeiros disse que as brasas de um incêndio acontecido antes naquela mesma noite, a mais ou menos um quilômetro e meio ao norte, levadas pelos ventos de Santa Ana, provavelmente aterrissaram no nosso telhado. Como nosso teto era de velhas telhas de madeira, disse ele, pegou fogo com facilidade.

Tivemos de nos mudar para uma casa a uns 3 quilômetros de distância, do outro lado do Sunset Boulevard, por seis meses. Na primeira noite lá, minha mãe mencionou "puberdade", e me dei conta de que ela tinha me visto nu na noite do incêndio, e fiquei constrangido. Depois, ela me perguntou se eu me sentia diferente.

— Não — disse eu, pouco disposto a admitir que, nos últimos meses, eu tinha sido surpreendido várias vezes com surtos de agressividade. Explosões de raiva que nunca haviam aberto caminho pelo meu corpo.

— Vou pra cama — disse eu.

Durante nossa primeira semana na casa nova, Nick apareceu. Não estava claro se ele tinha ou não parado de beber, e eu não perguntei à minha mãe. Eu ficava longe dele, e ele, longe de mim.

Mais ou menos nessa época, uma das meninas da sétima série convidou a turma do surfe para uma festa num sábado à noite. Meu toque de recolher nos fins de semana era às dez da noite. Cheguei em casa às dez e meia, e minha mãe estava irritada, preocupada.

Ameaçou me pôr de castigo. Fechei a porta do meu quarto na cara dela e abri a *Surfer Magazine*, e pensei no surfe e em uma das meninas da festa chamada Sharon, que ficou conversando comigo. Meu telefone tocou, e eu atendi: era Sharon. Ela me perguntou se eu tinha gostado da festa.

— Foi ótima — foi tudo que consegui dizer.

Depois, ela me perguntou se eu ia me masturbar. Eu não soube o que falar. Disse a ela que nunca tinha feito isso. Ela riu de mim e disse que eu estava mentindo. Jurei de pés juntos que nunca tinha me masturbado. Ela achou excitante e me convidou para ir à casa dela no domingo.

— Legal — disse eu.

Ela me deu o endereço; procurei uma caneta e anotei-o na minha mão.

— Boa-noite — disse ela com uma voz sensual.

Eu não conseguia dormir. Mesmo que eu estivesse bem informado sobre sexo, mesmo que já tivesse visto de tudo lá em Topanga Beach, não tinha certeza se devia me masturbar ou não, nem como proceder exatamente. Como eu podia estar tão por fora?

Meu encontro com Sharon começou quando ela roubou o Mercedes dos pais e foi dirigindo até Westwood. Ela tinha só 13 anos, de modo que andar de Mercedes pelo Sunset Boulevard com as janelas abertas, com Madonna cantando aos berros, fazia dela a gata mais maneira do mundo. Minha primeira punheta foi obra de Sharon em Makeout Mountain, fornecendo-me um modelo muito útil para as minhas futuras masturbações. Quando ela estacionou na frente da minha casa, raspando os raios da roda na calçada, tinham se passado 40 minutos do meu toque de recolher.

Subi correndo as escadas de tijolo de nossa casa temporária, uma casa térrea de estuque com toldos de plástico. Tentei abrir a janela do meu quarto, mas estava trancada. Contornei pelo lado da casa e subi os degraus que davam para a varanda dos fundos. A porta corrediça de vidro da varanda estava aberta. Entrei furtivamente.

Subi para o meu quarto na ponta dos pés e não tinha percorrido nem metade do caminho quando minha mãe abriu a porta do quarto dela.

— Você está frito, Norman.
— Vou pegar um copo de leite — disse eu.
— Acho que não. Você vai pra cama, porque vamos resolver essa parada de manhã.

Depois do café da manhã, minha mãe me informou que eu estava de castigo no fim de semana seguinte.

— Que merda! — disse eu.
— Outra palavra e vão ser dois fins de semana.
— Veremos — disse eu.

Ela me lançou um olhar fulgurante, e eu tirei sarro e mastiguei ruidosamente o meu cereal. Engoli de uma vez só, pus a tigela na pia, peguei meu skate e saí.

— Você pegou o seu lanche? — perguntou minha mãe.

Eu a ignorei e fui de skate o mais rápido possível pegar o ônibus para o colégio.

Nick estava na cozinha com minha mãe quando cheguei da escola. Olhou para mim de cara fechada. Fui para o meu quarto.

— Norman! — chamou a minha mãe.

Parei.

— O quê?
— Você se atrasou 40 minutos a noite passada — disse Nick.
— O ônibus que atrasou — disse eu.
— Você mente sem vacilar — disse Nick. — Está se tornando um hábito, Jan.
— Relaxa — disse eu.

Ele sacudiu a cabeça de um lado para o outro.

— Você está no mau caminho, Norman — disse ele.

— E daí? — perguntei.

— A mãe de Sharon me ligou hoje — disse a minha mãe.

Meu coração parou e desceu pelas minhas pernas, deixando-me vazio.

Virei para ela com uma cara de "e eu com isso?"

— Você pegou ou não o carro da mãe de Sharon? — perguntou Nick.

— Eu não estava dirigindo — disse eu.

— Ela tem 13 anos — disse a minha mãe.

— Eu falei para ela não fazer isso.

— Mas entrou no carro — disse Nick.

— Ela ia sair com ele, não importava o que eu fizesse.

— Você pularia de uma ponte se ela lhe pedisse? — perguntou Nick.

— Eu perdi o ônibus. Estava atrasado.

— Eles notaram o desaparecimento do carro às sete e meia — disse Nick. — Você chegou em casa às 22h45.

— Eu não fiz nada. Só peguei uma carona — disse eu. — Ela ia sair com o carro de qualquer jeito.

— Essa merda de negação, a falta de qualquer resquício de arrependimento, é uma porra de uma coisa que realmente faz mal — disse Nick.

Dei de ombros.

— E daí?

Num piscar de olhos, a mão dele estava em volta do meu pescoço, e eu perdi o equilíbrio ao dar um passo para trás. Agarrei o antebraço dele, e ele me levantou do chão e me jogou contra a geladeira. Escorreguei até o chão, e a queda me deixou sem ar. Os olhos dele estavam vermelhos com as veias salientes; o rosto estava púrpura, e as unhas, enterradas no meu pescoço. Pensei em lhe dar um bom soco — meus braços estavam livres ao lado do corpo, o rosto dele estava desprotegido. Mas meus bíceps viraram gelatina. Fiquei com medo de reagir.

— Para com isso. Estou sufocando — disse eu.

— Larga ele, Nick!

— Se você me olhar de novo como quem está me mandando para a puta que pariu, acabo com a sua raça!

— Tudo bem — falei soltando gotas de saliva, e concordei com um aceno de cabeça.

Ele abriu os dedos. Respirei de novo.

Ele ficou ali, de pé na minha frente.

— Uma boa discussãozinha em família — disse ele sarcasticamente, e ele e minha mãe riram. Estava claro que ela estava ao lado dele de novo.

— Você está bem? — perguntou a minha mãe.

Ignorei-a e fiquei ali de pé. Olhei pela janela.

— Sua mãe lhe fez uma pergunta, Norman — disse Nick.

— Sim, estou ótimo — disse eu olhando pela janela.

— Tudo bem. Legal. Você está de castigo por dois fins de semana — disse a minha mãe. — Não vai pôr o nariz para fora de casa. Tem de vir direto da escola para casa. Entendeu?

— E surfar?

— Nada de surfar também.

Virei-me e olhei para minha mãe com raiva.

— Por que você acha poderia ir surfar se está de castigo? — perguntou Nick.

Eu queria lhe dizer que fosse se foder. Mas ele estava certo — se você está de castigo, não faz sentido poder ir surfar.

— Isso vai ajudá-lo a levar em conta as consequências — disse ele. — Que os seus atos têm consequências. Bem-vindo à Liga Nacional de Futebol Americano.

Era uma coisa estranha de se dizer, mas eu entendi perfeitamente bem. Cheguei até a sorrir com desdém.

Cumpri minha sentença por me atrasar e por mentir; o inverno se transformou em primavera e nos mudamos novamente para a casa na beira do cânion, e me importava apenas com surfe e sexo — embora eu ainda fosse virgem. E então, pouco antes do começo da primavera, Sharon me abandonou por um cara da oitava série. Ela me chamou de lado um dia, explicando que ele era bem mais o tipo dela. Eu fui embora com as pernas trêmulas, e pensei que choraria enquanto ia para o banheiro às pressas. Eu não a amava e não conseguia entender por que aquilo estava doendo tanto. Tranquei-me num dos reservados para ninguém me ver daquele jeito.

Eu estava beijando Sharon ontem, e hoje ela saiu da minha vida. Eu queria tocá-la de novo, perder-me encostado ao corpo dela. De repente, nossas sessões de abraços e beijos transformaram-se em momentos de êxtase pelos quais eu ansiava. Eu havia lhe contado coisas que só Eleanor sabia. Minha cabeça estava a mil, procurando alguma coisa para substituir Sharon — Sharon embaixo do meu corpo, sussurrando na minha orelha enquanto eu lhe beijava o pescoço. Então ela sumiu, me abandonou, e eu estava em queda livre. Meus joelhos bateram no chão do banheiro, e eu cuspi no vaso, prestes a vomitar.

Limpei a boca. Toda a agressividade que vinha se acumulando durante os meses anteriores entrou em erupção. Eu me virei e dei um chute na porta do reservado com a lateral do pé. Chutei muitas vezes, até a fechadura arrebentar e ficar pendurada na porta. Indo até a pia, senti-me um fracassado. Não estava mais entalado. Joguei água no rosto e me acalmei. Enquanto voltava para o ponto de encontro ao lado da lanchonete, pensei em dar uma surra no Nick.

Na noite de sexta-feira, eu fui de skate para uma festa com a turma do surfe, e eles acabaram brigando com uns caras fortes, bons no esporte, mas burros, fazendo-me lembrar que eu também havia sido um deles. Eu queria acertar alguém — ia me fazer bem distribuir uns soquinhos por aí, em vez de simplesmente recebê-los o tempo todo. Em vez disso, fiquei observando das arquibancadas.

Era fim de semana, e eu tinha acabado de chegar da praia quando minha mãe me disse que a vovó Ollestad estava com câncer de pulmão. Toquei meu pescoço, lembrando das minhas dores de garganta, e pensei que talvez eu pudesse ter um câncer de garganta.
— Ela não fumava, fumava? — perguntei.
— Nunca fumou. É isso que é estranho nessa história — disse ela. — Ela vai a Tijuana fazer um tratamento especial que não oferecem nos Estados Unidos. Achei que a gente podia descer e lhe fazer uma visita no próximo fim de semana.
— Tudo bem — disse eu.
Sentei-me no sofá e olhei pela janela. Os pulmões negros da vovó estavam cheios dos bichos do câncer, e eu olhei para o oceano lá embaixo como se estivesse caindo pela encosta do morro. Quando olhei para minha mãe de novo, ela parecia espalhada pela sala como se estivéssemos numa casa de espelhos. Fechei os olhos e me perguntei o que havia de errado comigo.

No sábado seguinte enchemos o furgão de Nick; pus minha prancha de surfe por último, para ela não ficar empenada com o peso das malas.
— Você não vai levar essa porra dessa prancha — disse Nick.
— Por que não? — perguntei.
— Vamos descer lá para passar o fim de semana com sua avó, não para surfar. Tire ela daqui.

— Não vou surfar o tempo todo. Só depois de estarmos lá um dia inteiro. Só para o caso de estar bom.

— Não. De jeito nenhum.

— Nick — disse a minha mãe. — Deixe o menino levar a prancha. Não vamos ficar no hospital o tempo todo por todos os dias.

— A avó dele está morrendo, Jan. Essa pode ser a última vez que ele a vê. Ele vai conseguir aguentar ficar sem surfar por dois dias.

Ele se virou para mim.

— Não é por sua causa que vamos viajar, Norman. É por causa de sua avó. Eu sei que é difícil você compreender.

— Eu entendi — disse eu. — Só quero estar com a minha prancha para o caso de haver algum tempo extra. Que mal há nisso?

— Não se trata disso. Você precisa aprender a pensar nos outros de vez em quando sem pôr suas necessidades egoístas na equação.

Ele agarrou a prancha e levou-a para a porta lateral da garagem, destrancou a porta e entrou com ela.

— Que filho da puta — disse eu à minha mãe.

— Esqueça, Norman — disse ela.

— Isso vai ser bom para você, Norman — disse Nick, com um sorriso enquanto partíamos.

Eu queria matá-lo. Aquilo me fez lembrar daqueles dias em Topanga Beach, quando eu queria muito ser maior e mais forte. Sempre acreditei que seria capaz de bater nele quando tivesse 13 anos, mas eu comemoraria meu décimo terceiro aniversário dali a um mês e não estava nem perto disso.

Os cabelos anelados e brancos da vovó estavam puxados para um lado só, e ela tinha tubos nos braços; os olhos estavam no fundo das órbitas e sem cor atrás de uma película transparente. Eleanor estava lá com Lee e chorou quando me viu. Uma tia ou tio ofereceu-me uma cadeira, e eu desabei em cima dela. O vovô estava sentado numa cadeira ao lado da cama do hospital e observava a vovó. Estava encurvado, e o rosto abatido.

Alguém disse "o Norman Junior está aqui", e a vovó se sentou. Viu-me, e suas sobrancelhas se levantaram. As pupilas estavam tão dilatadas que ela parecia cega. O resto da face, sem contar as sobrancelhas, estava flácido e sem expressão. E então ela voltou a atenção para o outro lado do quarto e falou para um canto vazio. Eram só balbucios. Os braços se ergueram e ela fazia gestos e balbuciava.

— A morfina faz com que ela tenha alucinações — explicou Eleanor.

Eu a vi gemer e conversar com diversos seres imaginários. Depois se recostou nos travesseiros e ficou olhando para o teto, imóvel. O vovô pôs a mão no braço dela, e ela continuou olhando para o teto com os dentes cerrados, e ninguém falou.

Ela está do mesmo jeito que a Sandra ficou, pensei. O corpo está aqui, mas ela já foi embora.

Quando saímos para ir dormir, beijei e abracei o vovô; ele estava pele e osso. Esperei do lado de fora do quarto com Eleanor enquanto a minha mãe e Nick se despediam. Perguntei-lhe como a vovó pegou câncer de pulmão se nunca tinha fumado e era tão saudável.

— O luto — disse Eleanor. — Quando você joga ele para baixo do tapete, ele pode se transformar em alguma coisa tóxica como o câncer. O seu pai era a obra-prima dela.

Em nosso quarto de hotel, perguntei-me se teria matado o meu pai se eu tivesse morrido e ele sobrevivido, exatamente como estava matando a vovó. Estávamos hospedados num hotel de Rosarita Beach, e eu ouvia as ondas quebrando a distância; gostaria de poder fugir e mergulhar nelas.

Depois de um segundo dia no hospital, chegou a hora de nos despedirmos da vovó. Ela tinha ficado lúcida a manhã toda e, quando eu a abracei, senti seus músculos e ossos comprimidos uns contra os outros, e entendi que ela estava sentindo uma dor horrível e que, assim que eu fosse embora, eles lhe dariam morfina de novo, e ela relaxaria e teria alucinações novamente. Foi a última vez que a vi.

Na viagem de volta, cheguei à conclusão de que Deus não existia e que nós todos temos de nos virar sozinhos aqui.

No fim de semana seguinte, fui a uma festa numa casa de Brentwood com uma piscina grande, uma quadra de tênis e sala própria de cinema. Joguei minha prancha de skate em cima da floreira de tijolos que havia ao longo da entrada dos carros e raspei os eixos de metal na borda, arrancando lascas do tijolo.

— Você estragou a mureta — disse um dos caras com quem eu estava andando de skate.

Olhei para trás e vi as lascas no chão.

— É — disse eu, com a mesma sensação de alívio que tive quando quebrei a porta do banheiro.

O pessoal soltou um riso nervoso. Fui na frente contornando a parte dos fundos, passamos por um portão e entramos num gramado verde exuberante, com aterros e flores e rosas ao longo das bordas. Viramos a esquina, e a festa inteira — talvez umas 25 crianças — virou-se para olhar para nós. Missy, a anfitriã, estava deitada numa espreguiçadeira ao lado da piscina com seu grupo de meninas ricas em cima de toalhas cor-de-rosa tamanho gigante. Levantou os óculos Ray-ban e acenou apenas com os dedos, ambivalente a respeito de nossa presença.

Imediatamente, deparei com todos os pares de olhos masculinos nos observando. Eu queria bater em alguém de novo. Sentir que estava descarregando. A ideia me seduzia. Fechei a cara para os meninos, esperando que eles fizessem o mesmo. Mas ninguém me encarou, e eu, com um andar todo pomposo, fui até a geladeira e peguei uma cerveja.

Sentamos em cima de nossas pranchas de skate, chutando as cadeiras e os bancos para o lado — uma crítica à civilização — e tomamos nossa cerveja aos golinhos, fazendo comentários sarcásticos. Sobre onde devia ficar uma rampa para skate em forma de U, ou se devíamos esvaziar a piscina e andar de skate dentro dela.

Missy levantou-se, ajeitou o biquíni e saiu gingando.

— Meninos, vocês têm de prometer que vão se comportar direitinho, certo? — disse Missy.

— Podemos esvaziar sua piscina? — perguntei.

— Norman! De jeito nenhum. Vou chamar o segurança se você mexer na piscina. Não estou brincando.

— Onde estão os seus pais? — perguntei.

— Estão fora da cidade, mas a governanta está aqui, então...

— Então podemos quebrar tudo — disse eu.

Essa frase arrancou uma gargalhada ruidosa e alguns gritos de entusiasmo.

Uma das meninas ricas que eu nunca tinha visto antes fez um comentário. Eu me levantei de um salto e a enfrentei.

— O que você disse?

A menina era bonita. Cabelos perfeitos. Pele de pêssego. Estava usando um vestido dourado ridículo e espalhafatosas sandálias douradas e segurava no colo uma bolsa cheia de babados. Falava com sotaque — inglesa, quem sabe — e apertou a boca formando um anel quando me dirigi a ela.

— Você é grosso e imaturo — disse ela com o nariz levantado, literalmente.

— Foda-se a maturidade — disse eu. — Coisa chata.

— O que há de errado com você? — perguntou ela.

Abri a boca para responder e vi todos aqueles meninos e meninas olhando para mim. Tropecei nas palavras e parecia que todos estavam vendo o quanto eu era esquisito e triste na verdade, e isso me assustou.

Agarrei-a pelo braço, arranquei-a da espreguiçadeira e joguei-a na piscina.

Ela subiu à tona com os cabelos no rosto e o vestido espalhou-se pela superfície, e os braços se embaraçaram nele, e eu achei que devia mergulhar e salvá-la. Metade da festa estava rindo.

Várias meninas e um menino foram salvá-la e ajudá-la a sair da piscina. Seus olhos e o nariz estavam cobertos pelos cabelos molhados, e a boca tremia. Os mamilos ficaram expostos através do material dourado úmido.

Missy e companhia levaram a menina para dentro de casa, e a festa acabou. Eu estava com medo de olhar qualquer um nos olhos, de modo que abri outra cerveja e fui de skate até a quadra de tênis, e fiz umas derrapagens com a rabeta da prancha inclinando-me para trás em cima daquele concreto liso. Pensar naquela menina soluçando, o vestido arruinado grudado nela como celofane desencadeou uma estranha sensação de vazio — que estava corroendo o meu rosto até deixar só o crânio. Minha pele parecia estar sendo puxada do meu corpo, deixando expostos todos os músculos e tendões rijos. Um menino grotesco, mutilado. Perguntei-me o que me pai pensaria de mim agora.

Missy apareceu, com dois seguranças atrás dela. Estava na hora de puxar o bonde. Pegamos nossas pranchas, driblamos os seguranças e saímos correndo pelo portão.

Pegamos um ônibus para Westwood e arranjamos uma briga com uns caras da Emerson Junior High. Um dos nossos foi encurralado numa cabine de telefone por três caras grandes da Emerson. O resto da turma estava ocupado com suas próprias batalhas. Mais uma vez, me surpreendi por não participar quando devia e me lembrei de um homem no enterro do meu pai descrevendo como meu pai foi o único a ajudá-lo quando uma multidão de fãs do time de Stanford pulou em cima dele num jogo. Investi com tudo contra a cabine de telefone, atingindo dois caras grandes pelas costas com a minha prancha de skate. Eu os separei um do outro, e conseguimos fugir dali não sei como, justo quando as sirenes da polícia estavam chegando.

A turma dividiu-se, e eu me escondi no topo da Makeout Mountain; depois peguei as ruas laterais até o Sunset Boulevard e tomei o ônibus para casa. Consegui chegar um pouquinho antes da hora do meu toque de recolher. Nick estava assistindo TV e perguntou como eu tinha cortado o nariz.

— Caí do skate — disse eu.

Desci as escadas e olhei-me no espelho. Não conseguia me lembrar de ter machucado o nariz. Meus olhos pareciam cansados, e os círculos escuros em volta pareciam os de um menino doente; meu corpo vibrava, e eu disse a mim mesmo que aquela menina rica teve o que mereceu. Apesar disso, sua boca trêmula e a maneira que foi tropeçando para a casa em seu vestido arruinado me incomodavam, e eu me afastei do meu reflexo no espelho.

Quando acordei na manhã seguinte, ainda estava nervoso. Fui para Topanga e remei em direção ao alto-mar, sem cumprimentar ninguém. Esnobei todos os surfistas, menos as lendas e Rolloff. Dei um murro na cara de um menino grande chamado Benji quando ele jogou água nos meus olhos depois que peguei a mesma onda que ele, transgredindo a etiqueta do surfe. Ele me agarrou pelos cabelos e me deu um caldo. Shane pediu para o cara me largar.

Benji me deixou vir para a superfície, e eu lhe disse para ir se foder, e remei até o point.

— A gente te deu retaguarda, Norman — disse Shane. — Mas você precisa baixar a bola, tá sabendo?

Concordei com um aceno de cabeça.

A agressão e a raiva pareciam me envolver e redobrar de tamanho dentro de mim, o que me deixou inquieto, e eu continuei perdendo ondas, afundando muito a lateral da prancha ou exagerando nas curvas. Benji fazia questão de rir bem alto toda vez que eu fazia uma besteira. Lembrei-me de que ele não poderia me bater mesmo que eu merecesse, e saboreei essa injustiça.

Fiz 13 anos e, naquele verão, passei a metade do tempo em brigas. Levei muita porrada: murros no meu nariz, na mandíbula ou nas costelas foram estranhamente gratificantes. Mesmo derrotado, eu sempre fazia questão de dar uns golpes que o outro cara não esqueceria tão rapidamente. Às vezes, levar uma surra fazia eu me sentir mais machão do que dar a surra. Eu sabia que tinha condições de aguentar qualquer coisa, e isso fazia com que eu me sentisse vitorioso, apesar do meu olho roxo ou do nariz sangrando.

Naquele outono, fui mal na escola, e Nick me deixou de castigo durante um mês.

Uma tarde, enquanto lia revistas de surfe na minha cela, Nick chegou cedo do trabalho. Eu o ouvi batendo portas na sala de visitas e depois gritar meu nome. As persianas estavam abaixadas, e havia um projetor instalado na mesinha de canto. Nick me disse para me sentar no sofá e olhar para a tela na frente da TV. Apertou um botão, e o projetor soltou sons explosivos e cuspiu um raio de luz. Na tela, apareceu um jogo de futebol de Pop Warner. Nick tinha contratado um profissional para montar um filme com todas as minhas melhores jogadas: enfrentando zagueiros enormes que tinham saído correndo pela linha de defesa até a zaga: pegando um passe no meio do campo enquanto um beque monstruoso me jogava no chão, a bola ainda nos meus braços quando caí na grama; uma tomada rápida do meu pai comendo amendoim nas arquibancadas com a seção de esportes dobrada em retângulo desencadeou uma dor torturante que abriu um buraco no meu peito. Tive de fechar os olhos até a dor passar.

Quando o filme acabou, Nick e eu lembramos da vez em que escondi pesos de pesca no boné na hora da pesagem, de alguns dos bairros perigosos em que tínhamos jogado e das várias idiossincrasias dos técnicos e jogadores.

— Vamos ter este filme para assistir para o resto da vida — disse ele.

E eu comparei como eu estava naquela época com o que estava sentindo agora. Eu estava insensível e irritável ultimamente, ruminando. Quem era aquele menino de boa índole que aparecia na tela? O que acontecera? Mas, como a maioria das coisas que me deixavam constrangido, dei de ombros e deixei para lá.

Rolloff ligou para me dar notícias do mar, e eu lia revistas de surfe para tentar matar minha fome. Depois das aulas, eu ficava muito entediado por ficar em casa sem fazer nada, então resolvi consertar os buracos da minha prancha de surfe — ao menos ficaria em contato com ela. Peguei a lata de resina e o catalisador no quarto de despejo embaixo da garagem e vi uma caixa de papelão com a etiqueta Norman Jr. embaixo.

Arrastei-a para fora e abri. Lá dentro havia recortes de jornais, almanaques, minhas histórias de Murcher Kurcher e finalmente velhas fotografias minhas jogando hóquei, surfando no México, correndo com esquis, eu e meu pai esquiando juntos em St. Anton, e eu bebê amarrado nas costas do meu pai enquanto ele surfava. Minha mãe me disse que tinha chegado em casa vindo do supermercado e descobriu meu pai e eu lá na praia surfando.

— Eu surtei — disse ela. — Como você pode ser tão descuidado com esse corpinho? — gritou ela para o meu pai.

Deixei a fotografia cair, e as lágrimas comprimiram o fundo dos meus olhos. Abaixei-me e enxuguei as lágrimas. "Você não é um babaca que não consegue enfrentar o que aconteceu", disse a mim mesmo.

Chamei Sunny, abracei-a e esfreguei-lhe a barriga. Ela virou de costas no chão e abanava o rabo na sua bem-aventurança canina.

— Estou feliz como você — disse eu.

E então joguei um pedaço de pau o mais longe que pude, e ela desceu o cânion saltitando.

Pus as fotos de novo na caixa, e depois as outras coisas, e um dos recortes de jornal me chamou a atenção: uma fotografia minha em preto e branco, publicada pelo *Los Angeles Times*, sentado numa cadeira de rodas com curativos em todo o meu rosto inchado, um olho roxo e a mão direita toda enfaixada.

"Isso já parece um sonho", pensei. Como se tivesse acontecido com outra pessoa.

Suspirei, e alguma coisa fez barulho na minha garganta e queimou meu peito; tive de me sentar encostado na casa.

— Tudo bem — disse a mim mesmo. — Você não está louco. Está tudo bem.

Eu devia ser forte porque consegui descer daquela montanha. Os sentimentos sombrios que rodopiavam e enterravam as garras em mim eram algo que eu já devia ter superado. Meu pai superava suas mágoas. Põe pra fora. Toca em frente. As coisas ruins precisam ser redefinidas, só isso. Eu sabia fazer isso. E li o artigo embaixo da foto como que para provar o quanto eu estava *bem*.

"Chegamos à conclusão de que tínhamos de sair dali, ou morreríamos congelados..." Meus olhos tropeçaram nessa frase. Eu estava de novo naquela montanha, dizendo a Sandra que a gente tinha de ir embora. Ela não queria ir. Mas eu a obriguei. E ela escorregou, e eu não consegui segurá-la, calculei mal, e ela desapareceu no meio da neblina.

Minha cabeça e meu coração apertaram, defendendo-se dos jatos de dor. Esfreguei as costas na casa, e ela cortou minha pele, e eu continuei esfregando e tive de me obrigar a parar. Calma, cara.

Senti a boca seca, então tomei água na pia da cozinha. Ela me lavou por dentro e parece ter descido, como tudo o mais, até os meus pés. Joguei água no rosto, mas ainda continuava tonto. Desci as escadas, e minhas coxas doíam. Arrastei-me para a cama e caí no sono.

Acordei com febre. Sandra talvez estivesse viva se eu a tivesse deixado embaixo daquela asa.

Peguei um copo vazio que estava do lado da minha cama e o atirei na parede. Os cacos espalharam-se em cima da minha mesa.

Olhei para as minhas juntas, onde o tecido da cicatriz tinha um volume maior, como se a pele estivesse permanentemente empolada.

Virei-me e saí da cama. Pare de pensar nisso.

Varri os cacos de vidro da mesa para dentro da lata de lixo. Alguns caíram dentro de uma gaveta parcialmente aberta. Abri a gaveta completamente para pegar os cacos. O índio de plástico que o meu pai tinha comprado para mim em Taos olhava para mim.

Lembrei que eu olhava para ele e pensava que, se o meu pai morresse algum dia, eu também ia querer morrer.

— Ele morreu me levando para esquiar — disse eu ao índio.

Fechei a gaveta e saí do quarto. Devolvi o recorte de jornal à caixa, fechei as abas soltas e enfiei a caixa no canto embaixo da garagem. Fiquei resfriado por uma semana.

A notícia de uma grande sequência de ondas de inverno me chegou por meio de vários telefonemas da turma da escola e de Rolloff. Finalmente a febre cedeu, e as descrições de cristas perfeitas e bojos suculentos e curvas radicais alimentaram a minha paixão durante a semana toda e, na noite de quinta-feira, eu estava num frenesi reprimido.

Minha mãe fez galinha assada com mel, arroz silvestre e salada — sua especialidade —, e esperei no meu quarto até o jantar ser servido, sem querer ter uma explosão. Depois do jantar, lavei os pratos e fui para a sala, onde me dirigi à minha mãe e a Nick, que estavam assistindo ao noticiário.

— Olha — disse eu. — Vocês têm de entender.

Abri as mãos como se estivesse segurando uma bola de praia.

— Gente, eu preciso surfar — disse eu. — Surfar é o que faz o meu coração bater, é essencial para o que eu sou, e se eu não puder fazer isso, não funciono. Sinto-me morto por dentro, e é horrível.

Sunny bebia cada palavra minha, e apontei para ela.

— Imaginem tirar dela aquele pedaço de pau. Nada de ir buscá-lo mais. Isso a mataria. É totalmente contrário à sua natureza. O surfe é o meu pedaço de pau. Não preciso de mais nada. Nem amigos, nem festas. Eu nem fico na praia com o pessoal. Só preciso estar dentro d'água, gente, senão vou atrofiar.

Nick estava recostado no sofá, totalmente absorto.

— Por favor, Nick — disse eu.

— Jesus Cristo, que discurso! — disse Nick, para minha surpresa. — Como dizer não? Sabe, Norman, se você puser 10% desse tipo de esforço e paixão na escola ou em qualquer outra coisa, pode fazer coisas incríveis. Desabrochar de verdade.

— Ô, cara... Obrigado, Nick — disse eu. — Pode me dar uma carona de manhã antes das aulas? Está havendo uma sequência de ondas maravilhosas.

— Bom, não estou trabalhando — disse ele. — Sabe que a previsão é de chuva, não sabe?

— Não me importo — disse eu.

— Tudo bem. Vou acordar você às cinco e meia.

— Beleza. Obrigado.

Acordei sozinho às 5h15. A chuva martelava um staccato incessante no toldo de plástico. Na noite anterior, eu pusera minha prancha e minha roupa de surfe no furgão de Nick, então tudo que eu precisava fazer era jogar um pouco de cereal goela abaixo. Nick estava fazendo café na cozinha.

— Ainda quer ir? — perguntou ele.

— Como quero!

Eu estava tão excitado que não consegui comer mais que uma colherada.

Nick vestiu uma parca e pôs uma capa de chuva amarela por cima, e um gorro de lã. Eu estava de sunga, camiseta e chinelos.

— Você vai ficar doente usando só isso — disse ele.

— Eu estou indo surfar — disse eu.

Ele pensou no assunto mesmo.

— Você ganhou — disse ele.

Ele ligou o aquecedor do furgão, e eu estava suando quando ele estacionou na ribanceira que dava para Topanga Beach. A chuva batia no para-brisa, e a trilha que levava à praia estava pura lama. Estudei o mar. O vento e as ondas e as gotas de chuva misturavam-se, e fitas brancas brotavam do nada no meio da neblina e dirigiam-se para o point.

— Será que a gente não deve ir embora? — perguntou Nick.

— O vento está soprando na direção do mar — disse eu, olhando o vento dobrar as copas das árvores na direção do oceano, o que significava que o vento estava varrendo a face das ondas, alisando-as.

Senti o olhar dele em mim. Ergui os olhos. Seu rosto estava enterrado em camadas de lã e plástico, com uma moldura oval como uma freira num hábito. Suas histórias a respeito de ter sido expulso de várias escolas católicas e de ser castigado pelas freiras me vieram à mente.

Inclinei-me para trás e trouxe minha roupa de borracha para o banco da frente. Tirei a roupa e vesti aquela borracha preta apertada.

— Parece uma ideia terrivelmente absurda, Norman — disse ele.

— Por quê?

— Por quê? Porque está chovendo como se houvesse um furacão horroroso, e está congelando. Não dá pra ver as ondas. Além disso, provavelmente há uma corrente filha da puta lá adiante.

Olhei de novo pela janela. Espirais diáfanas de espuma moviam-se por trás da chuva, e eu imaginei os ventos na direção do mar ondulando a crista da onda e senti o barato de pegar uma delas.

— Parece maravilhoso — disse eu.

Ele olhou para mim surpreso, e ambos sabíamos que era exatamente o que meu pai teria dito. Percebi então, como uma sombra deslizando por uma janela, que Nick respeitava muito o meu pai, e que provavelmente queria ser um pai tão bom quanto o Norman Pai. Parecia preso no carro pela tempestade e, pela primeira vez em toda a minha vida, senti simpatia por ele.

Eu não queria que ele visse essas coisas no meu rosto, de modo que me abaixei e pus as botas de surfe. Quando ergui o tronco, Nick estava olhando para o mar. Seus olhos vagavam pela cena como se ela tivesse algo de espantoso e perigoso demais para você se meter. Acompanhei seu olhar lá para fora. Por trás da chuva que martelava, no fundo da lama escorregadia, depois de furar algumas ondas, havia um paraíso para aqueles dispostos a enfrentar a tempestade.

Abri a porta, e a chuva me bombardeou o rosto, mais forte do que eu esperava. Peguei minha velha prancha de 2,10 metros por 60 centímetros, as laterais amarelas parecendo água suja à luz pálida, e fechei a porta com o pé. Agachei-me na parte mais alta da trilha e depois escorreguei de bunda.

Corri até o point e vi Shane numa onda. Estava acima de sua cabeça, grande e com a boca escancarada, e eu fiquei com medo, mas estava tão desesperado para pegar uma delas que entrei assim mesmo. O riozinho estava rápido e me empurrou para as ondas. Mergulhei por baixo da espuma, remei e evitei os troncos, os galhos e o lixo presos na linha de arrebentação entre a corrente do riozinho e a corrente do mar. A água me arrastou em direção ao sul como se eu fosse um galho e, quando cheguei ao outro lado da linha de arrebentação, já havia passado da metade da enseada e das escadas de tijolo de Barrow. Os degraus pendiam do aterro, só uma mancha vermelha por trás das gotas de chuva.

Mergulhei profundamente os braços na água; meus dedos estavam entorpecidos e não ficavam juntos, o que fazia deles remos porosos. Dei o sangue só para chegar ao point.

Shane e Rolloff e um outro cara que eu não conhecia estavam lá.

— Ei, Norman Jr. — disse Shane. — O pessoal logo vai estar aqui, é melhor pegar agora.

— Pode crer — disse eu.

Era difícil julgar a qualidade das ondas, porque o vento que vinha da praia fazia a chuva rodopiar em formas que pareciam ondas no horizonte. Rolloff estava deitado de bruços na prancha, então fiz o mesmo. Não conversamos, só observamos Shane. Ele remou até o point contra a corrente, e nós o seguimos.

Ela nos pegou de surpresa com seus 2,40 metros de altura. O vento a manteve no alto justo a tempo de nós furarmos seu bojo. A onda seguinte era maior e estava escondida pela espuma levantada pela queda da primeira onda, erguendo-se para o céu como um pássaro de grandes asas, eclipsando a luz e tornando-a dez vezes mais escura. A parte da crista quebrando primeiro atingiu o meio das minhas costas e me arrancou de cima da prancha, e a queda me lançou na escuridão. Rolei e disse a mim mesmo para me soltar como se fosse uma boneca de pano. Esperava não bater em nenhuma pedra. Quando voltei à tona, minha prancha não estava mais presa na cordinha, e eu estava na frente do posto salva-vidas, a 100 metros do point.

Nadei para a praia, e a corrente me arrastou para o sul. A maré estava tão alta que consegui me pôr na horizontal e pegar uma onda que ia quebrar na praia, passando por cima das pedras.

Vasculhei o fundo atrás da minha prancha. E então vi Nick com sua capa de chuva amarela e guarda-chuva ao lado do posto salva-vidas. Minha prancha estava a seus pés, e ele acenou para mim. Acenei também.

Corri contra o vento, e estava ofegante quando cheguei onde ele estava.

— Já chega? — perguntou ele.

Meus braços estavam moles como fios de macarrão. A cabeça estava leve, e a tontura criou espaços vazios no rosto dele. Sacudi a cabeça para dizer que não e peguei a prancha. Sem olhar para ele, corri até o point. Amarrei o que restou da cordinha à prancha e dei três nós. Sabia que eles não segurariam a prancha se uma onda grande me pegasse, e eu não teria condições de soltá-la e mergulhar fundo porque a corda arrebentaria e eu teria de nadar naquela corrente de novo, mais cansado que antes.

Lutei para transpor os muros de espuma e gostaria que houvesse mais comida no meu estômago. Acabei ao sul da casa de Barrow outra vez. Dei dez braçadas, descansei e dei mais dez. A corrente estava me puxando de volta, o correspondente a cinco braçadas por descanso. Resolvi ir mais devagar, mas sem parar. Vinte minutos depois consegui chegar ao point. Shane e Trafton eram os únicos caras lá fora.

— Cadê o Rolloff? — perguntei.

— Acho que a última série deve ter carregado ele — disse Shane.

Examinei a região entre nós e a praia e não o encontrei. Tudo que vi foi a figura amarela de Nick na areia. Pensar na hora em que ele me perguntou "Já chega?" me fez tomar a decisão de surfar essas ondas grandes. Se eu não conseguisse por algum motivo, Nick estaria certo a respeito do meu caráter. Eu lhe dei esse poder e, por isso, tenho de pegá-lo de volta.

Remei até o point, mais longe que Shane e Trafton. Eles achavam que eu estava entrando demais em alto-mar, eu sabia. Não olhei para trás; mantive os olhos no miasma do vento e da água que estava enevoando o horizonte.

Ela veio e remei em sua direção. Trafton e Shane gritaram para me dar coragem. Entrei embaixo do pico e virei, apontando a coroa da minha cabeça na direção do vento que soprava da praia. Deixei os olhos semicerrados para enxergar através das rajadas de chuva. A crista da onda na minha frente foi podada pelo vento. Eu estava sufocando com o coice que ela me deu, então fechei a boca.

A rabeta da minha prancha saltou, e eu estava caindo em linha reta e tive de pular para ficar de pé. O vento entrou por baixo da prancha, e eu me inclinei sobre o pé da frente e furei a base, mas acabei mergulhando de cabeça. Bati com força na rabeta e soltei o bico da prancha. Eu estava só a meio caminho da face da onda e ela já estava se dobrando em cima de mim. O vento entrou embaixo da minha prancha porque ela estava um pouquinho torta, e o vento que vinha da praia raspando a face da onda ao subir por ela quase me jogou em cima da crista. Fiz a lateral inclinar-se por baixo da crista bem a tempo e, de repente, caí de novo na face da onda, empurrado pelo vento, o que me atirou para trás; o bico pulou para cima como uma motocicleta que levanta a roda da frente, então a abracei para não escorregar pela rabeta. Eu perdera velocidade, e a face da onda erguia-se e expandia-se, prestes a me engolir. Girei e bombeei freneticamente, batendo os braços como se fosse voar. Furei a onda para evitar a crista que estava quebrando justo quando as laterais morderam e minha prancha respondeu. Mais algumas bombeadas, e a prancha começou a saltar pela superfície, com uns pulos altos, e dobrei os joelhos para absorver a turbulência e firmá-la na base.

Comecei a fazer a prancha subir e descer, apesar do risco de subir demais pela face e ser arrastado. O que me fez dar o sangue ali, o vento vindo da praia como um jato embaixo da minha prancha. Aquela parte foi implacável, e a crista quase me decapitou de novo, fazendo surgir um momento de dúvida. Mas lutei para afastá-la bombeando mais forte ainda, e a propulsão foi como a de um trenó numa rampa curvada. Senti a força da onda enraizar-se em mim enquanto eu me levantava com ela; entrei em sintonia com ela e, de repente, ela ficou fácil de surfar. Juntos voamos fortes e livres.

Rolloff estava sentado no banco de areia, correu e me cumprimentou com soquinhos na palma da minha mão aberta quando cheguei à praia.

— Onda insana, Norm — disse ele.

Soltei um grito de vitória, e ele me deu tapinhas nas costas.

— Vamos lá. Vamos pegar mais algumas — disse eu.

Ele pegou sua prancha e corremos pela praia.

— Está vendo aquele ali? — perguntei quando passamos por Nick.

Nick fez um aceno de cabeça, dizendo que concordava que eu pegasse mais algumas ondas, e eu sabia que tinha feito algo que ele nunca conseguiria fazer, que tinha medo de fazer. E compreendi que pegar onda me fazia sentir coisas que ele jamais sentiria. Remei de volta, forte e corajoso, parte de algo que me elevava acima da merda.

Meus dedos estavam entorpecidos demais para abrir a porta do carro, e Nick precisou se inclinar sobre o banco e abri-la por dentro. Havia toalhas para mim embaixo do vinil, e ele me disse para entrar. Pus as mãos em cima dos aquecedores que estavam soltando sons explosivos, e Nick virou o carro.

— Você tem colhão, menino — disse ele enquanto dava ré.

— Obrigado por me deixar vir — disse eu.

— Seria muito mais fácil se você não mentisse, Norman.

— Eu sei — disse eu. — E seria muito mais fácil se você não bebesse.

Ele me olhou de esguelha, e um lado de sua boca curvou-se.

— O que eu posso dizer? — respondeu ele. — Você tem razão. Quando você tem razão, tem razão e pronto.

Fiquei olhando as ondas se afastarem de nós embaixo da rodovia.

Nick parou de beber, parou de usar drogas de repente, e a vovó Ollestad morreu logo depois. Nick levou-nos de carro ao funeral. A cerimônia foi na mesma capelinha onde foi encomendado o corpo do meu pai, a mais ou menos uma hora das Palisades. Todo mundo falou sobre a bondade, a generosidade e a enorme vitalidade da vovó, e meu pai foi mencionado algumas vezes, e eu estremeci à ideia dele me observando ultimamente, tão rancoroso e tão cego para toda a beleza à minha volta. Como se ele estivesse flutuando em cima da minha cabeça. Eu lhe disse que ia melhorar. Você me viu surfando outro dia?

Quando voltamos do enterro, fiquei pensando no vovô. Ele estava com as costas muito retas e, quando todo mundo se reuniu fora da igreja, ele ouviu atentamente as palavras de consolo de todos os parentes. Só falou algumas vezes e suas palavras foram concisas e poéticas — como música ou cores que elevam a gente. Pensei que seus olhos eram do mesmo azul fulgurante que os do meu pai e os meus, e pensei que o meu pai ficaria muito triste com a morte da vovó, mas não paralisado pelo luto, e imaginei que tocaria o violão para todos lá fora da igreja.

Estávamos na rodovia, Nick ao volante, e eu comecei a comparar a fluidez do meu pai com a linguagem corporal desajeitada de Nick. Nick lutava contra todas as interações sociais e, durante o funeral, suspirou muito e fez declarações pomposas sobre a morte e a vida, e assim por diante. Ele entrava em atrito com as coisas, numa febre, comparado à maneira como eu imaginava que meu pai agiria — um sedutor. O rosto vermelho e tenso de Nick e o sorriso largo do meu pai justapunham-se na minha cabeça.

Quando estávamos atravessando o túnel McClure para pegar a Coast Highway, Nick falou a respeito de ser uma boa pessoa, de responsabilidade, de trabalho duro e honestidade. Usou palavras como "colossal" e "catastrófico" como se estivéssemos prestes a entrar em guerra e esse fosse o último discurso antes da batalha. Mas chegamos na sonolenta Palisades numa tarde de sábado sem vento e sem nuvens.

Desci as escadas absorto em minhas ruminações e comparações, e vi o oceano cheio de ondas grandes amontoadas no horizonte. Vovô, Eleanor e Lee estavam vindo para cá e tive medo de perguntar se eu poderia surfar.

No dia seguinte, saí com o vovô para uma visita a Eleanor, e ninguém falou muito.

Depois, à tarde, o vovô disse que tinha de consertar o telhado; entrou no carro e voltou para Vallarta.

No fim de semana seguinte, eu estava fazendo minhas tarefas domésticas e percebi que as ondas estavam ficando grandes. Esperei mais uma hora para ter certeza de que aquele tamanho de onda não era uma anomalia. Como elas ficavam cada vez maiores, resolvi pegar o ônibus das três e meia para Topanga Beach. Nick e minha mãe tinham saído para resolver assuntos seus e, antes de sair, Nick me lembrou que Sunny estava perseguindo coiotes no cânion — o que era uma fria — e que nossa nova política era pô-la dentro de casa ou na varanda de cima à tarde, antes de escurecer, para ela não cair na armadilha dos coiotes.

— Sem problema — disse eu.

Lembrei-me de pô-la para dentro enquanto fazia um sanduíche de queijo quente, e Rolloff ligou de um telefone público de Topanga e disse: "Vai ser de arrasar." Fiquei tão empolgado que peguei minhas coisas e corri para o ponto de ônibus, inundado por visões de minha prancha batendo na crista e manobras na face da onda e eu dentro de um tubo.

Quando saí do ônibus, uma série de quatro ondas estava chegando. As lendas estavam na água, e eu as observei enquanto elas arrasavam e eu punha minha roupa de borracha. Rolloff estava empoleirado no deque inferior do posto salva-vidas e me perguntou por onde eu tinha andado, e eu lhe falei a respeito do funeral da minha avó. Ele disse que entendia com um aceno de cabeça e mudou de assunto. Enquanto eu subia o zíper, notei Benji olhando para mim. Estava sentado ao lado da palmeira solitária com alguns dos seus amigos. Ignorei seu olhar, e Rolloff disse que Benji estava falando merda — que ia entrar na mesma onda que eu.

— Fica esperto — disse Rolloff.

Dei de ombros e disse a mim mesmo que a única coisa que importava era pegar as ondas e evitar confusão.

— Só estou aqui para curtir — disse eu a Rolloff.

— Beleza — disse Rolloff.

Concentrei-me nas ondas, na forma como elas estavam quebrando e onde eu devia pegá-las e ignorei o olhar maldoso de Benji. Fui até o point e subi na prancha, furando uma onda pequena. Uma camada de sofrimento me foi tirada de cima e parecia que eu conseguia enxergar a uma distância de mil quilômetros. Fiquei com o grupo das lendas no point e me perguntaram por onde eu tinha andado. Contei.

— Você passou por uma barra-pesada — disse Shane.

Dei de ombros.

— Norm — disse ele. — Fica frio. As coisas vão mudar.

Concordei com um aceno de cabeça.

Surfei por uma hora, e foi difícil pegar onda com todos os *fodões* ali. Finalmente Shane entrou, e isso abriu um pouco mais de espaço. Eu estava ansioso por pegar uma série das boas e sentia a frustração disparando dentro de mim. Algo ameaçador estava vindo do fundo, e tudo que eu pensava ter superado estava aumentando e voltando de repente, o que me deixou desesperado para acabar com aquilo. Subitamente eu queria muitíssimo pegar uma onda na frente de Benji e de sua turma.

Ouvi alguém chamar meu nome da ribanceira. Olhei de relance e reconheci a linguagem corporal de Nick. Estava com uma das mãos no quadril e a outra acenava para mim.

— Venha aqui agora, Norman — gritou ele.

Eu vi a turma da praia afastar os olhos de mim e pregá-los em Nick, e depois em mim de novo.

Querendo minimizar o drama constrangedor, remei direto para a onda.

— Está ferrado — disse Benji com um sorriso quando passei por ele.

A maioria dos habitantes locais conhecia Nick dos velhos tempos e, enquanto eu pegava meu short, minha camiseta e meus chinelos, eles disseram coisas como "Ele parece puto da vida" e "Diga ao Nick para tomar um calmante".

Acenei despedindo-me humildemente da turma do surfe, peguei minhas coisas e subi a trilha de terra.

Nick estava com ambas as mãos nos quadris quando cheguei ao topo.

— Você acha que estamos todos aqui para arrumar a porra da sua bagunça? — perguntou ele.

— Não — respondi.

Ele enfiou o dedo no meu peito.

— Você não é o centro do universo — disse ele sublinhando algumas palavras e enfiando o dedo ainda mais no meu peito.

— Eu sei — disse eu.

— Não, não sabe. Você é uma porra de um merdinha egoísta e mal-agradecido.

Sacudi a cabeça numa negativa.

— Não, não sou — disse eu.

— É, sim, Norman. É, sim.

— O que eu fiz? — gritei para ele.

— Deixou a Sunshine sair.

— Ah, merda. Ela está bem?

— Não é disso que se trata. O que importa é que ela podia estar morta agora. Devorada viva por aqueles porras daqueles coiotes. Você não se importa nem um pouco com ela, nem com nada, só com você.

— Isso não é verdade — disse eu.

— É, sim.

— Não, não é. Eu só fiquei tão empolgado que esqueci.

— Que desculpa mais esfarrapada, Norman!

Ele comprimiu o nariz contra o meu. O branco dos seus olhos estava de um amarelo doentio. Reconheci que ele queria me bater e me castigar e fazer eu me contorcer todo. Naquele momento, eu me vi muito mais velho, e eu estava gritando, completamente decidido, enfrentando um monte de rostos furiosos, doido para castigá-los como Nick queria me castigar. Quando saí dessa visão e o enxerguei de novo, eu estava apenas fascinado com sua fúria. O que mais Nick poderia fazer além de enfrentar todos esses demônios, pensei, e tentar acabar com eles antes deles o sugarem para a sua escuridão?

Tirei seu dedo do meu peito com um tapa e dei um passo para trás. Ele conteve uma risada ao me ver *recuar*.

Não quero nunca ficar como você, declarei a mim mesmo.

As lágrimas vinham de uma caverna quente no meu peito e tiraram-no da minha vista. Afastei-me sem rumo certo. Quando ergui os olhos, estava caminhando pela ribanceira, para longe do point e na direção do ponto de ônibus. Segurava a prancha bem apertada contra as minhas costelas, chorei e fiquei olhando as ondas que rolavam para a enseada. Eu queria mergulhar naquelas grandes, que demoravam a quebrar. Enquanto imaginava minha fuga, a raiva e a dor convergiram para a luz fulgurante que brotava da água. Tudo aquilo se fundiu numa coisa só, como rios se misturando. Essa corrente invisível me arrastou e parecia certo me deixar levar por ela.

Desci o aterro correndo e atravessei a areia da enseada. A praia estava vazia e cheirava a algas. Joguei a prancha no chão e fui para o mar. Quando cheguei à água, minha pele ardeu como se bolos de barro seco estivessem sendo arrancados de mim. Agora não havia nada amortecendo a dor.

— Saudade de você, pai.

Senti as lágrimas caindo na água aos borbotões. Abri os olhos. Estava escuríssimo ali. A porra de uma grande tempestade.

— Você sumiu.

Mergulhei mais fundo e examinei o fundo arenoso. Escuro.

— Você me deixou completamente sozinho. Completamente sozinho.

Eu precisava de ar. O oceano embaixo do meu queixo ondulava e balançava. Eu não estava *bem* como gostaria de acreditar que estava. Estava triste. Estava com raiva. E essas coisas faziam com que me sentisse feio e solitário e cruel, às vezes.

Fui para a praia e soquei a areia com os punhos. Chutei e bati na areia durante longo tempo. Quando me cansei, rolei para o lado e olhei para o mar.

Eu estava despedaçado. Incapaz de juntar minhas peças de novo. Parei de tentar, e não era tão ruim assim estar despedaçado. Fiquei calmo, sossegado, leve. Depois a dor aprofundou-se em mim, me tomou por inteiro. Mas, de algum modo, era certo sentir coisas tão perto dos meus ossos. A dor não me esmagou.

O oceano espalhava-se à minha frente, e as ondas grandes vinham e quebravam, e eram muito belas quebrando uniformes e certinhas no point. Meu pai me ensinara a voar bem ali, naquelas ondas. Estavam ali para eu surfar o tempo todo, como a neve fresca, correndo pelo centro do meu corpo. Levantei-me.

A areia enchia os arcos dos meus pés, equilibrando-me. No assobio das ondas, o meu pai sussurrava, pedindo-me para confiar naquela onda enorme do México, confiar naquela parede agourenta que se dobrava e me envolvia em seu ventre cheio de paz, revelando tudo o que é essencial, um mundo de sonhos, de pura felicidade — "além de todo o absurdo".

Além do point de Topanga Beach, olhei nos olhos de uma onda distante. Às vezes, na abertura oval, eu tinha um vislumbre do que meu pai sempre tentou me fazer ver. A vida é mais do que apenas sobreviver. Dentro de toda turbulência há uma calma — um feixe de luz enterrado na escuridão.

Epílogo

Vinte e sete anos depois eu estava indo de carro para Mammoth com Noah, meu filho de 6 anos, e entramos em Lone Pine. Como sempre, apontei para Mount Whitney, que estava com um halo de redemoinhos de pequenas partículas de neve sozinhos num céu azulíssimo. Noah estava brincando com seu Game Boy e lançou um rápido olhar ao cume maciço, bocejou e, de repente, perguntou:

— O seu pai também te mostrava o Mount Whitney quando vocês iam para Mammoth?

— Mostrava — disse eu.

— É verdade que você esquiou na Cornija quando tinha 4 anos?

— É.

— Mas você não vai me obrigar a esquiar lá. Certo?

— Não. Aqueles eram outros tempos. Meu pai me obrigava a fazer um monte de coisas pelas quais eu seria preso se obrigasse você a fazer.

— É mesmo? — perguntou ele.

— Ah, é, sim — disse eu.

— Tipo o quê?

Quando chegamos a Bishop, eu havia contado todas as nossas aventuras com esqui de Los Angeles a Utah, e Noah tinha jogado seu Game Boy no canto do banco de trás.

Noah me fez muitas perguntas, e eu as respondi da melhor maneira que pude. Depois, enquanto subíamos a Sherwin Grade para sair de Bishop, ele me fez perguntas sobre o acidente de avião. Fiz uma pausa. Ele conhecia os fatos gerais, sua curiosidade despertada pela cicatriz do meu queixo. Havia chegado a hora de revelar mais detalhes, deixando de fora as partes mais sangrentas. Eu queria desmistificar aquela provação para que ele pudesse entender que mergulhar fundo dentro de si mesmo para superar algo aparentemente insuperável era algo acessível a qualquer um, e a ele em particular.

Quarenta minutos depois, nosso carro patinou e deu guinadas na neve da estrada que levava à nossa velha cabana. Estava nevando forte. Fui para o acostamento, parei e olhei pelo retrovisor. Noah estava olhando para a minha nuca, os olhos apertados, ruminando sobre a provação que acabara de lhe revelar.

— A história é essa — disse eu.

— Você ficou com medo? — perguntou ele.

— Fiquei, mas eu me encontrava em estado de choque. Concentrei-me exclusivamente em descer. Não havia tempo para sentir medo.

Abri minha porta e depois a dele, e ele saltou na neve fresca. Olhamos um para o outro, e eu vi que ele estava bem, os olhos brilhantes, forte. Chutou a neve com a bota e os cristais espalharam-se por toda a parte, flutuando.

— Vai ter uma neve fresca boa para esquiar amanhã — disse ele, imitando o meu entusiasmo.

— É — disse eu. — Se você tem alguma pergunta é bom fazer logo. Você pode me perguntar qualquer coisa. Certo?

— Eu sei — disse ele.

Eu sempre me perguntei o que exatamente deu errado durante nosso voo de 1979. Precisei de 27 anos para reunir coragem para descobrir. Consegui o Relatório de Acidentes do Conselho Nacional de Segurança do Transporte relativo a nosso "incidente". As trocas de palavras entre o piloto e as torres de controle foram incluídas no relatório, e eram literais.

Assim que o tive em mãos, encontrei-me com meu amigo Michael Entin no aeroporto de Santa Monica. Quando me sentei no banco da frente de seu Cessna de quatro lugares e vi todos aqueles botões, mostradores e a torre do radar do lado de fora do para-brisa, minha garganta apertou e meu coração começou a bater contra o tórax. O céu estava azul, mas eu estava melancólico, como se o tempo tivesse fechado de repente.

— Vocês estavam condenados desde que decolaram — disse Michael sem hesitar.

Apontou para uma das primeiras transmissões de Rob: "Eu estou, bem, fora das RVV [Regras Visuais de Voo], bem, LA a caminho do aeroporto Big Bear para aterrissar, eu gostaria, bem, que o radar me orientasse quanto à direção, não tenho familiaridade com a área."

— Trinta segundos depois de iniciar o voo, seu piloto Rob já estava perdido e não tinha a menor ideia do lugar para onde estava indo — disse Michael. — Ele estava usando um avião de pouca potência e sem instrumentos apropriados num dia nublado; ele nunca deveria ter decolado, e muito menos continuado na direção da tempestade que vinha pela frente.

Parece que o pessoal do controle do tráfego aéreo avisou Rob 3 vezes durante nosso voo para não continuar sem as regras visuais de voo — o que significa que o piloto tem de enxergar ao menos 3 quilômetros em todas as direções e não haver obstruções previsíveis para ele manter a rota.

— Pior ainda — disse Michael —, o relatório diz aqui que o piloto nem sequer pediu uma previsão do tempo, nem traçou um plano de voo. Coisa básica, Norm. Se ele tivesse feito essas coisas, saberia que não era para decolar.

Que desperdício, pensei. Meu pai não foi morto por uma avalanche enquanto esquiava numa descida épica. Nenhum tubo gigante o devorou vivo no momento do êxtase. Em vez disso, um cara que ele não conhecia o levou para uma viagem de avião condenada e que teria sido fácil evitar, e que matou a ele, sua namorada e quase matou o filho também.

Quando terminamos de ouvir as transmissões, eu estava enjoado e queria sair do avião. Michael estava estudando o mapa de rastreamento de nossa trajetória de voo em 1979, feito pelo CNST, e eu procurei a maçaneta da porta.

— Você quer refazer o voo? — perguntou Michael, e minha mão se imobilizou na maçaneta. — Saber onde foi que o Rob saiu da rota?

Olhei pela janela — nenhuma nuvem no céu. Respirei fundo. Essa é uma oportunidade única, disse a mim mesmo.

E aí meu estômago subiu pela garganta. De jeito nenhum, pensei.

— Tá bom, vai ser ótimo. Vamos lá — disse eu.

Michael ligou o motor turbo, examinou sua lista de coisas a fazer e eu me instalei no banco do passageiro, colocando os fones de ouvido exatamente como tinha feito quando tinha 11 anos.

Refizemos a trajetória do voo de 1979, que saiu da rota em cima do cânion San Antonio, precipitando-se sobre o Ontario

Peak. Aquilo me deixou tonto, mas eu não teria outra chance daquelas, então fiquei na minha.

Depois, Michael sobrevoou o aeroporto Big Bear. A pista de aterrissagem, construída nas montanhas a mais de 2 mil metros de altura, era um corte negro nos pinheiros altos que terminava no Big Bear Lake.

— É um aeroporto todo automatizado — disse ele. — Não há ninguém lá embaixo para orientar você; você está por sua conta e risco. Se Rob tivesse feito um plano de voo e pedido uma previsão do tempo, saberia que estava indo para um aeroporto fechado por falta de condições de funcionamento. Mesmo com meu motor turbo e todos aqueles instrumentos sofisticados, eu não teria tentado aterrissar lá naquele dia. De jeito nenhum.

O que primeiro me chamou a atenção ao nascer do dia, quando saí do carro e fiquei de frente para o gigantesco Ontario Peak, foi como o terreno era hostil. Era um dia claro de setembro de 2006, e eu estava andando sem rumo certo pertinho da trilha do Icehouse Canyon, pouco acima de Baldy Village, pensando na maneira de subir até o lugar perto do topo do Ontario Peak onde eu pensava que nosso avião talvez tivesse sofrido o acidente. Por acaso, uma mulher chamada Katie estava começando a subir a trilha na sua caminhada matinal, e eu lhe perguntei se ela conhecia os Chapmans.

Quinze minutos depois, eu estava sentado do lado de Pat Chapman na mesma cadeira de balanço, aquecendo as mãos na mesma salamandra de 27 anos atrás. Tomamos chocolate quente e falamos sobre os eventos do dia 19 de fevereiro de 1979.

Pat foi acordada naquela manhã por um baque muito alto. Seu primeiro pensamento foi de que parecia um acidente de avião. Depois, um coiote ficou uivando, e ela se lembra de um estranho barulho de bipe. Não disse nada ao marido Bob porque não tinha certeza a respeito do que ouvira.

Mais tarde, naquela mesma manhã, importunada por um sentimento vago mas inabalável de que algo ruim acontecera na montanha, ela levou os dois filhos para uma caminhada horrível na campina. Gritaram na direção do Ontario Peak, acima da coroa de pedras, no rumo da longa borda que ela chamava de Gooseberry Canyon. Embora o cânion estivesse a muitos milhares de metros de distância, as vozes ecoaram por suas paredes. O vento e a neblina forte abafaram um pouco as vozes naquele dia. Como ninguém respondeu, ela achou que seu palpite estava errado.

Pat me disse que, pouco depois de me entregar ao detetive com toda a segurança, um representante do delegado bateu na sua porta e pediu-lhe declarações. Pat contou-lhe o seu dia. Que fora acordada por um barulho que parecia um avião batendo na montanha e que depois ela subiu até a campina. Quando terminou seu relato, o representante disse que ela não poderia ter ouvido o avião e que devia ter sido o limpa-neve trabalhando na rodovia.

— Não respondi — contou-me ela. — Existem coisas difíceis de explicar.

Finalmente entrei em contato com Glenn Farmer, o adolescente com quem topei na estrada de terra. Acho que ambos levamos um choque ao ouvir a voz um do outro — não tínhamos nos visto nem conversado um com o outro desde aquele dia, há 27 anos, quando Glenn me carregou nos braços até a fazenda dos Chapmans. Conversamos pelo telefone durante uma hora. Ele era uma mina de informações, e por fim lhe perguntei por que estava naquela estrada de terra num tempo horroroso daqueles, gritando.

Glenn explicou o que o levou ali no dia 19 de fevereiro de 1979. Por volta das duas e meia, ele falara com uns caras do departamento de Busca e Resgate da Delegacia de Polícia do lado de fora da lanchonete que ficava a algumas centenas de metros da entrada da fazenda Chapman. Os caras do resgate estavam apontando para o Ontario Peak, conversando sobre o tempão que levariam para subir até lá. Ele lhes perguntou o que havia acontecido, e eles disseram que um avião sofrera um acidente. Como a neblina estava muito forte, escondendo o Ontario Peak da vista, Glenn achou erroneamente que eles estavam apontando para a coroa de pedras — a parte de trás da cordilheira maciça — muitíssimos metros abaixo.

Portanto, quando o pessoal da Busca e Resgate foi embora, Glenn resolveu subir até aquela coroa de pedras mais baixa e ver se descobria alguma coisa. Nunca conseguiu chegar perto da coroa porque as moitas eram muito densas. Glenn disse que gritou muitas vezes e, depois de desistir, estava voltando pela estrada de terra quando resolveu fazer mais uma tentativa.

Um mês depois do meu primeiro encontro com Pat Chapman, encontrei-me com seu filho, Evan Chapman, para subir a montanha com um guia. Ele me fez atravessar a campina, passar por túneis dentro das moitas, dessa vez sem as armadilhas da neve para nos preocupar, e subimos a cachoeira de pedra — sem gelo — depois a garganta e a longa borda, direto ao lugar onde encontrei Sandra — ele sabia o lugar exato porque seu pai, o falecido Bob Chapman, mostrara a ele.

Depois de localizar o ponto onde Sandra terminou sua queda violenta, ele me deixou sozinho por alguns minutos. Eu disse a Sandra que sentia muito por ela não ter conseguido sair dali, que eu sentia muito por ter falhado e calculado mal a trajetória que ela percorreria. Depois, Evan me levou para o outro lado do enclave de árvores, e encontramos a armação do banco que havia escorregado para a mesma área.

A 2.225 metros de altura, agradeci a Evan por ter sido o meu guia. Ele me deu um walkie-talkie e apontou na direção da famosa rampa, uma de três que convergiam no Ontario Peak.

Quando cheguei ao trecho de terra pura que cortava um lado da rampa, uma terra sem xisto, eu sabia que, quando coberto de neve, ele se transformava no funil brutalmente escorregadio. Tive de ficar de quatro para subi-lo. Mais ou menos uma hora depois, reconheci uma árvore. Era a mais alta entre uma fileira delas, uma raridade naquele lugar, que era tão íngreme que, mesmo sem gelo, tive de encostar o ombro na montanha para olhar para o outro lado da rampa e estudar a árvore. Minha intuição me disse que era a árvore que havia sustentado a asa, nosso abrigo.

Cansado, suado e coberto de poeira, sentei-me numa rocha achatada onde imaginei que ficava a zona de impacto em relação à árvore. Comecei imediatamente a reviver as horas que passei lá 27 anos antes na neve e no vento. Depois de algum tempo, finalmente consegui me concentrar no meu pai. Embora eu não tivesse nenhuma prova conclusiva, achava que tinha sido aqui que sua vida grandiosa lhe fora tirada.

— Bom, pai, foi aqui que tudo acabou — disse eu em voz alta. — Obrigado por me proteger. Gostaria de ter conseguido salvá-lo.

Senti como se ele fosse um vapor erguendo-se da montanha. Deixei que me impregnasse. As lágrimas corriam, e eu gemi e me perguntei se os ursos ou os coiotes tinham me ouvido. Fiquei ali saboreando tudo o que havíamos realizado juntos, tão fantástico e extenuante.

Virei-me com cuidado, me abaixei e beijei a pedra, a área geral onde ele tinha morrido. Quando abri os olhos, havia algo laranja e branco embaixo de uma pinha esmagada, imprensado entre pedaços menores de xisto. Cavei e puxei o objeto. Um pedaço de fibra de carbono do tamanho da minha mão, a tinta laranja fosca e farinhenta. Cavei mais e encontrei mais dois pedaços bem parecidos com o primeiro. Nosso avião era laranja, vermelho e branco. O espaço onde ficavam as rodas e as outras partes mais superficiais do avião eram de fibra de carbono. Revirei as peças, encantado com a descoberta, depois beijei as pedras e a pinha e disse a meu pai mais uma vez o quanto o amava.

Olhei para a longa borda, conhecida como Gooseberry Canyon, e para o outro lado da garganta, procurando a campina — meu norte verdadeiro. Mas não consegui encontrá-la. Eu sabia onde ela ficava, tinha caminhado por ela quatro horas antes, mas não consegui vê-la além do contraforte maciço que se elevava da garganta e bloqueava toda e qualquer coisa à esquerda da garganta. Fiquei perplexo.

Para aumentar o mistério, quando voltei para casa, descobri uma fita cassete com a gravação de uma entrevista na TV que aconteceu no dia seguinte ao acidente, 20 de fevereiro de 1979, e ali eu dizia: "Havia uma campina e eu tentei ir na direção dela o tempo todo porque sabia da existência de uma casa perto dali." No entanto, do meu melhor ângulo nesse dia claro de outubro de 2006, não podia ver a campina e não consegui localizá-la durante minha descida naquela tarde. Ela estava escondida pelo contraforte e só ficou visível depois que atravessei a garganta. Verifiquei minhas fotografias tiradas daquele ponto elevado da rampa — não tinha havido erro algum. A campina não estava visível. Só o telhado é visível da rampa — ele fica bem na linha de visão da garganta. A estrada de terra coberta de vegetação que passava perto do telhado também é visível de lá. Mas não a campina — está muito à esquerda, escondida pelo contraforte.

Eu sempre acreditei ter visto a campina, o telhado e a estrada de terra logo depois que o helicóptero foi embora, e que "eu tentei ir na direção daquela campina o tempo todo porque sabia da existência de uma casa perto dali". E, mesmo diante da evidência irremediavelmente contraditória, eu ainda tinha uma lembrança vívida de ir na direção daquela campina, impelido a chegar nela, acreditando que ela me levaria para a segurança.

Ursos e lobos percorrem as áreas virgens guiados pelo instinto, e as aves migratórias são orientadas por um compasso interno, assim, talvez a ilusão de ver a campina para me dar conta de sua existência seja um conceito artificial.

Talvez eu tenha percebido um lugar onde poderia descansar do gelo íngreme e do terreno acidentado — um lugar para onde outros seres humanos como Pat foram impelidos a ir — exatamente como um lobo ou um urso percebem a existência desses lugares. Talvez as pegadas de Pat e de seus filhos, aquelas marcas humanas, tenham me chamado a atenção, e como eu estava desligado da civilização, consegui acessar meu instinto animal e me manter vivo.

Quando Noah nasceu, eu estava preocupado com a possibilidade de ele crescer sentindo a mesma pressão que eu sentira para ser um grande surfista e um grande esquiador. Preparei-me para o código genético ser ativado, levando-me a coagir o meu filho como eu havia sido coagido.

Muitas vezes me perguntei por que o meu pai era tão impelido a forçar a barra comigo do jeito que ele forçava. Será que era para me fazer à sua imagem e semelhança? Para compensar seus próprios desejos não realizados? Provavelmente as duas coisas, pensei.

Não sei se o meu pai estava certo ou errado ao me criar do jeito que me criou. Parece irresponsável mesmo. Mas, quando mergulho naquelas lembranças, extraindo os detalhes, não *parece* uma irresponsabilidade. Parece a vida como a conheço. Crua, turbulenta e maravilhosamente imprevisível. Talvez minha reação possa ser explicada como mero condicionamento — meu pai me condicionou a me sentir em casa no meio da tempestade.

Não quero de modo algum sugerir com isso que a minha vida é um mar de rosas. Tropeço e abro caminho à unha, como a maioria de nós. Com minhas ferramentas grosseiras e capacidade imperfeita, abro caminho em meio ao caos com a esperança de encontrar uma lasquinha de beleza enterrada nele.

É com isso em mente que crio o meu próprio filho. Penso muitas vezes no quanto imponho minhas próprias paixões aos interesses nascentes de Noah, e na frequência com que faço isso. Não quero que a minha relação com Noah seja uma continuação da minha relação com meu pai, nem quero usá-lo egoistamente para curar minhas feridas. Mas me sinto obrigado a expor Noah à natureza passional do meu pai, à sua capacidade de viver a vida na sua plenitude. Administrar essas forças opostas sempre é um equilíbrio difícil.

Na primeira vez que levei Noah para esquiar, ele tinha 4 anos. Quando eu tinha 4 anos, já havia percorrido a maioria das pistas de Mammoth, e sabia que era imperativo eu resistir ao impulso de obrigar Noah a fazer o mesmo. Miraculosamente, consegui localizar um filão de paciência profundamente enterrado em mim, e Noah foi recompensado com o luxo de andar no seu próprio ritmo.

Eu o tive sob controle até ele fazer 7 anos. Noah acabara de esquiar a Dave's Run, uma pista formidável, e ficou tão eufórico que o levei a uma longa pista transversal embaixo do Dragon's Back. Ao longo do caminho, a trilha estreita ficava cheia de pedras e galhos de árvores semienterrados. Eu esquiava na frente dele para ele não bater nesses obstáculos, nem sair da pista.

Estávamos quase ali, uma garganta protegida que eu achava que teria neve macia, permitindo a Noah fazer bem as curvas, mesmo que a pista fosse íngreme. Enquanto percorríamos os últimos 6 metros, aproximando-nos da borda da garganta, que caía como uma cortina de água precipitando-se da borda de uma cachoeira, a neve transformou-se em gelo. Eu o incentivei a continuar descendo e a fazer manobras usando as laterais no gelo. Mas suas pernas estavam tremendo de medo, e ele começou a chorar. Eu estava abaixo dele e dei-lhe instruções para ele chegar à borda.

— Vou pegar você — disse eu. — Tente.

Relutante, ele se agachou e se encostou na montanha. Deslizamos até a borda.

Noah parou na parte mais alta da borda, olhando para a garganta lá embaixo. Era mais íngreme do que eu me lembrava. Mas, lá embaixo, a neve era macia.

— De jeito nenhum, pai — disse Noah, apoiando o peso num quadril. — Não vou conseguir.

— É claro que consegue — disse eu. — Veja como a neve é macia lá. Com sua técnica maravilhosa, vai ser fácil manobrar. Mais fácil do que nesse gelo.

— Você não devia ter me trazido aqui — foi a sua resposta.

— Bom, só que agora nós estamos aqui — disse eu.

Eu tinha uma ideia claríssima dos sentimentos de Noah, pairando sobre a borda da garganta. Tendo estado em situações parecidas praticamente nessa mesma idade, compreendi que ele simplesmente não queria estar com medo, não queria sentir aquela tensão toda no corpo, fosse qual fosse a recompensa. Ele queria se divertir sem fazer força.

A essência do meu conflito, e eu acredito que seja a essência do conflito do meu pai, tornou-se claríssima naquele momento. Na garganta esperava uma neve fresca, segura — um pequeno tesouro guardado em segredo do sol e do vento pelo desenho fechado dessa face norte. A neve macia dessa garganta permitiria a Noah sentir a investida da força da gravidade contra seu arco desafiador — cuja plena extensão não seria possível com nada além de neve fresca. Ele teria a sensação de deslizar por um trilho fino ao longo da mais poderosa de todas as correntes — a gravidade —, um ato de liberdade suprema. Para não falar da sensação de poder que vem em seguida. Mas ele tinha de lutar com o medo, com a borda apavorante e a parede áspera para capturar aquele momento. Entregue a seus próprios recursos, pensei, pode ser que leve anos até Noah enfrentar seu medo. Para o meu pai, e às vezes para mim, esse desperdício era mais do que a gente suportava — o menino tem de sentir o gosto dessa trepidação agora!

— Estou preso — disse Noah. — Que porre!

Eu poderia pegá-lo nos braços e carregá-lo até a garganta, pensei. Depois meu velho pai levou a melhor sobre mim, começando a dizer:

— Você consegue, Noah. Você está com tudo.

E mergulhei na garganta. Era íngreme, e os contornos de gelo que formavam calombos na parede eram um verdadeiro desafio, chutando e dando solavancos nos meus esquis até eu atingir a neve macia. Agora Noah teria de mergulhar também.

Como o início de uma coceira, senti que havia cruzado a fronteira e que, de repente, eu estava preso no meu próprio drama egoísta. Por outro lado, a situação estava sob controle: eu estava bem ali para pegá-lo se ele caísse na garganta, e a neve era macia no lugar onde ele aterrissaria. Ative-me ao plano e esperei Noah fazer o seu lance.

O plano saiu pela culatra. Noah começou a se contorcer e a berrar incontrolavelmente.

Eu estava olhando para ele lá em cima — eu estava no meio da garganta e pensei que talvez tivesse de tentar subir a parede áspera do precipício para resgatá-lo.

— O que eu devo fazer? — gritava ele lá de cima.

— Você pode esquiar em cima daquele gelo ao longo da borda da garganta, ou então esquiar em cima dessa almofada macia aqui embaixo. Você decide.

Fiz de conta que era realmente uma escolha.

Sua cabecinha virou-se para a esquerda e depois para a direita. E então, de repente, ele se levantou e mergulhou por cima da borda. Todo o seu corpo trepidava enquanto ele deslizava pela parede dura e cheia de calombos. Quando seus esquis bateram na neve macia, o corpo relaxou instantaneamente.

— Continue andando, Ollestad — disse eu, enquanto ele zunia pela linha de queda, reunindo coragem para fazer a temida primeira curva.

Ele mudou o peso de um lado para outro, entregou-se aos esquis e aos ombros enquanto descia e fez uma bela curva. Depois outra. Ele teve realmente de se encostar na montanha, porque ela era muito íngreme, e eu pensei na neve macia que o aninharia se ele caísse, amortecendo o tombo, dando-me tempo para socorrê-lo.

Gritei para ele parar na fileira de árvores. Mas ele me ignorou e desapareceu na floresta lá embaixo. Encontrei-o no teleférico e subi ao lado dele, esperando um surto de raiva. Talvez sua experiência não tenha sido tão maravilhosa quanto eu previra. Talvez ele tenha odiado cada segundo dela.

— Por que demorou tanto? — perguntou ele, todo satisfeito.

— Era íngreme — disse eu.

— Mas a neve estava muito boa — disse ele.

Pegamos a Cadeira 9, a única forma de sair dessa parte do resort. Enquanto subíamos, ele não falou. Descansou a cabeça no meu braço. Eu sabia que tinha ido longe demais. Sabia que ambos tivemos sorte por ter dado tudo certo. Sabia também que ele descobrira um poço de confiança antes desconhecido, e que beberia nele em todas as áreas de sua vida. É claro que existiam formas mais elegantes de chegar a este mesmo fim. Eu simplesmente não as conhecia como conheço esta. De modo que minha luta pelo equilíbrio certo entre o livre-arbítrio e a obrigação continua.

Estávamos perto da chegada do teleférico. Lancei um rápido olhar a Noah. Ele estava olhando para o outro lado daquele bojo gigantesco em forma de vela de navio, pensando naquela garganta distante.

— Como se sente? — perguntei.

Ele só fez um gesto de assentimento com a cabeça e continuou olhando para lá. Acho que, a certa altura de sua corrida, Noah entrou no meio da tempestade e conheceu o êxtase da vitória, o êxtase de sua relação com o inefável — aquele lugar sagrado revelado a mim, e agora a meu filho, pelo homem com luz do sol nos olhos. Há poucas felicidades na vida que se comparam a esta.

E então eu reassumi o controle de mim mesmo e perguntei-lhe o que queria fazer em seguida.

— Almoçar — disse ele.

— Bela ideia, Ollestad.

Agradecimentos

Sou grato às seguintes pessoas por suas contribuições valiosas para este livro.
(Em ordem alfabética.)

Alan Freedman, Bob Chapman, Carolyn See, Craig Rosenberg, Dan Halpern, Dave Kitching, David Rapkin, Doris Ollestad, Eleanor Kendall, Evan Chapman, Fonda Snyder, Gary Wilson, George McCormick, Glenn Farmer, Harvey Good, Jenny Frank, John Evans, Kevin Anderson, Lee Kendall, Lloyd Ahern, Michael Entin, Noah Ollestad, Patricia Chapman, Rachel Bressler, Rob Weisbach, Sue Freedman, Virginia Smith.

Este livro foi composto na tipologia Adobe Garamond,
em corpo 13/17, impresso em papel offset 75g/m²
no Sistema Cameron da Divisão Gráfica
da Distribuidora Record.